落其实者思其树，饮其流者怀其源。
谨以此书感谢香港意得集团有限公司对满文古籍文献事业发展的
重视以及对满文档案整理研究工作的大力支持。

“十四五”国家重点出版物出版规划项目

国家出版基金项目
NATIONAL PUBLICATION FOUNDATION

黑龙江省档案馆　黑龙江大学满学研究院◎编

清代黑龙江户口档案选编

鄂伦春索伦达呼尔贡貂牲丁册

光绪朝

第一册

黑龍江大學出版社

图书在版编目（CIP）数据

清代黑龙江户口档案选编．鄂伦春索伦达呼尔贡貂牲丁册．光绪朝 / 黑龙江省档案馆，黑龙江大学满学研究院编．-- 哈尔滨 ：黑龙江大学出版社，2023.12
ISBN 978-7-5686-1075-9

Ⅰ．①清… Ⅱ．①黑… ②黑… Ⅲ．①户籍－历史档案－档案整理－黑龙江省－清代 Ⅳ．①K293.5

中国国家版本馆 CIP 数据核字（2023）第 254625 号

清代黑龙江户口档案选编 · 鄂伦春索伦达呼尔贡貂牲丁册（光绪朝）
QINGDAI HEILONGJIANG HUKOU DANG'AN XUANBIAN · ELUNCHUN SUOLUN DAHU'ER GONGDIAO SHENGDINGCE（GUANGXU CHAO）
黑龙江省档案馆　黑龙江大学满学研究院　编

策　　划　戚增媚　陈连生
责任编辑　魏　玲
出版发行　黑龙江大学出版社
地　　址　哈尔滨市南岗区学府三道街 36 号
印　　刷　哈尔滨市石桥印务有限公司
开　　本　880 毫米 ×1230 毫米　1/16
印　　张　200
字　　数　2562 千
版　　次　2023 年 12 月第 1 版
印　　次　2023 年 12 月第 1 次印刷
书　　号　ISBN 978-7-5686-1075-9
定　　价　1280.00 元（全十册）

本书如有印装错误请与本社联系更换，联系电话：0451-86608666。

《清代黑龙江户口档案选编·鄂伦春索伦达呼尔贡貂牲丁册（光绪朝）》

黑 龙 江 省 档 案 馆
黑龙江大学满学研究院 编

总 策 划：钱 锋 田洪文 于文秀 常 山
主 编：郭孟秀 孙 磊
副 主 编：魏巧燕 张丽娜 陈 岫
中文题名：常 山（第 1、4、5、6、8、10 册）
魏巧燕（第 1、2、3、4、6、8、9、10 册）
关 锐（第 7 册）
审 校：魏巧燕

前言

“十四五”时期，档案作为重要信息资源和独特历史文化遗产，价值日益凸显，档案工作对党和国家各项事业的基础性、支撑性作用更加突出。人民对档案信息、档案文化的需求日益增长，迫切要求加快档案开放、扩大档案利用、提供优质高效服务。国家高度重视档案保护开发工作，切实推动档案工作高质量发展。2021 年由中共中央办公厅、国务院办公厅印发《“十四五”全国档案事业发展规划》，对档案事业发展提出了明确的政策指导，如“深入推进档案资源体系建设，全面记录经济社会发展进程”，“深入推进档案利用体系建设，充分实现档案对国家和社会的价值”等。此外，要统筹组织地方各级综合档案馆开展国家重点档案整理、数字化和编目著录工作，有序推动文件级目录向全国革命历史、民国、明清档案资料目录中心整合汇集，逐步实现目录分类集中保管，为档案资源整合共享和开发利用提供必要基础条件。正是按照国家“十四五”规划精神，我们组织编选并影印出版了十卷《清代黑龙江户口档案选编·鄂伦春索伦达呼尔贡貂牲丁册（光绪朝）》。

鄂伦春族是我国北方世居少数民族。17 世纪中叶以前，鄂伦春族分布于贝加尔湖以东、黑龙江以北，以精奇里江为中心的广大地区。17 世纪 40 年代，沙俄入侵黑龙江流域，鄂伦春人逐渐南迁，其中石勒喀河的鄂伦春人迁移到了托河、甘河、奎勒河、多布库尔河等地，精奇里江的鄂伦春人迁居于呼玛尔河流域，而在精奇里江及牛满江一带的鄂伦春人则迁到了毕拉尔河、逊克河等地。大规模的迁徙直到顺治十一年（1654 年）才基本结束。顺治年间，清政府对鄂伦春民族进行了有效管理。鄂伦春人属于“索伦部”的一部分，由理藩院直属的布特哈索伦达呼尔总管负责管辖。清朝是鄂伦春民族形成过程中的重要时期，清政府主要通过旗、佐、路等机构设置对鄂伦春人进行管理。康熙三十年（1691 年），布特哈各部归黑龙江将军兼辖，对鄂伦春各部的招抚和管理事务一并归属黑龙江将军。雍正年间正式编设布特哈八旗，鄂伦春人亦被编入八旗进行管辖。

黑龙江将军衙门设立于清康熙二十二年（1683 年），是东北地区重要的地方军政管理机构，在与中央、盛京、各部院、地方副都统等机构往来过程中形成大量公文档案。黑龙江将军衙门档案于康熙二十三年（1684 年）形成，到光绪三十三年（1907 年）衙门改建行省为止，共计 4.3 万卷，其中满文档案约 2.2 万卷，档案文种繁多，包括谕旨、奏折、敕文、咨文、呈文等。档案载体形式主要有抄录档、折子档、簿册档。这批蕴含丰富历史文化信息的档案文献极具地域属性，也是清代设置镇守地方的 14 个驻防机构中保存档案数量最多、保存内容最为完整的历史档案，堪称黑龙江省档案馆的镇馆之宝。

黑龙江将军衙门档案内容涵盖清代黑龙江地区政治、经济、军事、民族、外交等各个方面，真实地反映了清代黑龙江地区的历史文化；更加可贵的是，档案记载了黑龙江世居民族之间及其与中原地区交往交流交融的历史，揭示了边疆各民族共同为黑龙江地区的繁荣发展做出的贡献，展现了世居民族政治、经济、生活状况，对研究中华民族交往交流交融有着重要的历史意义和现实意义。近半数的满文档案，为清史、黑龙江地方史的研究提供了难得的第一手资料。

黑龙江省档案馆藏清代黑龙江地方满文户籍档案是黑龙江将军衙门全宗档案中的重要组成部分，其中鄂伦春满文户籍档案形成时间较早，自道光十七年（1837 年）至光绪二十六年（1900 年），包括道光年间 9 册，咸丰年间 19 册，同治年间 20 册，光绪年间 102 册，共计 150 册，材质为宣纸，用毛笔黑墨抄录汇集而成。主要分为鄂伦春户口册、鄂伦春三代红白册（三代男丁出生死亡册）、鄂伦春牛录官兵衔名册（官员兵丁名册）、鄂伦春旗佐花名册（各旗、佐名册）、鄂伦春贡貂牲丁册（纳贡貂皮数目册）、鄂伦春比丁册（成年男丁册）、家奴册、孤寡册、销档册等类，真实地记录了清代黑龙江地方鄂伦春库玛尔、毕拉尔、阿里、多普库尔和托河五路人口状况。此次整理著录的《清代黑龙江户口档案选编·鄂伦春索伦达呼尔贡貂牲丁册（光绪朝）》主要收录了光绪年间鄂伦春贡貂牲丁旗佐职名册、鄂伦春贡貂数目册和部分索伦达呼尔贡貂牲丁旗佐职名册，近 3000 页，601 件，满文形式居多，兼有满汉合璧者。清代东北少数民族承担打牲任务，男丁每年需向清政府进贡貂皮，各旗统计贡貂数目进行上报，贡貂制度成为少数民族独特的生产生活方式。鄂伦春贡貂牲丁旗佐职名册以牛录为单位，记录官员及兵丁的旗属、牛录、职业、姓名等信息；鄂伦春贡貂数目册记录各旗、各牛录进贡貂皮数目等信息；索伦达呼尔贡貂牲丁旗佐职名册与鄂伦春贡貂牲丁旗佐职名册记录形式一致。八旗依上三旗、下五旗的顺序排列，各旗各牛录按官职依次记录佐领、骁骑校、披甲等人姓名，每旗结束后有小结，每卷末尾有此卷八旗内容的总结。

清代黑龙江户口档案集中反映了清代鄂伦春索伦达呼尔人口信息，是对其生存状态的直接记录，为今天了解东北地区少数民族的历史提供了第一手资料，以满文记录的档案内容更是十分难得，其开发与利用具有深厚的学术价值，是研究鄂伦春民族历史发展的有利参考。由于该档案内容具有唯一性、珍贵性、稀有性和代表性，在 2010 年 2 月 22 日“中国档案文献遗产工程”评审会上，清代黑龙江地方鄂伦春满文户籍档案文献（同治、光绪年间）中的 8 个户口册、3 个三代红白册，共计 11 册（满文 10 册，满汉合璧 1 册）内容成功入选《中国档案文献遗产名录》。

档案作为信史和原始资料，全面记录和真实反映了清代东北少数民族在捍卫领土完整与国家安全、促进边疆地区民族团结和谐稳定、推动东北地区社会经济繁荣发展方面所承担的社会责任与历

史使命。

第一，鄂伦春等东北少数民族在维护边疆稳定方面发挥了关键作用。鄂伦春人平时以贡纳貂皮为主业，战时勇猛果敢，鄂伦春各部官兵、牲丁人等几乎参加了全部抵御外侮和保卫边疆活动，在保卫祖国领土安全、维护民族团结、开发建设黑龙江流域等方面做出了杰出的历史贡献。

第二，东北少数民族在促进民族团结和社会和谐方面发挥着不可替代的作用。满文户口档案记录了大量鄂伦春索伦达呼尔姓氏人名，姓名中不仅包含着各民族的起名习俗、姓名特点，而且反映出各民族长期以来在不断往来交流的基础上相互通婚融和、逐渐形成“你中有我、我中有你”中华民族一家亲的历史事实。

第三，东北世居民族之间的交往交流交融增强中华民族的凝聚力和向心力。自清代以来，东北各民族始终作为中华民族的组成部分，以共同历史记忆构筑共有精神家园，这在当今对进一步铸牢中华民族共同体意识、推进新时代中华民族共同体建设具有深远的历史意义与时代价值。

档案既是历史的书写与记录，又是现实发展的资源宝库。清代满文档案卷帙浩繁，内容丰富，价值独具。尽管受满语人才短缺、工作任务巨大、工作周期漫长等现实困难影响，对其系统加工整理、深化解读阐释与多维挖掘开发仍需时日，可谓任重而道远，但接下来我们将进一步整合力量，合理规划，循序渐进推动清代黑龙江将军衙门档案整理开发与研究，充分挖掘满文档案历史文化资源，为服务国家战略需求与龙江地域社会经济文化繁荣发挥更多更大的作用。

近年来，黑龙江将军衙门档案的整理研究工作取得了一定的进展，已经出版《黑龙江将军衙门档案》（中国第一历史档案馆满文部、黑龙江省档案馆等，2017）、《清宫珍藏达斡尔族满汉文档案汇编》（中国第一历史档案馆等，2018）、《黑龙江将军衙门达斡尔族满文档案选编（康熙雍正朝）》（中国第一历史档案馆等，2021）等。黑龙江省档案馆增加了重点满文档案全文翻译任务，完成了《清代黑龙江边疆治理档案译编》《鄂温克族满文历史档案译编》等20册书稿选材，形成专题目录，满文档案基础整理进程大幅加快。此次整理出版的《清代黑龙江户口档案选编·鄂伦春索伦达呼尔贡貂牲丁册（光绪朝）》是首次公布的有关东北地区鄂伦春索伦达呼尔贡貂制度专题档案。

在编译过程中，黑龙江省档案馆、黑龙江大学领导对项目开展给予高度重视和大力支持。黑龙江省档案馆馆长钱锋、副馆长田洪文对编译工作给予了精心指导，满文和外文档案开发处全力推进项目档案整理开发、开放鉴定及书稿翻译、校审，技术处处长刘长虹大力支持提速开展书稿档案的优先数字化。黑龙江大学副校长于文秀、副校长钟卫东及校重点建设与发展工作处等对图书的编译出版给予了实质性帮助。在此谨向所有关心、支持和帮助本书编辑出版的单位和个人致以诚挚的感谢。由于编译内容庞杂、年代久远且数量巨大，不足之处在所难免，敬请读者指正。

出版说明

此次整理影印出版的《清代黑龙江户口档案选编·鄂伦春索伦达呼尔贡貂牲丁册（光绪朝）》是由黑龙江省档案馆、黑龙江大学满学研究院共同合作，从《黑龙江将军衙门档案》内拣选贡貂专题档案，完成的档案数字化整理成果。全书按照档案时间顺序著录文件级题名。

编译整理规范如下：

1. 满文档案文件题名为满文翻译人员所加。若原始档案为满汉合璧形式，则参照汉文档案内容整理题名，全部题名确保翻译风格基本一致。

2. 档案内人名、地名、官职等专名的统一原则为：满汉合璧档案，满文用字均参照汉文档案内写法进行统一；满文档案，用字参照乾隆朝《清汉对音字式》等进行规范，确保整体符合学界惯例。

3. 为符合自上而下、自左而右的阅读习惯，已对满汉合璧档案中的汉文部分的页码进行调整规范。

4. 因档案字迹缺失致汉文题名不完整的，如能分辨出字数，则汉文题名用相同数目的□号代之。

5. 档案破损、残缺而字迹缺失、不全的，仍保持原貌影印；如遇原档案内页码混乱、颠倒等情况，则仔细核对前后文后重新编页处理；个别缺少文件题名、责任者或具体内容等信息的档案，则利用邻近年份档案信息，采取他校的方式，将能够确定的内容补充在【　】标识内。

6. 因所选档案大部分为满文，少量为满汉合璧形式，故在目录文件题名后仅标注汉文，以方便读者直观区分。

7. 满汉合璧文件对照后核对出的汉字用字错误，在尊重影印原文的基础上，在错误用字后以（）形式标注正确用字。

目录

管理布特哈索伦达呼尔等处地方副都统衔总管诺穆德勒赫尔等为呈报摩凌阿鄂伦春贡貂牲丁旗佐职名册致黑龙江将军（光绪三年六月二十四日） 1

正红旗阿穆丕木巴牛录贡貂牲丁职名册 1

正红旗托精阿牛录贡貂牲丁职名册 4

正红旗德迷善牛录贡貂牲丁职名册 6

镶白旗和寿牛录贡貂牲丁职名册 7

镶红旗正常牛录贡貂牲丁职名册 9

正蓝旗巴尼遴扎布牛录贡貂牲丁职名册 11

管理布特哈索伦达呼尔等处地方副都统衔总管诺穆德勒赫尔等为呈报布特哈不食饷雅发罕鄂伦春贡貂牲丁旗佐职名册致黑龙江将军（光绪三年六月二十四日） 17

镶黄旗鄂伦春德济木保牛录贡貂牲丁职名册 17

镶黄旗鄂伦春爱图山牛录贡貂牲丁职名册 34

镶黄旗鄂伦春吉隆阿牛录贡貂牲丁职名册 47

正白旗毕拉尔额勒图牛录贡貂牲丁职名册 52

正白旗毕拉尔德木清额牛录贡貂牲丁职名册 56

正红旗鄂伦春托精阿牛录贡貂牲丁职名册 66

镶白旗鄂伦春和寿牛录贡貂牲丁职名册 68

正蓝旗鄂伦春巴尼遴扎布牛录贡貂牲丁职名册 77

【贡貂牲丁职名册】（光绪五年六月二十一日） 83

【镶黄旗鄂伦春】爱图山牛录贡貂牲丁职名册 97

【镶黄旗鄂伦春】吉隆阿牛录贡貂牲丁职名册 109

正白旗毕拉尔额勒图牛录贡貂牲丁职名册 113

正白旗毕拉尔德木清额牛录贡貂牲丁职名册 117

正红旗鄂伦春托精阿牛录贡貂牲丁职名册 126

镶白旗鄂伦春和寿牛录贡貂牲丁职名册 128

正蓝旗鄂伦春巴尼遴扎布牛录贡貂牲丁职名册 136

【贡貂牲丁职名册】（光绪六年六月二十九日） 143
【镶黄旗鄂伦春】爱图山牛录贡貂牲丁职名册 153
【镶黄旗鄂伦春】吉隆阿牛录贡貂牲丁职名册 165
正白旗毕拉尔布喇特琛牛录贡貂牲丁职名册 170
正白旗毕拉尔德木清额牛录贡貂牲丁职名册 175
正红旗鄂伦春托精阿牛录贡貂牲丁职名册 184
镶白旗鄂伦春和寿牛录贡貂牲丁职名册 187
正蓝旗鄂伦春巴尼遴扎布牛录贡貂牲丁职名册 196
管理布特哈索伦达呼尔等处地方副都统衔总管诺穆德勒赫尔等为呈报食饷摩凌阿鄂伦春贡貂牲丁旗佐职名册致黑龙江将军（光绪十一年六月十九日） 203
正红旗都隆阿牛录贡貂牲丁职名册 203
正红旗托精阿牛录贡貂牲丁职名册 206
正红旗德迷善牛录贡貂牲丁职名册 208
镶白旗和寿牛录贡貂牲丁职名册 209
镶红旗正常牛录贡貂牲丁职名册 211
正蓝旗巴尼遴扎布牛录贡貂牲丁职名册 213
管理布特哈索伦达呼尔等处地方副都统衔总管诺穆德勒赫尔等为呈报索伦达呼尔贡貂牲丁旗佐职名册致黑龙江将军（光绪十一年六月十九日） 219
镶黄旗赍吉善牛录贡貂牲丁职名册 219
镶黄旗保元牛录贡貂牲丁职名册 223
镶黄旗音登托克托牛录贡貂牲丁职名册 229
镶黄旗德勒顺牛录贡貂牲丁职名册 233
镶黄旗布空阿牛录贡貂牲丁职名册 237
镶黄旗成明牛录贡貂牲丁职名册 242
镶黄旗拉新吐牛录贡貂牲丁职名册 246
镶黄旗莫墨和济牛录贡貂牲丁职名册 247
镶黄旗奇普松武牛录贡貂牲丁职名册 251
镶黄旗常云牛录贡貂牲丁职名册 255
镶黄旗讷恩登额牛录贡貂牲丁职名册 259
镶黄旗巴凌阿牛录贡貂牲丁职名册 260
正黄旗萨彬吐牛录贡貂牲丁职名册 262
正黄旗奇石巴牛录贡貂牲丁职名册 269
正黄旗兴福牛录贡貂牲丁职名册 277
正黄旗瑞庆牛录贡貂牲丁职名册 282
正黄旗同克牛录贡貂牲丁职名册 292
正黄旗乌克都喜牛录贡貂牲丁职名册 296

正黄旗黑狗牛录贡貂牲丁职名册 301
正黄旗乌勒兴阿牛录贡貂牲丁职名册 306
正黄旗常云阿牛录贡貂牲丁职名册 309
正黄旗三布牛录贡貂牲丁职名册 313
正黄旗托普升额牛录贡貂牲丁职名册 317
正黄旗倭克精阿牛录贡貂牲丁职名册 323
正黄旗西朗阿牛录贡貂牲丁职名册 325
正黄旗业普春牛录贡貂牲丁职名册 329
正黄旗兴亮牛录贡貂牲丁职名册 335
正黄旗海忠牛录贡貂牲丁职名册 342
正黄旗英新保牛录贡貂牲丁职名册 347
正黄旗奇狗牛录贡貂牲丁职名册 351
正黄旗里兴额牛录贡貂牲丁职名册 354
正白旗明凌牛录贡貂牲丁职名册 360
正白旗萨勒扎玛牛录贡貂牲丁职名册 364
正白旗吉林牛录贡貂牲丁职名册 371
正白旗赛清阿牛录贡貂牲丁职名册 376
正白旗克西克吐牛录贡貂牲丁职名册 382
正白旗奇普兴武牛录贡貂牲丁职名册 385
正白旗德依丰阿牛录贡貂牲丁职名册 389
正白旗富常牛录贡貂牲丁职名册 391
正白旗洪泰牛录贡貂牲丁职名册 394
正白旗松寿牛录贡貂牲丁职名册 395
正白旗清明阿牛录贡貂牲丁职名册 399
正白旗精保牛录贡貂牲丁职名册 402
正白旗崇凌牛录贡貂牲丁职名册 407
正白旗双林牛录贡貂牲丁职名册 410
正白旗精通阿牛录贡貂牲丁职名册 416
正白旗英常牛录贡貂牲丁职名册 419
正白旗常福牛录贡貂牲丁职名册 426
正红旗兴福牛录贡貂牲丁职名册 429
正红旗文普牛录贡貂牲丁职名册 431
正红旗凌福牛录贡貂牲丁职名册 432
正红旗明福牛录贡貂牲丁职名册 434
正红旗穆苏孟库牛录贡貂牲丁职名册 436

正红旗岱通阿牛录贡貂牲丁职名册 440
正红旗英隆阿牛录贡貂牲丁职名册 441
正红旗托萨吐牛录贡貂牲丁职名册 443
正红旗精德牛录贡貂牲丁职名册 445
正红旗察隆阿牛录贡貂牲丁职名册 448
正红旗穆通额牛录贡貂牲丁职名册 451
正红旗忠保牛录贡貂牲丁职名册 457
正红旗双凌牛录贡貂牲丁职名册 460
正红旗买通阿牛录贡貂牲丁职名册 463
正红旗赉精额牛录贡貂牲丁职名册 464
正红旗恩特兴阿牛录贡貂牲丁职名册 467
正红旗舒明阿牛录贡貂牲丁职名册 469
镶白旗和山牛录贡貂牲丁职名册 472
镶白旗兴常牛录贡貂牲丁职名册 477
镶白旗定禄牛录贡貂牲丁职名册 479
镶白旗爱新多尔济牛录贡貂牲丁职名册 481
镶白旗凌丰阿牛录贡貂牲丁职名册 484
镶白旗明德牛录贡貂牲丁职名册 485
镶红旗诺钦吉尔嘎儿牛录贡貂牲丁职名册 489
镶红旗德全牛录贡貂牲丁职名册 490
镶红旗扎斯洪阿牛录贡貂牲丁职名册 491
镶红旗蒙库巴雅尔牛录贡貂牲丁职名册 492
镶红旗莫诺惠牛录贡貂牲丁职名册 493
镶红旗狼狗牛录贡貂牲丁职名册 494
镶红旗多们扎普牛录贡貂牲丁职名册 495
正蓝旗卧尔托吉尔嘎儿牛录贡貂牲丁职名册 497
正蓝旗明兴阿牛录贡貂牲丁职名册 499
正蓝旗吉隆阿牛录贡貂牲丁职名册 501
镶蓝旗富全牛录贡貂牲丁职名册 503
镶蓝旗舒敏牛录贡貂牲丁职名册 505
镶蓝旗西拉布牛录贡貂牲丁职名册 507
镶蓝旗富明牛录贡貂牲丁职名册 509
镶蓝旗那新吉尔噶儿牛录贡貂牲丁职名册 511
正红旗都隆阿牛录贡貂牲丁职名册（汉文） 515
正红旗托精阿牛录贡貂牲丁职名册（汉文） 518

正白旗明凌牛录贡貂牲丁职名册（汉文） 668
正白旗萨勒扎玛牛录贡貂牲丁职名册（汉文） 672
正白旗吉林牛录贡貂牲丁职名册（汉文） 679
正白旗赛清阿牛录贡貂牲丁职名册（汉文） 684
正白旗克西克吐牛录贡貂牲丁职名册（汉文） 690
正白旗奇普兴武牛录贡貂牲丁职名册（汉文） 693
正白旗德依丰阿牛录贡貂牲丁职名册（汉文） 697
正白旗富常牛录贡貂牲丁职名册（汉文） 699
正白旗洪泰牛录贡貂牲丁职名册（汉文） 702
正白旗松寿牛录贡貂牲丁职名册（汉文） 703
正白旗清明阿牛录贡貂牲丁职名册（汉文） 707
正白旗精保牛录贡貂牲丁职名册（汉文） 710
正白旗崇凌牛录贡貂牲丁职名册（汉文） 715
正白旗双林牛录贡貂牲丁职名册（汉文） 718
正白旗精通阿牛录贡貂牲丁职名册（汉文） 724
正白旗英常牛录贡貂牲丁职名册（汉文） 729
正白旗常福牛录贡貂牲丁职名册（汉文） 736
正红旗兴福牛录贡貂牲丁职名册（汉文） 739
正红旗文普牛录贡貂牲丁职名册（汉文） 741
正红旗凌福牛录贡貂牲丁职名册（汉文） 742
正红旗明福牛录贡貂牲丁职名册（汉文） 744
正红旗穆苏孟库牛录贡貂牲丁职名册（汉文） 746
正红旗岱通阿牛录贡貂牲丁职名册（汉文） 750
正红旗英隆阿牛录贡貂牲丁职名册（汉文） 751
正红旗托萨吐牛录贡貂牲丁职名册（汉文） 753
正红旗精德牛录贡貂牲丁职名册（汉文） 755
正红旗察隆阿牛录贡貂牲丁职名册（汉文） 758
正红旗穆通额牛录贡貂牲丁职名册（汉文） 761
正红旗忠保牛录贡貂牲丁职名册（汉文） 767
正红旗双凌牛录贡貂牲丁职名册（汉文） 770
正红旗买通阿牛录贡貂牲丁职名册（汉文） 773
正红旗赉精阿（额）牛录贡貂牲丁职名册（汉文） 774
正红旗恩特兴阿牛录贡貂牲丁职名册（汉文） 777
正红旗舒明阿牛录贡貂牲丁职名册（汉文） 779
镶白旗和山牛录贡貂牲丁职名册（汉文） 782

镶白旗兴常牛录贡貂牲丁职名册（汉文） 787
镶白旗定禄牛录贡貂牲丁职名册（汉文） 789
镶白旗爱新多尔济牛录贡貂牲丁职名册（汉文） 791
镶白旗凌丰阿牛录贡貂牲丁职名册（汉文） 794
镶白旗明德牛录贡貂牲丁职名册（汉文） 795
镶红旗诺钦吉尔嘎儿牛录贡貂牲丁职名册（汉文） 799
镶红旗德全牛录贡貂牲丁职名册（汉文） 800
镶红旗扎斯洪阿牛录贡貂牲丁职名册（汉文） 801
镶红旗蒙库巴雅尔牛录贡貂牲丁职名册（汉文） 802
镶红旗莫诺惠牛录贡貂牲丁职名册（汉文） 803
镶红旗狼狗牛录贡貂牲丁职名册（汉文） 804
镶红旗多们扎普牛录贡貂牲丁职名册（汉文） 805
正蓝旗卧尔托吉尔嘎儿牛录贡貂牲丁职名册（汉文） 807
正蓝旗明兴阿牛录贡貂牲丁职名册（汉文） 809
正蓝旗吉隆阿牛录贡貂牲丁职名册（汉文） 811
镶蓝旗富全牛录贡貂牲丁职名册（汉文） 813
镶蓝旗舒敏牛录贡貂牲丁职名册（汉文） 815
镶蓝旗西拉布牛录贡貂牲丁职名册（汉文） 817
镶蓝旗富明牛录贡貂牲丁职名册（汉文） 819
镶蓝旗那新吉尔噶儿牛录牲丁职名册（汉文） 821
【贡貂牲丁职名册】（光绪十一年七月十三日） 825
【镶黄旗】二牛录贡貂牲丁职名册 829
正黄旗头牛录、二牛录贡貂牲丁职名册 836
正白旗头牛录、二牛录贡貂牲丁职名册 852
正红旗头牛录、二牛录贡貂牲丁职名册 867
镶白旗头牛录、二牛录贡貂牲丁职名册 882
镶红旗头牛录、二牛录贡貂牲丁职名册 897
正蓝旗头牛录、二牛录贡貂牲丁职名册 912
镶蓝旗头牛录、二牛录贡貂牲丁职名册 927
【镶黄旗】二牛录贡貂牲丁职名册（汉文） 945
正黄旗头牛录、二牛录贡貂牲丁职名册（汉文） 948
正白旗头牛录、二牛录贡貂牲丁职名册（汉文） 963
正红旗头牛录、二牛录贡貂牲丁职名册（汉文） 978
镶白旗头牛录、二牛录贡貂牲丁职名册（汉文） 993
镶红旗头牛录、二牛录贡貂牲丁职名册（汉文） 1008

正蓝旗头牛录、二牛录贡貂牲丁职名册（汉文） 1023
镶蓝旗头牛录、二牛录贡貂牲丁职名册（汉文） 1037
兴安城署理鄂伦春总管协领凌善为呈报鄂伦春八旗官兵旗佐职名贡貂数致黑龙江将军（光绪十二年五月二十八日） 1053
镶黄旗头牛录、二牛录牲丁职名贡貂数目册 1053
正黄旗头牛录、二牛录牲丁职名贡貂数目册 1069
正白旗头牛录、二牛录牲丁职名贡貂数目册 1085
正红旗头牛录、二牛录牲丁职名贡貂数目册 1100
【镶白旗】头牛录、二牛录牲丁职名贡貂数目册 1115
镶红旗头牛录、二牛录牲丁职名贡貂数目册 1131
正蓝旗头牛录、二牛录牲丁职名贡貂数目册 1147
镶蓝旗头牛录、二牛录牲丁职名贡貂数目册 1162
镶黄旗头牛录、二牛录牲丁职名贡貂数目册（汉文） 1181
正黄旗头牛录、二牛录牲丁职名贡貂数目册（汉文） 1191
正白旗头牛录、二牛录牲丁职名贡貂数目册（汉文） 1206
正红旗头牛录、二牛录牲丁职名贡貂数目册（汉文） 1221
【镶白旗】头牛录、二牛录牲丁职名贡貂数目册（汉文） 1236
镶红旗头牛录、二牛录牲丁职名贡貂数目册（汉文） 1251
正蓝旗头牛录、二牛录牲丁职名贡貂数目册（汉文） 1267
镶蓝旗头牛录、二牛录牲丁职名贡貂数目册（汉文） 1282
【索伦达呼尔贡貂牲丁职名册】（光绪十二年七月初六日） 1299
【镶黄旗】贲吉善牛录贡貂牲丁职名册 1299
【镶黄旗】保元牛录贡貂牲丁职名册 1302
【镶黄旗】音登托克托牛录贡貂牲丁职名册 1309
【镶黄旗】德勒顺牛录贡貂牲丁职名册 1313
【镶黄旗】布空阿牛录贡貂牲丁职名册 1317
【镶黄旗】成明牛录贡貂牲丁职名册 1322
【镶黄旗】拉西勒图牛录贡貂牲丁职名册 1325
【镶黄旗】巴遴牛录贡貂牲丁职名册 1327
【镶黄旗】奇普松武牛录贡貂牲丁职名册 1331
【镶黄旗】常云牛录贡貂牲丁职名册 1335
【镶黄旗】讷恩登额牛录贡貂牲丁职名册 1339
【镶黄旗】巴凌阿牛录贡貂牲丁职名册 1341
正黄旗萨彬吐牛录贡貂牲丁职名册 1343
正黄旗奇石巴牛录贡貂牲丁职名册 1349

正黄旗兴福牛录贡貂牲丁职名册 1357
正黄旗同克牛录贡貂牲丁职名册 1363
正黄旗瑞庆牛录贡貂牲丁职名册 1373
正黄旗乌克都喜牛录贡貂牲丁职名册 1377
正黄旗黑狗牛录贡貂牲丁职名册 1382
正黄旗乌勒兴阿牛录贡貂牲丁职名册 1387
正黄旗常云阿牛录贡貂牲丁职名册 1391
正黄旗三布牛录贡貂牲丁职名册 1394
正黄旗托普升额牛录贡貂牲丁职名册 1399
正黄旗倭克精阿牛录贡貂牲丁职名册 1405
正黄旗德清阿牛录贡貂牲丁职名册 1407
正黄旗业普春牛录贡貂牲丁职名册 1409
正黄旗硕通阿牛录贡貂牲丁职名册 1415
正黄旗海忠牛录贡貂牲丁职名册 1422
正黄旗英新保牛录贡貂牲丁职名册 1427
正黄旗奇狗牛录贡貂牲丁职名册 1431
正黄旗里兴额牛录贡貂牲丁职名册 1434
正白旗明凌牛录贡貂牲丁职名册 1441
正白旗萨勒扎玛牛录贡貂牲丁职名册 1445
正白旗图明额牛录贡貂牲丁职名册 1451
正白旗赛清阿牛录贡貂牲丁职名册 1457
正白旗扎拉汾牛录贡貂牲丁职名册 1464
正白旗奇普兴武牛录贡貂牲丁职名册 1466
正白旗德依丰阿牛录贡貂牲丁职名册 1470
正白旗富常牛录贡貂牲丁职名册 1472
正白旗洪泰牛录贡貂牲丁职名册 1475
正白旗松寿牛录贡貂牲丁职名册 1477
正白旗清明阿牛录贡貂牲丁职名册 1480
正白旗精保牛录贡貂牲丁职名册 1483
正白旗崇凌牛录贡貂牲丁职名册 1489
正白旗双林牛录贡貂牲丁职名册 1491
正白旗精通阿牛录贡貂牲丁职名册 1497
正白旗英常牛录贡貂牲丁职名册 1503
正白旗常福牛录贡貂牲丁职名册 1510
正红旗兴福牛录贡貂牲丁职名册 1513

正红旗文普牛录贡貂牲丁职名册 1515
正红旗凌福牛录贡貂牲丁职名册 1516
正红旗明福牛录贡貂牲丁职名册 1518
正红旗穆苏孟库牛录贡貂牲丁职名册 1520
正红旗岱通阿牛录贡貂牲丁职名册 1524
正红旗英隆阿牛录贡貂牲丁职名册 1525
正红旗扎萨图牛录贡貂牲丁职名册 1527
正红旗兴庸牛录贡貂牲丁职名册 1529
正红旗察隆阿牛录贡貂牲丁职名册 1532
正红旗穆通额牛录贡貂牲丁职名册 1535
正红旗班扎尔达西牛录贡貂牲丁职名册 1541
正红旗双凌牛录贡貂牲丁职名册 1544
正红旗穆克德春牛录贡貂牲丁职名册 1546
正红旗赍精额牛录贡貂牲丁职名册 1547
正红旗恩特兴阿牛录贡貂牲丁职名册 1550
正红旗舒明阿牛录贡貂牲丁职名册 1553
镶白旗和山牛录贡貂牲丁职名册 1556
镶白旗兴常牛录贡貂牲丁职名册 1560
镶白旗定禄牛录贡貂牲丁职名册 1563
镶白旗爱新多尔济牛录贡貂牲丁职名册 1565
镶白旗凌丰阿牛录贡貂牲丁职名册 1567
镶白旗明德牛录贡貂牲丁职名册 1569
镶红旗诺钦吉尔嘎儿牛录贡貂牲丁职名册 1572
镶红旗德全牛录贡貂牲丁职名册 1574
镶红旗扎斯洪阿牛录贡貂牲丁职名册 1575
镶红旗蒙库巴雅尔牛录贡貂牲丁职名册 1576
镶红旗莫诺惠牛录贡貂牲丁职名册 1577
镶红旗狼狗牛录贡貂牲丁职名册 1578
镶红旗多们扎普牛录贡貂牲丁职名册 1579
正蓝旗卧尔托吉尔嘎儿牛录贡貂牲丁职名册 1581
正蓝旗明兴阿牛录贡貂牲丁职名册 1583
正蓝旗吉隆阿牛录贡貂牲丁职名册 1585
镶蓝旗福春牛录贡貂牲丁职名册 1587
镶蓝旗舒敏牛录贡貂牲丁职名册 1588
镶蓝旗西拉布牛录贡貂牲丁职名册 1590

镶蓝旗富明牛录贡貂牲丁职名册 1592

镶蓝旗那新吉尔噶儿牛录贡貂牲丁职名册 1595

管理布特哈索伦达呼尔等处地方副都统衔总管诺穆德勒赫尔等为呈报食饷摩凌阿鄂伦春贡貂牲丁旗佐职名册致黑龙江将军（光绪十二年七月初六日） 1599

正红旗都隆阿牛录贡貂牲丁职名册 1599

正红旗托精阿牛录贡貂牲丁职名册 1601

正红旗德迷善牛录贡貂牲丁职名册 1603

镶白旗和寿牛录贡貂牲丁职名册 1605

镶红旗正常牛录贡貂牲丁职名册 1607

正蓝旗巴尼遴扎布牛录贡貂牲丁职名册 1609

兴安城副都统衔总管乌尔滚巴雅尔为呈报鄂伦春八旗官兵旗佐职名及贡貂数目册致黑龙江将军（光绪十三年） 1615

镶黄旗头牛录、二牛录贡貂牲丁职名册 1615

正黄旗头牛录、二牛录贡貂牲丁职名册 1630

□□旗贡貂牲丁职名册 1651

正白旗头牛录、二牛录贡貂牲丁职名册 1655

正红旗头牛录、二牛录贡貂牲丁职名册 1670

【兴安城副都统衔总管乌尔滚巴雅尔为呈报鄂伦春八旗官兵旗佐职名及贡貂数目册致黑龙江将军（光绪十七年六月初一日）】 1685

【镶黄旗头牛录、】二牛录牲丁职名贡貂数目册 1685

正黄旗头牛录、二牛录牲丁职名贡貂数目册 1698

正白旗头牛录、二牛录牲丁职名贡貂数目册 1713

正红旗头牛录、二牛录牲丁职名贡貂数目册 1728

镶白旗头牛录、二牛录牲丁职名贡貂数目册 1743

镶红旗头牛录、二牛录牲丁职名贡貂数目册 1757

正蓝旗头牛录、二牛录牲丁职名贡貂数目册 1773

镶蓝旗头牛录、二牛录牲丁职名贡貂数目册 1787

镶黄旗头牛录、二牛录牲丁职名贡貂数目册（汉文） 1806

正黄旗头牛录、二牛录牲丁职名贡貂数目册（汉文） 1820

正白旗头牛录、二牛录牲丁职名贡貂数目册（汉文） 1836

正红旗头牛录、二牛录牲丁职名贡貂数目册（汉文） 1850

镶白旗头牛录、二牛录牲丁职名贡貂数目册（汉文） 1864

镶红旗头牛录、二牛录牲丁职名贡貂数目册（汉文） 1879

正蓝旗头牛录、二牛录牲丁职名贡貂数目册（汉文） 1894

镶蓝旗头牛录、二牛录牲丁职名贡貂数目册（汉文） 1908

兴安城副都统衔总管乌尔滚巴雅尔为呈报鄂伦春八旗官兵旗佐职名及贡貂数目册致黑龙江将军（光绪十八年六月初三日） 1927
镶黄旗头牛录、二牛录牲丁职名贡貂数目册 1927
正黄旗头牛录、二牛录牲丁职名贡貂数目册 1941
正白旗头牛录、二牛录牲丁职名贡貂数目册 1953
正红旗头牛录、二牛录牲丁职名贡貂数目册 1966
镶白旗头牛录、二牛录牲丁职名贡貂数目册 1979
镶红旗头牛录、二牛录牲丁职名贡貂数目册 1993
正蓝旗头牛录、二牛录牲丁职名贡貂数目册 2008
镶蓝旗头牛录、二牛录牲丁职名贡貂数目册 2020
镶黄旗头牛录、二牛录牲丁职名贡貂数目册（汉文） 2038
正黄旗头牛录、二牛录牲丁职名贡貂数目册（汉文） 2051
正白旗头牛录、二牛录牲丁职名贡貂数目册（汉文） 2063
正红旗头牛录、二牛录牲丁职名贡貂数目册（汉文） 2075
镶白旗头牛录、二牛录牲丁职名贡貂数目册（汉文） 2088
镶红旗头牛录、二牛录牲丁职名贡貂数目册（汉文） 2101
正蓝旗头牛录、二牛录牲丁职名贡貂数目册（汉文） 2116
镶蓝旗头牛录、二牛录牲丁职名贡貂数目册（汉文） 2128
管理布特哈索伦达呼尔等处地方副都统衔总管福尔苏穆布等为呈报食饷摩凌阿鄂伦春贡貂牲丁旗佐职名册致黑龙江将军（光绪十八年六月二十五日） 2145
正红旗都隆阿牛录贡貂牲丁职名册 2145
正红旗乌尔滚济尔噶勒牛录贡貂牲丁职名册 2147
正红旗德迷善牛录贡貂牲丁职名册 2149
镶白旗和寿牛录贡貂牲丁职名册 2150
镶红旗正常牛录贡貂牲丁职名册 2152
正蓝旗巴尼遴扎布牛录贡貂牲丁职名册 2154
管理布特哈索伦达呼尔等处地方副都统衔总管福尔苏穆布等为呈报索伦达呼尔贡貂牲丁旗佐职名册致黑龙江将军（光绪十八年六月二十五日） 2159
镶黄旗福清阿牛录牲丁职名册 2159
镶黄旗保元牛录牲丁职名册 2162
镶黄旗音登托克托牛录牲丁职名册 2167
镶黄旗德兴阿牛录牲丁职名册 2170
镶黄旗布空阿牛录牲丁职名册 2173
镶黄旗成明牛录牲丁职名册 2177
镶黄旗英福牛录牲丁职名册 2179
镶黄旗福聂松阿牛录牲丁职名册 2181

镶黄旗庄清牛录牲丁职名册 2185
镶黄旗常云牛录牲丁职名册 2187
镶黄旗讷恩登额牛录牲丁职名册 2191
镶黄旗伯庆牛录牲丁职名册 2192
正黄旗萨彬吐牛录牲丁职名册 2194
正黄旗奇石巴牛录牲丁职名册 2199
正黄旗里兴额牛录牲丁职名册 2206
正黄旗同克牛录牲丁职名册 2211
正黄旗倭克精阿牛录牲丁职名册 2219
正黄旗正通牛录牲丁职名册 2223
正黄旗黑狗牛录牲丁职名册 2227
正黄旗德清阿牛录牲丁职名册 2231
正黄旗沃赫勒图牛录牲丁职名册 2235
正黄旗三布牛录牲丁职名册 2238
正黄旗托普升额牛录牲丁职名册 2242
正黄旗库禄山牛录牲丁职名册 2246
正黄旗霍洛山牛录牲丁职名册 2249
正黄旗扎俸阿牛录牲丁职名册 2251
正黄旗硕通阿牛录牲丁职名册 2256
正黄旗赫色布牛录牲丁职名册 2262
正黄旗温忠牛录牲丁职名册 2266
正黄旗囊海牛录牲丁职名册 2270
正黄旗布库波勒多牛录牲丁职名册 2274
正白旗明凌牛录牲丁职名册 2279
正白旗萨勒扎玛牛录牲丁职名册 2283
正白旗凌托牛录牲丁职名册 2288
正白旗赛清阿牛录牲丁职名册 2293
正白旗扎拉汾牛录牲丁职名册 2298
正白旗成德牛录牲丁职名册 2300
正白旗德依丰阿牛录牲丁职名册 2303
正白旗富常牛录牲丁职名册 2305
正白旗洪泰牛录牲丁职名册 2307
正白旗松寿牛录牲丁职名册 2309
正白旗托布清德牛录牲丁职名册 2312
正白旗精保牛录牲丁职名册 2315

正白旗济勒特牛录牲丁职名册 2320
正白旗双林牛录牲丁职名册 2321
正白旗双德牛录牲丁职名册 2326
正白旗英常牛录牲丁职名册 2332
正白旗常福牛录牲丁职名册 2337
正红旗兴福牛录牲丁职名册 2340
正红旗勒海牛录牲丁职名册 2341
正红旗郭顺牛录牲丁职名册 2343
正红旗明福牛录牲丁职名册 2344
正红旗都明牛录牲丁职名册 2346
正红旗岱通阿牛录牲丁职名册 2348
正红旗英隆阿牛录牲丁职名册 2350
正红旗扎萨图牛录牲丁职名册 2351
正红旗兴庸牛录牲丁职名册 2353
正红旗察隆阿牛录牲丁职名册 2355
正红旗穆通额牛录牲丁职名册 2357
正红旗班扎尔达西牛录牲丁职名册 2363
正红旗星德牛录牲丁职名册 2366
正红旗德海牛录牲丁职名册 2367
正红旗贲精额牛录牲丁职名册 2369
正红旗铁郭牛录牲丁职名册 2372
正红旗星清阿牛录牲丁职名册 2374
镶白旗和山牛录牲丁职名册 2377
镶白旗兴常牛录牲丁职名册 2381
镶白旗定禄牛录牲丁职名册 2382
镶白旗爱新多尔济牛录牲丁职名册 2384
镶白旗昌清牛录牲丁职名册 2386
镶白旗明德牛录牲丁职名册 2387
镶红旗诺钦吉尔嘎儿牛录牲丁职名册 2391
镶红旗德全牛录牲丁职名册 2392
镶红旗扎斯洪阿牛录牲丁职名册 2393
镶红旗蒙库巴雅尔牛录牲丁职名册 2394
镶红旗莫诺惠牛录牲丁职名册 2395
镶红旗狼狗牛录牲丁职名册 2396
镶红旗多们扎普牛录牲丁职名册 2397

正蓝旗卧尔托吉尔嘎儿牛录牲丁职名册 2398
正蓝旗明兴阿牛录牲丁职名册 2400
正蓝旗吉隆阿牛录牲丁职名册 2402
镶蓝旗硕尔吉山牛录牲丁职名册 2403
镶蓝旗舒敏牛录牲丁职名册 2404
镶蓝旗西拉布牛录牲丁职名册 2406
镶蓝旗富明牛录牲丁职名册 2408
镶蓝旗那新吉尔噶儿牛录牲丁职名册 2410
布特哈总管为呈报进纳貂皮牲丁皮张数目及设兴安城撤出鄂伦春牲丁数目事致黑龙江将军（光绪二十年五月初二日） 2415
布特哈地方贡貂牲丁数目册（光绪二十年六月十四日） 2435
布特哈镶黄旗贡貂牲丁数目册 2435
布特哈正黄旗贡貂牲丁数目册 2441
布特哈正白旗贡貂牲丁数目册 2450
布特哈正红旗贡貂牲丁数目册 2459
布特哈镶白旗贡貂牲丁数目册 2467
布特哈镶红旗贡貂牲丁数目册 2469
布特哈正蓝旗贡貂牲丁数目册 2472
布特哈镶蓝旗贡貂牲丁数目册 2474
署理兴安城鄂伦春官兵副都统衔总管关防事务协领宜铿额为呈报贡貂鄂伦春八旗官兵旗佐职名貂皮数致黑龙江将军（光绪二十年六月二十日） 2481
镶黄旗头牛录、二牛录牲丁职名贡貂数目册 2481
正黄旗头牛录、二牛录牲丁职名贡貂数目册 2495
正白旗头牛录、二牛录牲丁职名贡貂数目册 2507
正红旗头牛录、二牛录牲丁职名贡貂数目册 2519
镶白旗头牛录、二牛录牲丁职名贡貂数目册 2531
镶红旗头牛录、二牛录牲丁职名贡貂数目册 2545
正蓝旗头牛录、二牛录牲丁职名贡貂数目册 2560
镶蓝旗头牛录、二牛录牲丁职名贡貂数目册 2571
镶黄旗头牛录、二牛录牲丁职名贡貂数目册（汉文） 2590
正黄旗头牛录、二牛录牲丁职名贡貂数目册（汉文） 2603
正白旗头牛录、二牛录牲丁职名贡貂数目册（汉文） 2615
正红旗头牛录、二牛录牲丁职名贡貂数目册（汉文） 2627
镶白旗头牛录、二牛录牲丁职名贡貂数目册（汉文） 2639
镶红旗头牛录、二牛录牲丁职名贡貂数目册（汉文） 2652
正蓝旗头牛录、二牛录牲丁职名贡貂数目册（汉文） 2667

镶蓝旗头牛录、二牛录牲丁职名贡貂数目册（汉文） 2678
【索伦达呼尔贡貂牲丁旗佐职名册】（光绪二十年六月二十九日） 2697
【镶黄旗】波雍德勒赫尔牛录贡貂牲丁职名册 2698
【镶黄旗】音登托克托牛录贡貂牲丁职名册 2703
【镶黄旗】济克色布牛录贡貂牲丁职名册 2707
【镶黄旗】常云牛录贡貂牲丁职名册 2710
【镶黄旗】成明牛录贡貂牲丁职名册 2714
【镶黄旗】英福牛录贡貂牲丁职名册 2716
【镶黄旗】福聂松阿牛录贡貂牲丁职名册 2718
【镶黄旗】德兴阿牛录贡貂牲丁职名册 2722
【镶黄旗】保元牛录贡貂牲丁职名册 2725
【镶黄旗】讷恩登额牛录贡貂牲丁职名册 2729
【镶黄旗】伯庆牛录贡貂牲丁职名册 2730
正黄旗萨彬吐牛录贡貂牲丁职名册 2732
正黄旗奇石巴牛录贡貂牲丁职名册 2737
正黄旗里精阿牛录贡貂牲丁职名册 2745
正黄旗同克牛录贡貂牲丁职名册 2750
正黄旗倭克精阿牛录贡貂牲丁职名册 2759
正黄旗正通牛录贡貂牲丁职名册 2763
正黄旗沃赫勒图牛录贡貂牲丁职名册 2767
正黄旗德清阿牛录贡貂牲丁职名册 2772
正黄旗铁顺牛录贡貂牲丁职名册 2776
正黄旗三布牛录贡貂牲丁职名册 2779
正黄旗托普升额牛录贡貂牲丁职名册 2783
正黄旗库禄山牛录贡貂牲丁职名册 2788
正黄旗霍洛山牛录贡貂牲丁职名册 2791
正黄旗扎俸阿牛录贡貂牲丁职名册 2793
正黄旗明忠牛录贡貂牲丁职名册 2798
正黄旗赫色布牛录贡貂牲丁职名册 2804
正黄旗温忠牛录贡貂牲丁职名册 2809
正黄旗囊海牛录贡貂牲丁职名册 2813
正黄旗布库波勒多牛录贡貂牲丁职名册 2817
正白旗明凌牛录贡貂牲丁职名册 2823
正白旗哈勒珲牛录贡貂牲丁职名册 2827
正白旗济勒特牛录贡貂牲丁职名册 2832

正白旗赛清阿牛录贡貂牲丁职名册 2837
正白旗扎拉汾牛录贡貂牲丁职名册 2842
正白旗成德牛录贡貂牲丁职名册 2844
正白旗德依丰阿牛录贡貂牲丁职名册 2848
正白旗富常牛录贡貂牲丁职名册 2850
正白旗洪泰牛录贡貂牲丁职名册 2852
正白旗凌清牛录贡貂牲丁职名册 2854
正白旗托布清德牛录贡貂牲丁职名册 2857
正白旗精保牛录贡貂牲丁职名册 2860
正白旗察隆阿牛录贡貂牲丁职名册 2865
正白旗双林牛录贡貂牲丁职名册 2867
正白旗双德牛录贡貂牲丁职名册 2873
正白旗英常牛录贡貂牲丁职名册 2878
正白旗常福牛录贡貂牲丁职名册 2885
正红旗景顺牛录贡貂牲丁职名册 2887
正红旗勒海牛录贡貂牲丁职名册 2889
正红旗郭顺牛录贡貂牲丁职名册 2891
正红旗明福牛录贡貂牲丁职名册 2892
正红旗都明牛录贡貂牲丁职名册 2894
正红旗岱通阿牛录贡貂牲丁职名册 2896
正红旗英隆阿牛录贡貂牲丁职名册 2898
正红旗扎萨图牛录贡貂牲丁职名册 2899
正红旗兴庸牛录贡貂牲丁职名册 2901
正红旗察隆阿牛录贡貂牲丁职名册 2903
正红旗穆通额牛录贡貂牲丁职名册 2906
正红旗班扎尔达西牛录贡貂牲丁职名册 2911
正红旗星德牛录贡貂牲丁职名册 2914
正红旗德海牛录贡貂牲丁职名册 2916
正红旗赍精额牛录贡貂牲丁职名册 2917
正红旗铁郭牛录贡貂牲丁职名册 2921
正红旗星清阿牛录贡貂牲丁职名册 2923
镶白旗和山牛录贡貂牲丁职名册 2926
镶白旗兴常牛录贡貂牲丁职名册 2929
镶白旗定禄牛录贡貂牲丁职名册 2931
镶白旗爱新多尔济牛录贡貂牲丁职名册 2933

镶白旗昌清牛录贡貂牲丁职名册 2935
镶白旗珠尔噶山牛录贡貂牲丁职名册 2936
镶红旗诺钦吉尔嘎儿牛录贡貂牲丁职名册 2940
镶红旗德全牛录贡貂牲丁职名册 2941
镶红旗扎斯洪阿牛录贡貂牲丁职名册 2942
镶红旗蒙库巴雅尔牛录贡貂牲丁职名册 2943
镶红旗呼图尔扎布牛录贡貂牲丁职名册 2944
镶红旗狼狗牛录贡貂牲丁职名册 2945
镶红旗多们扎普牛录贡貂牲丁职名册 2946
正蓝旗卧尔托吉尔嘎儿牛录贡貂牲丁职名册 2948
正蓝旗明兴阿牛录贡貂牲丁职名册 2950
正蓝旗吉隆阿牛录贡貂牲丁职名册 2951
镶蓝旗硕尔吉山牛录贡貂牲丁职名册 2952
镶蓝旗西木噶济尔噶儿牛录贡貂牲丁职名册 2954
镶蓝旗西拉布牛录贡貂牲丁职名册 2955
镶蓝旗国瓦木布玮克西克牛录贡貂牲丁职名册 2957
镶蓝旗那新吉尔噶儿牛录贡貂牲丁职名册 2959
布特哈副都统为报送摩凌阿鄂伦春贡貂牲丁旗佐职名册致黑龙江将军（光绪二十一年五月二十四日） 2963
正红旗都隆阿牛录贡貂牲丁职名册 2963
正红旗乌尔滚济尔噶勒牛录贡貂牲丁职名册 2965
正红旗德迷善牛录贡貂牲丁职名册 2967
镶白旗和寿牛录贡貂牲丁职名册 2968
镶红旗正常牛录贡貂牲丁职名册 2970
正蓝旗巴尼遴扎布牛录贡貂牲丁职名册 2971
为报送毕拉尔路鄂伦春贡貂官兵旗佐职名册致黑龙江将军（光绪二十三年六月初八日） 2977

管理布特哈索伦达呼尔等处地方副都统衔总管诺穆德勒赫尔等为呈报摩凌阿鄂伦春贡貂牲丁旗佐职名册致黑龙江将军（光绪三年六月二十四日）

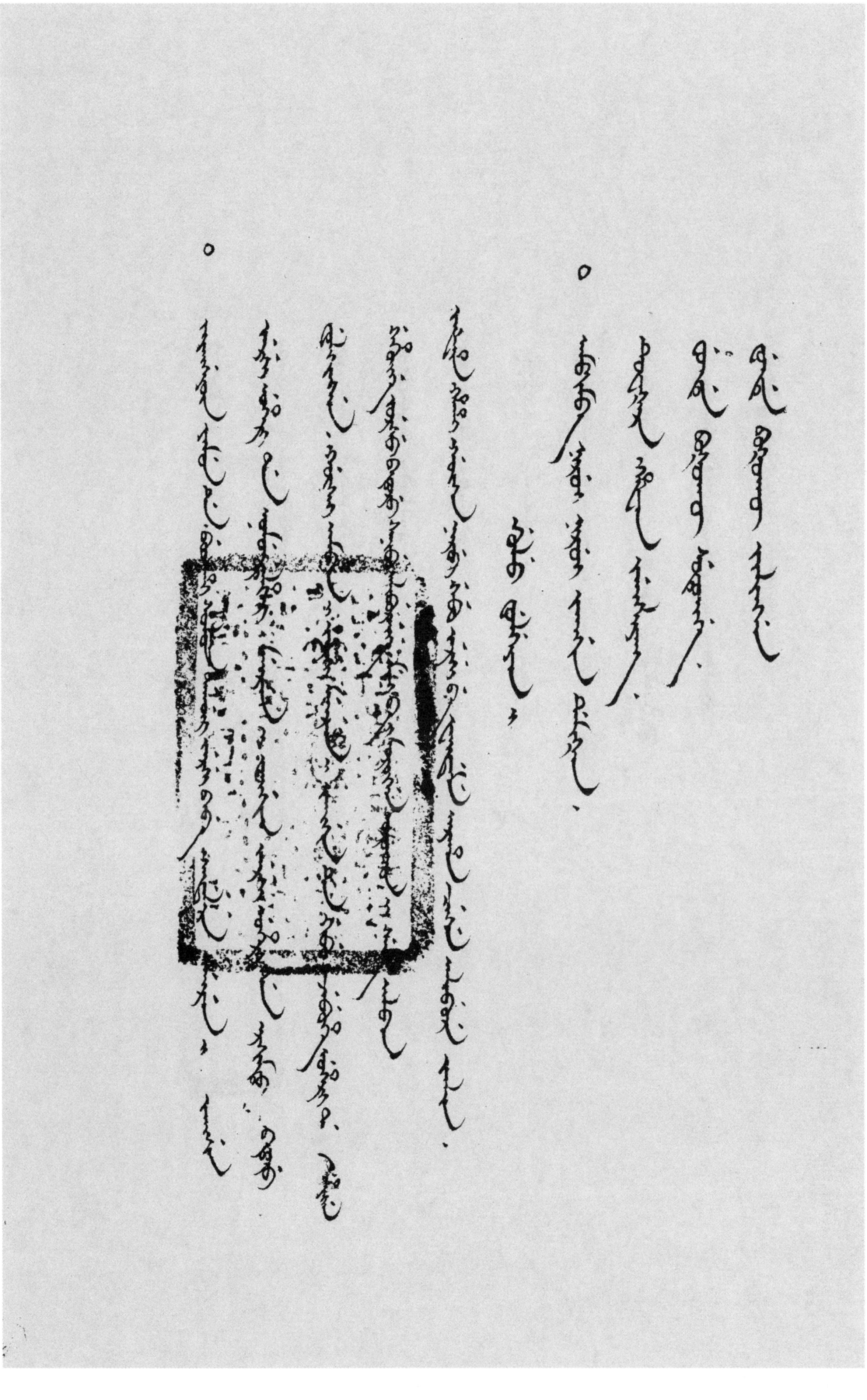

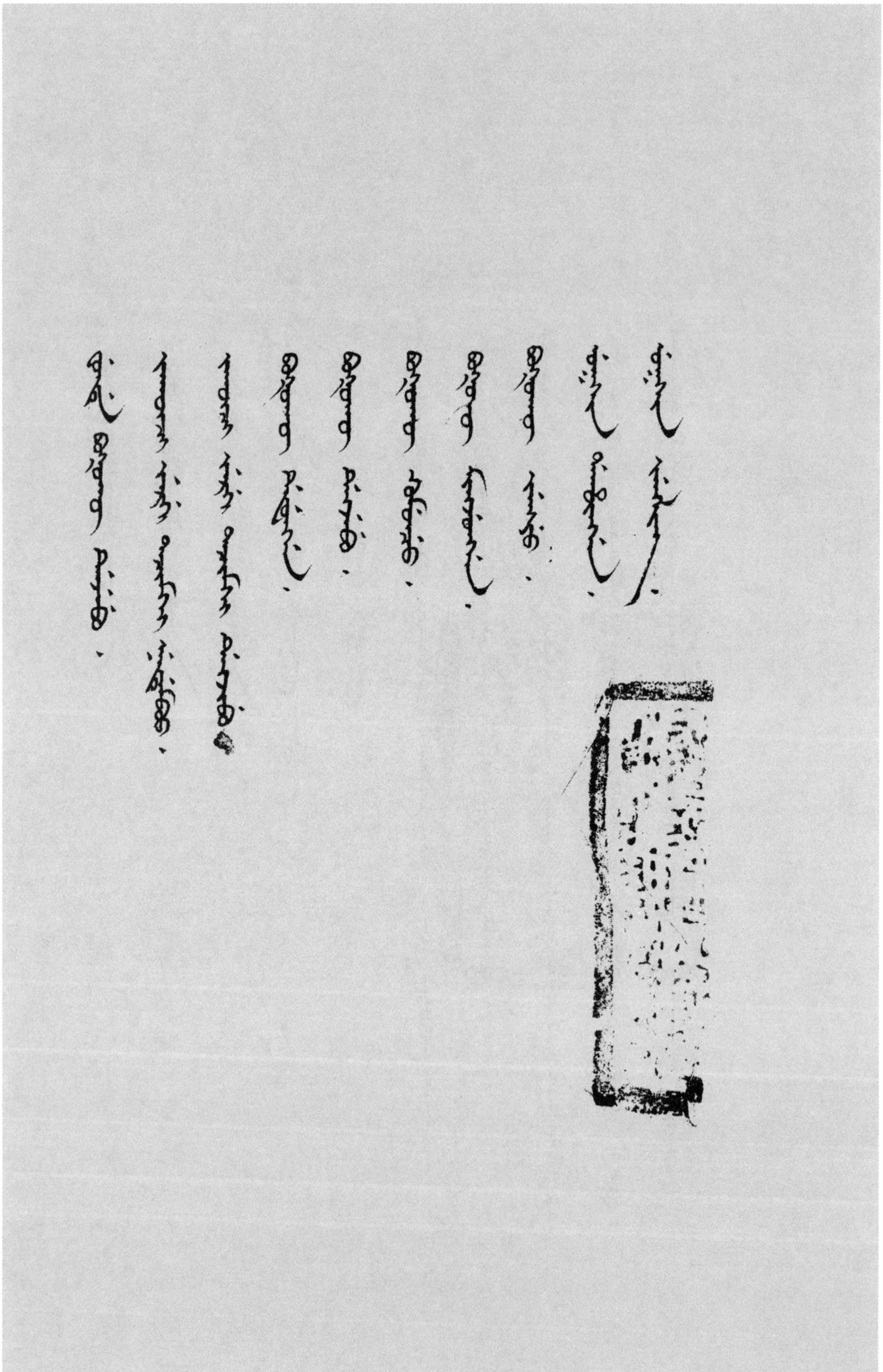

管理布特哈索伦达呼尔等处地方副都统衔总管诺穆德勒赫尔等为呈报摩凌阿鄂伦春贡貂牲丁旗佐职名册致黑龙江将军（光绪三年六月二十四日）

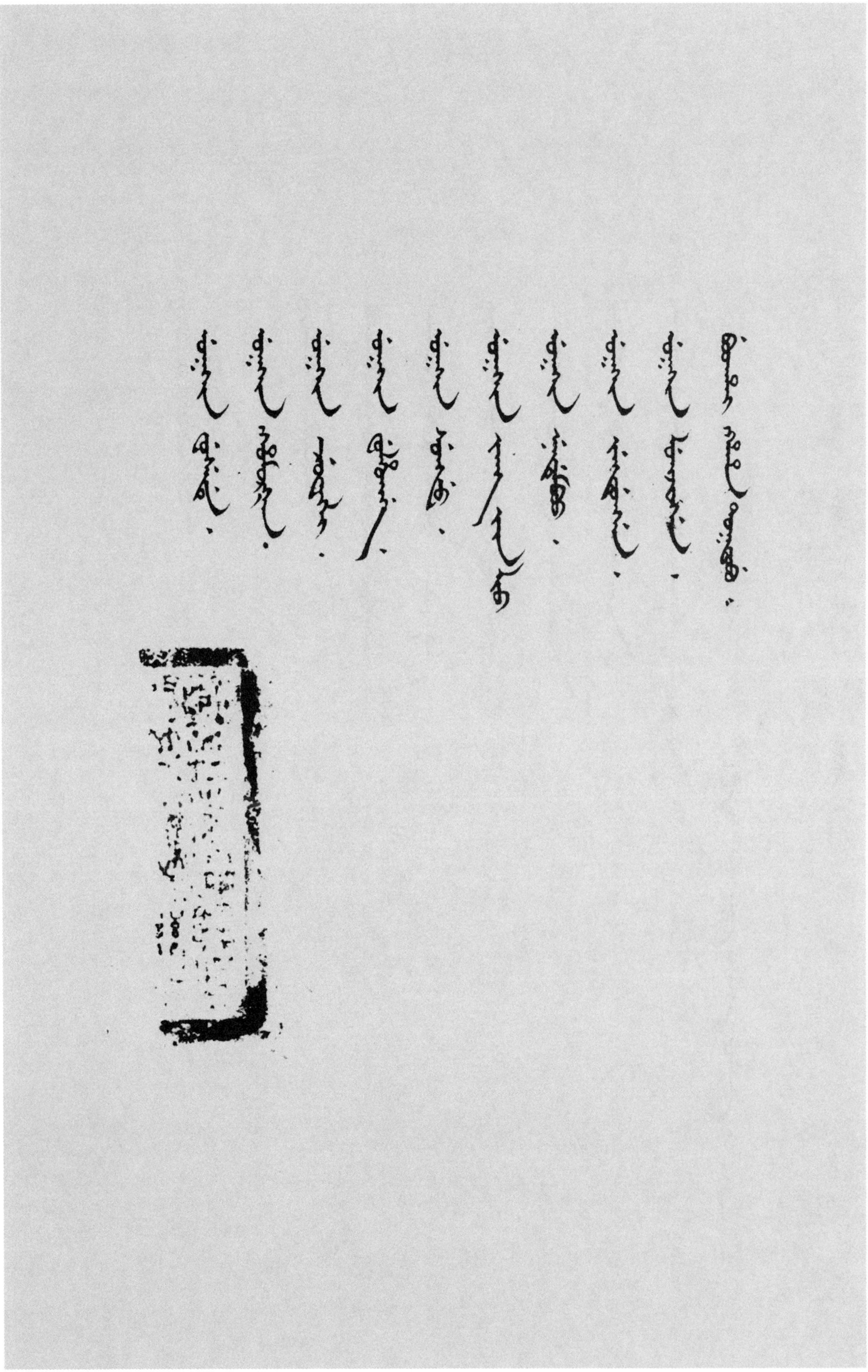

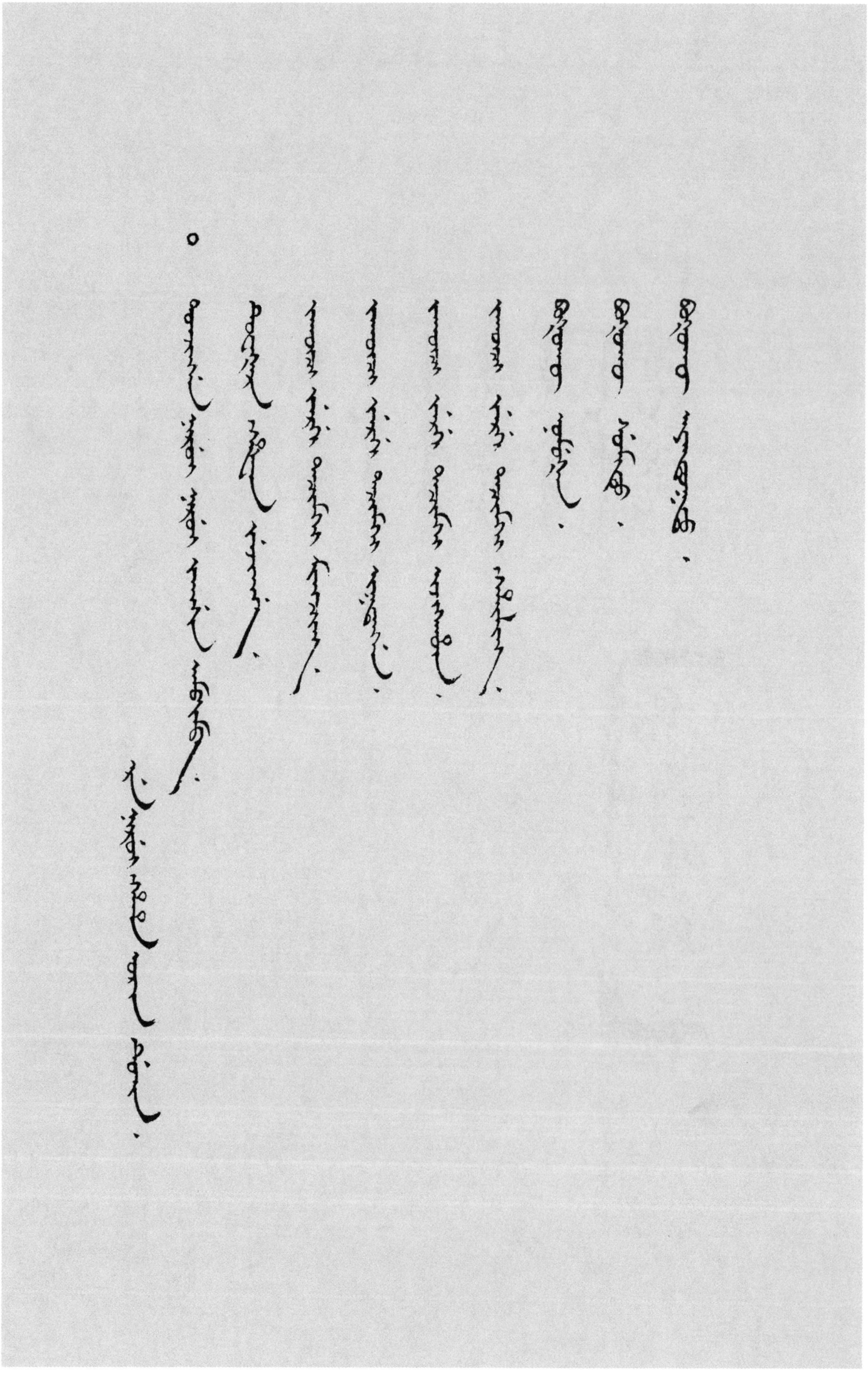

管理布特哈索伦达呼尔等处地方副都统衔总管诺穆德勒赫尔等为呈报摩凌阿鄂伦春贡貂牲丁旗佐职名册致黑龙江将军（光绪三年六月二十四日）

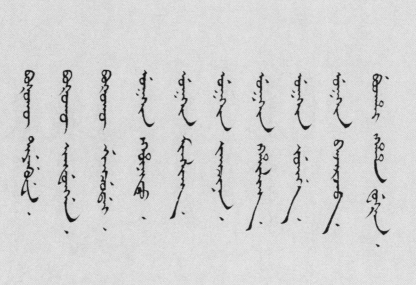

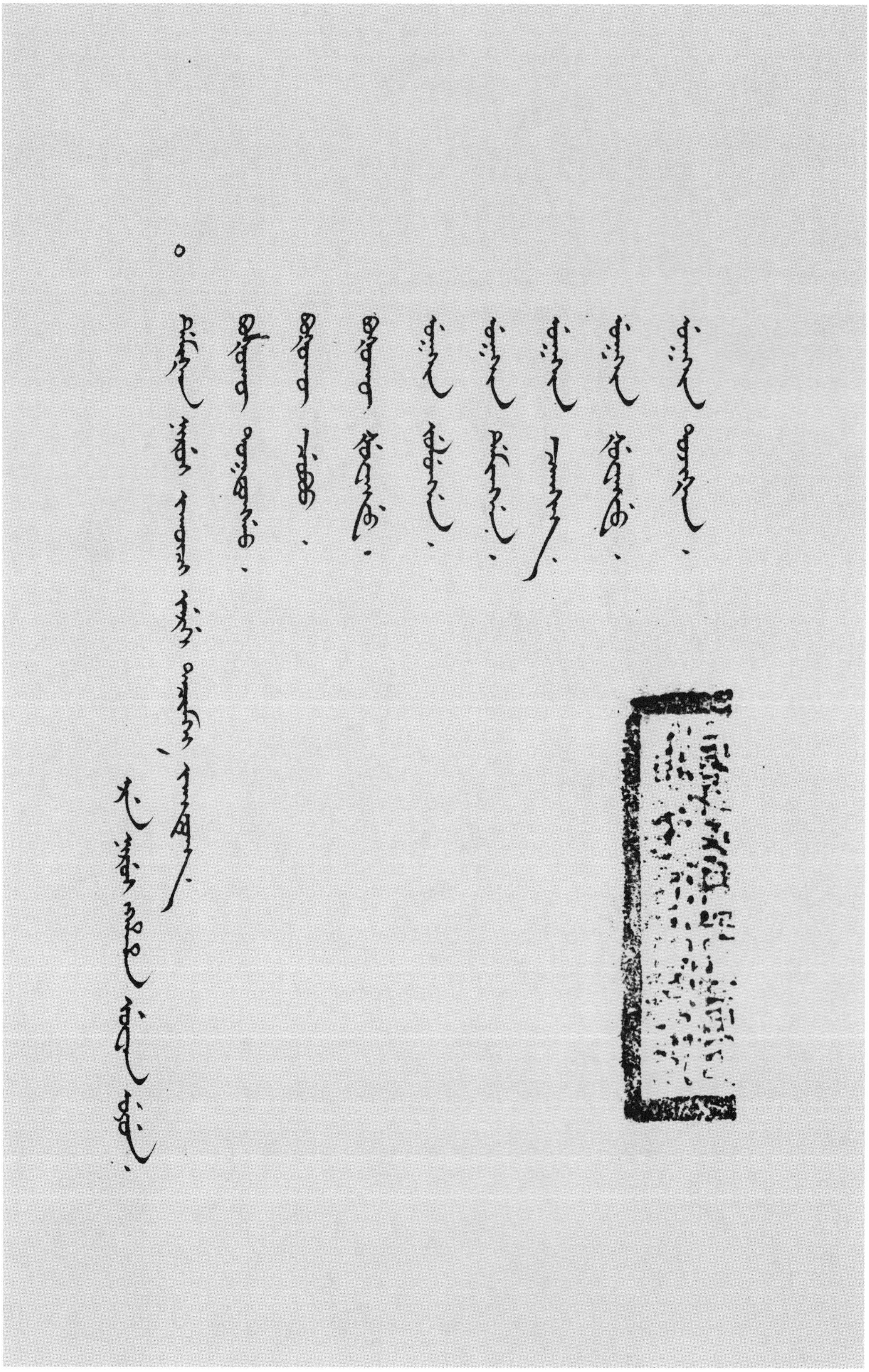

管理布特哈索伦达呼尔等处地方副都统衔总管诺穆德勒赫尔等为呈报摩凌阿鄂伦春贡貂牲丁旗佐职名册致黑龙江将军（光绪三年六月二十四日）

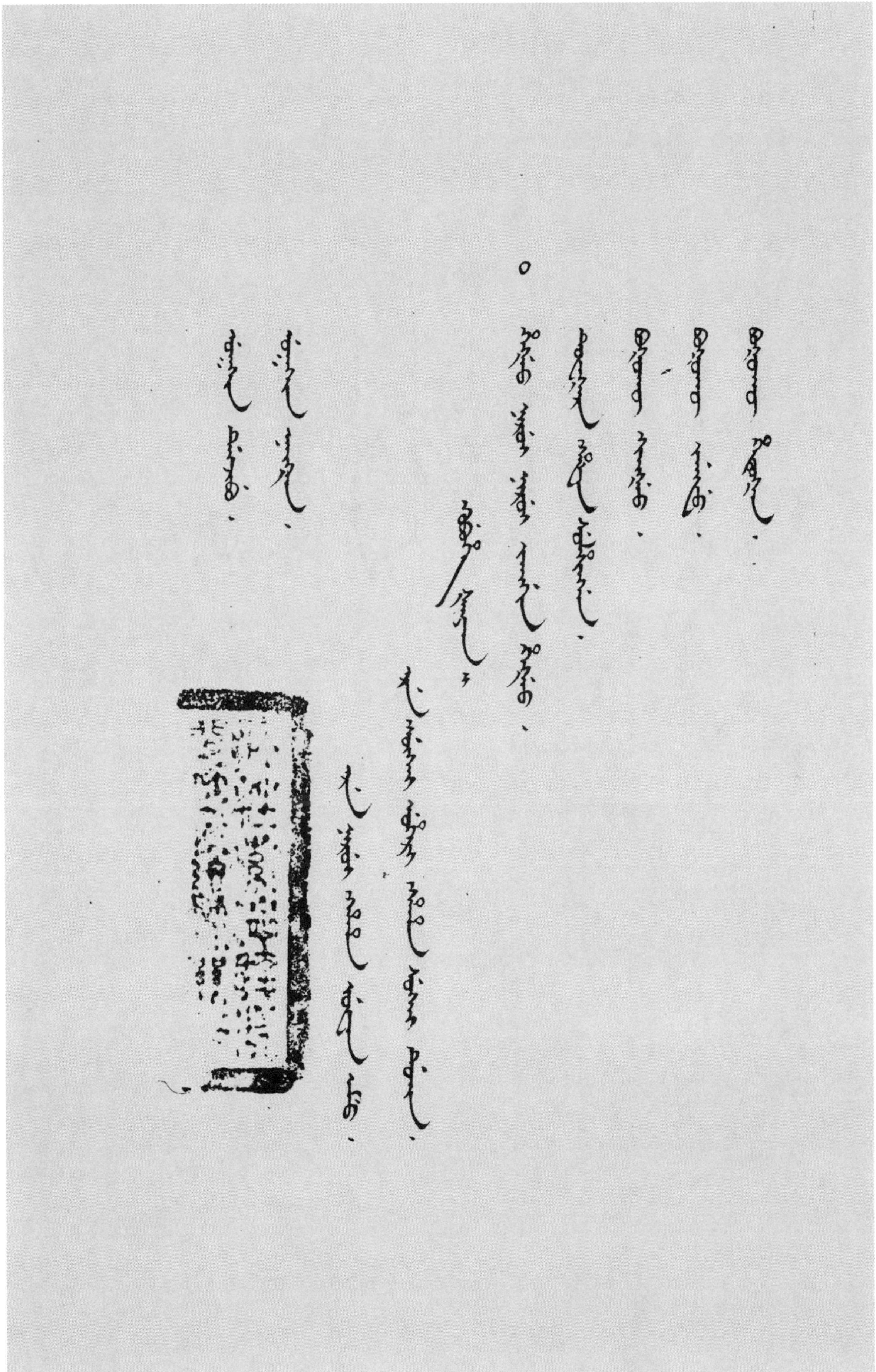

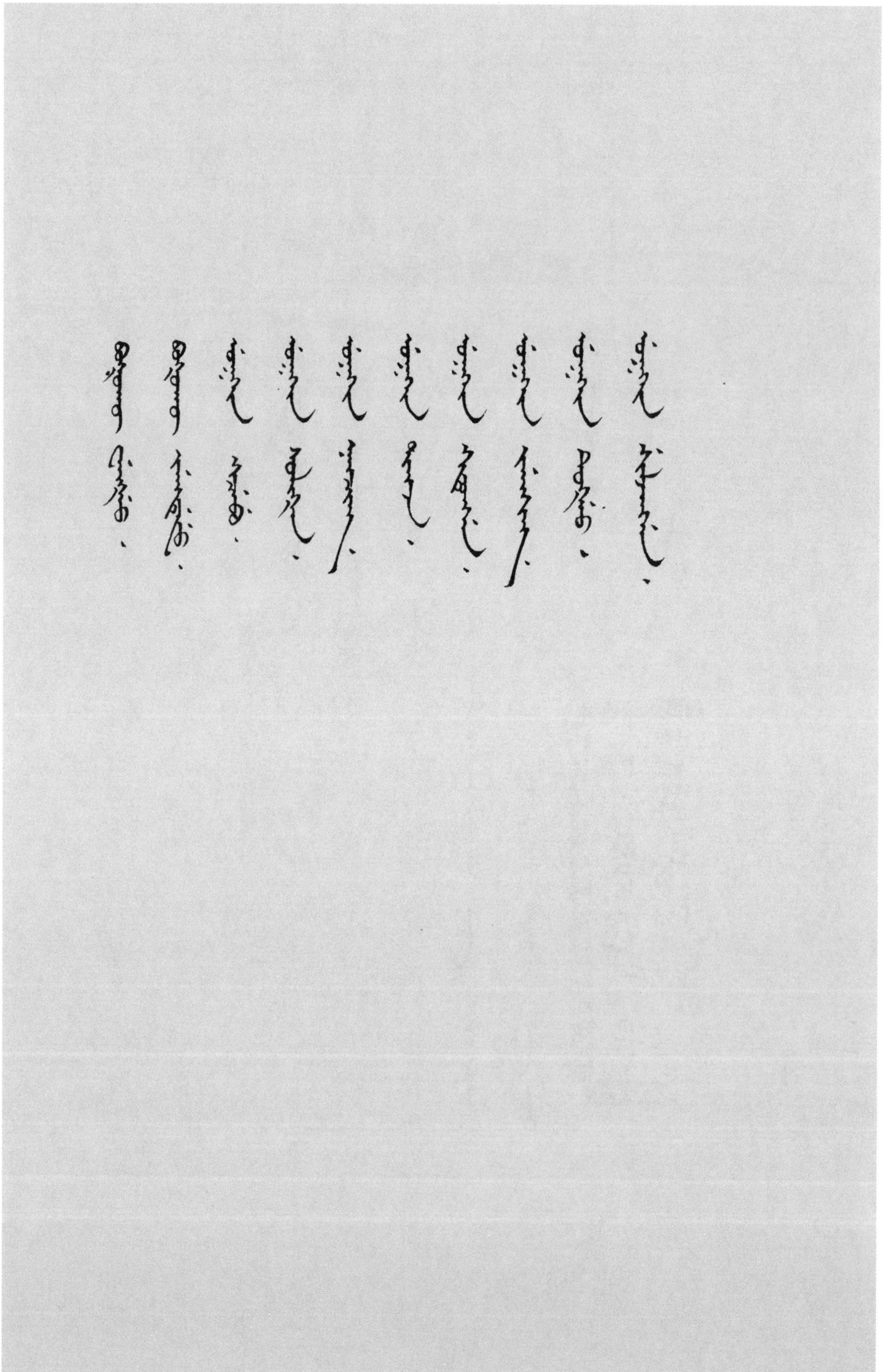

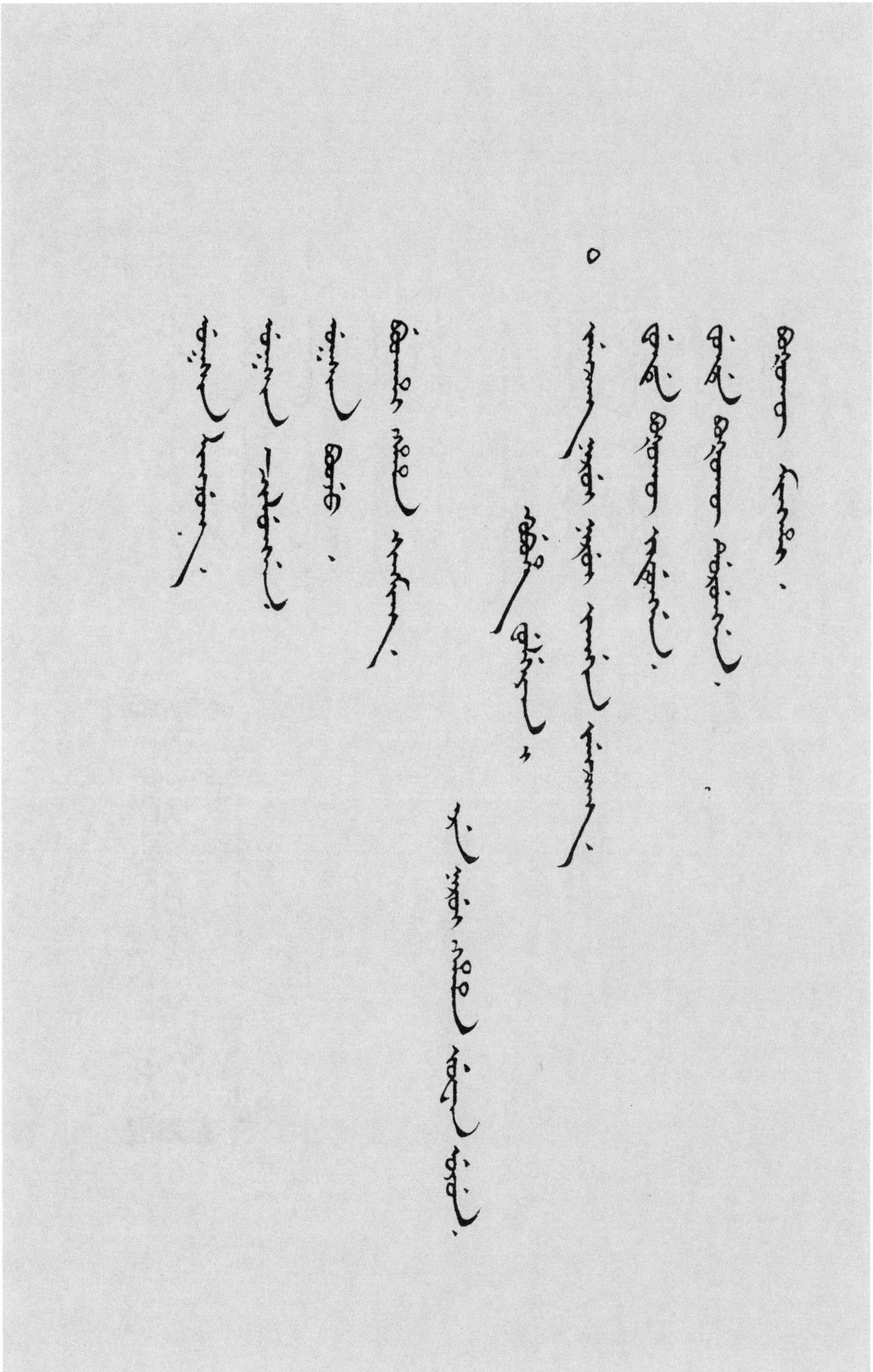

[illegible]
[illegible]
[illegible]
[illegible]
[illegible]
[illegible]
[illegible]
[illegible]
[illegible]

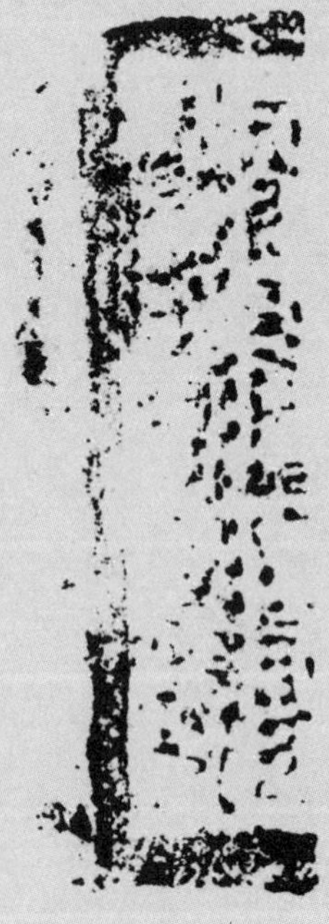

管理布特哈索伦达呼尔等处地方副都统衔总管诺穆德勒赫尔等为呈报摩凌阿鄂伦春贡貂牲丁旗佐职名册致黑龙江将军（光绪三年六月二十四日）

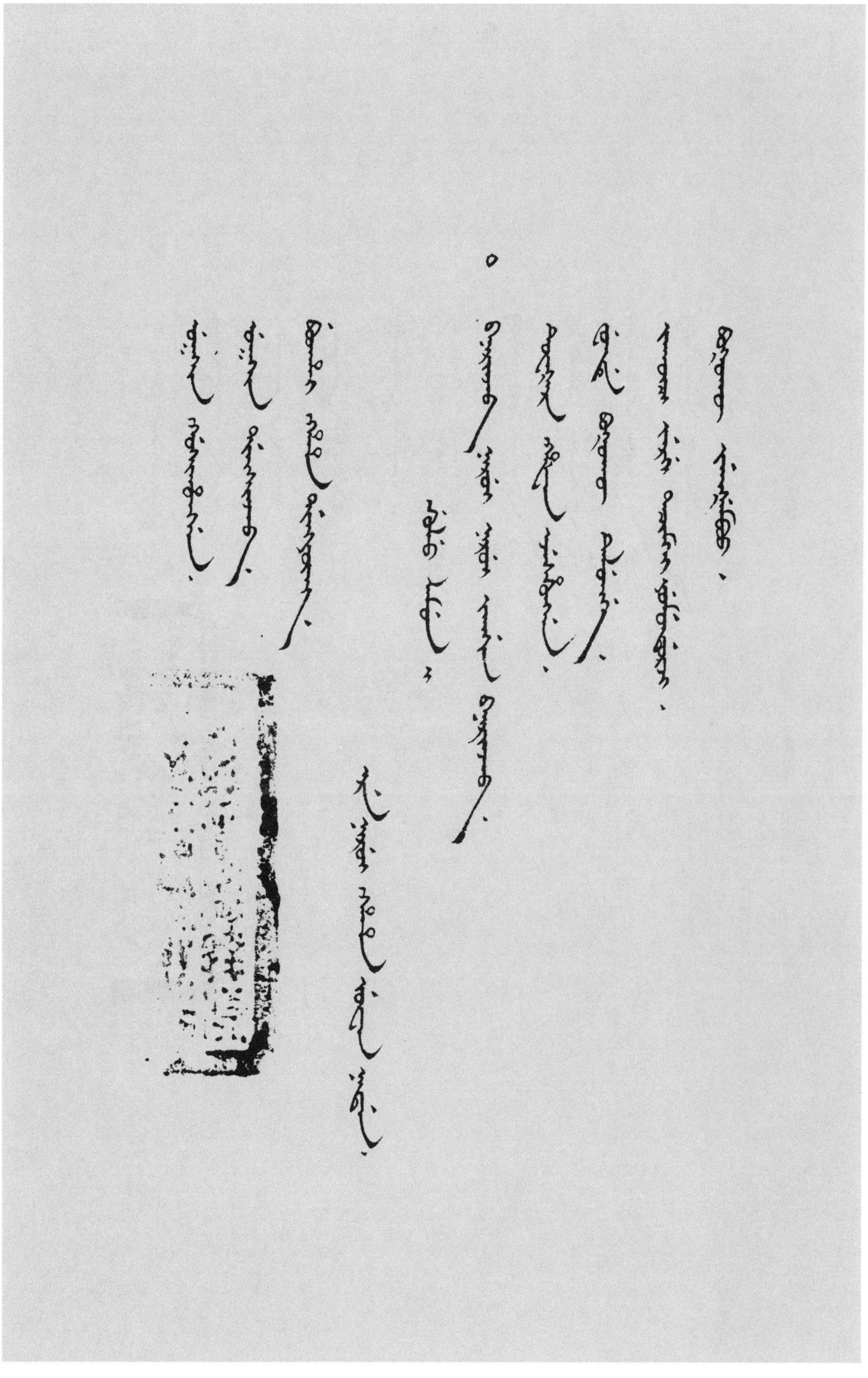

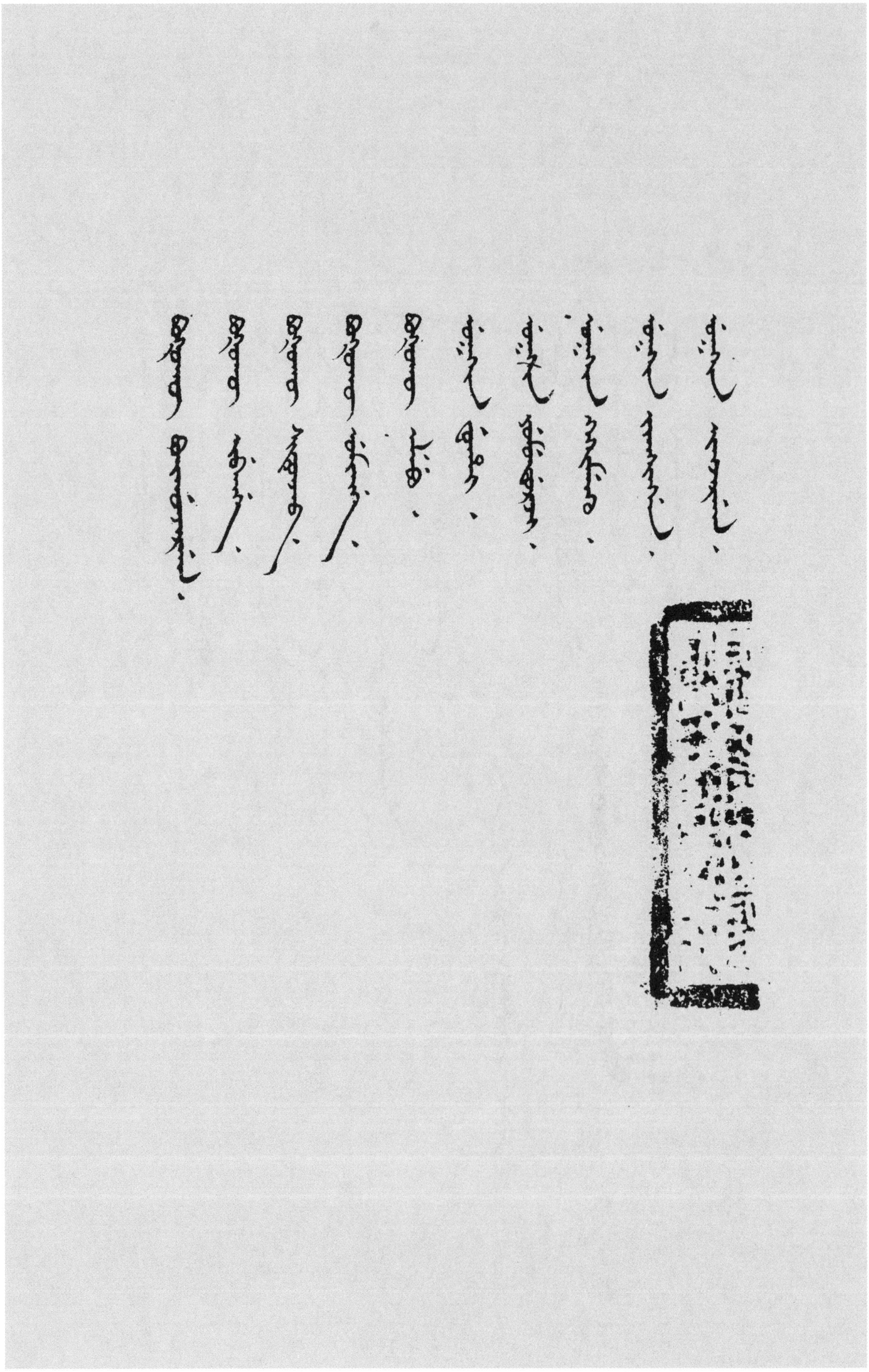

管理布特哈索伦达呼尔等处地方副都统衔总管诺穆德勒赫尔等为呈报摩凌阿鄂伦春贡貂牲丁旗佐职名册致黑龙江将军（光绪三年六月二十四日）

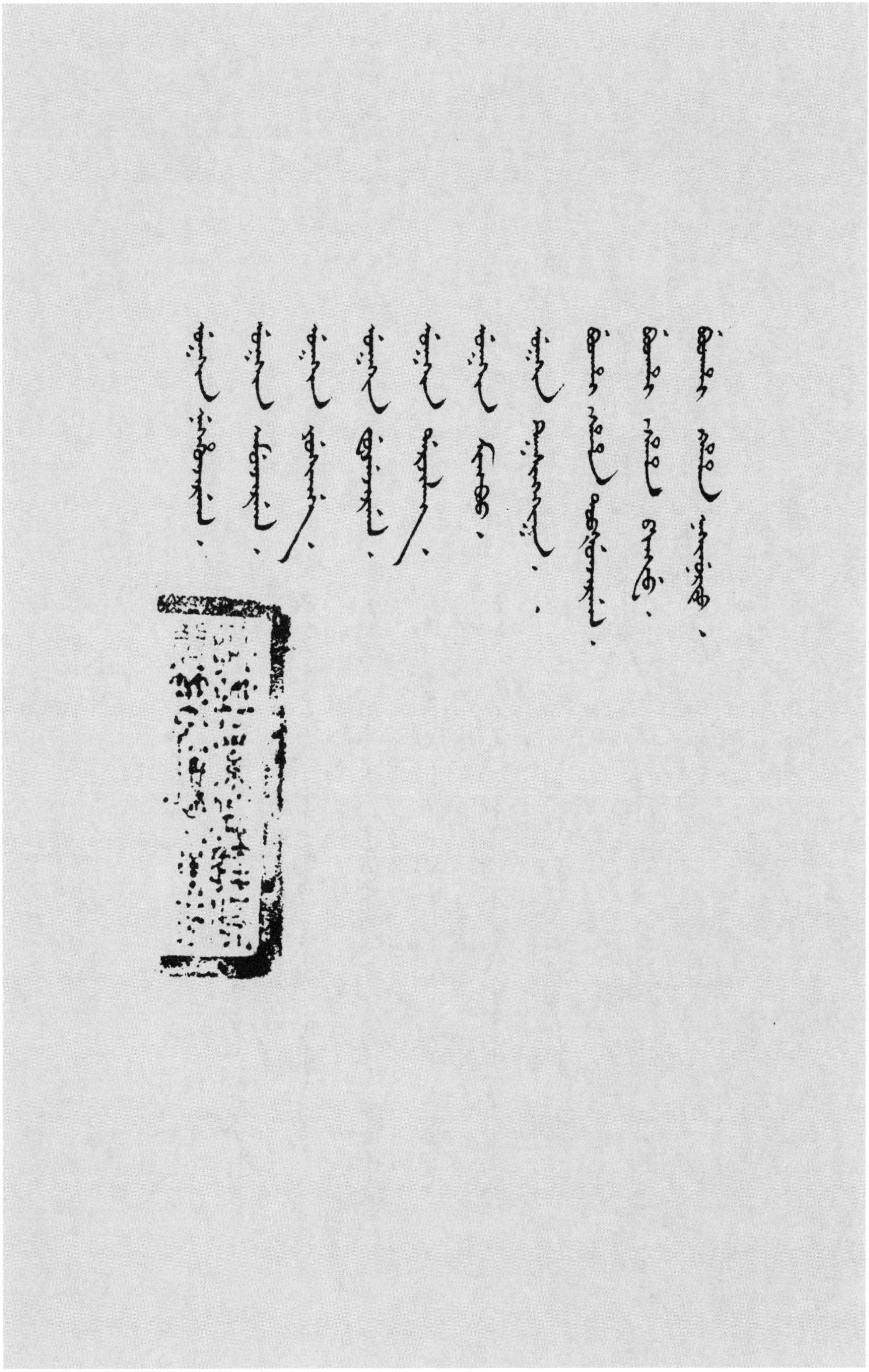

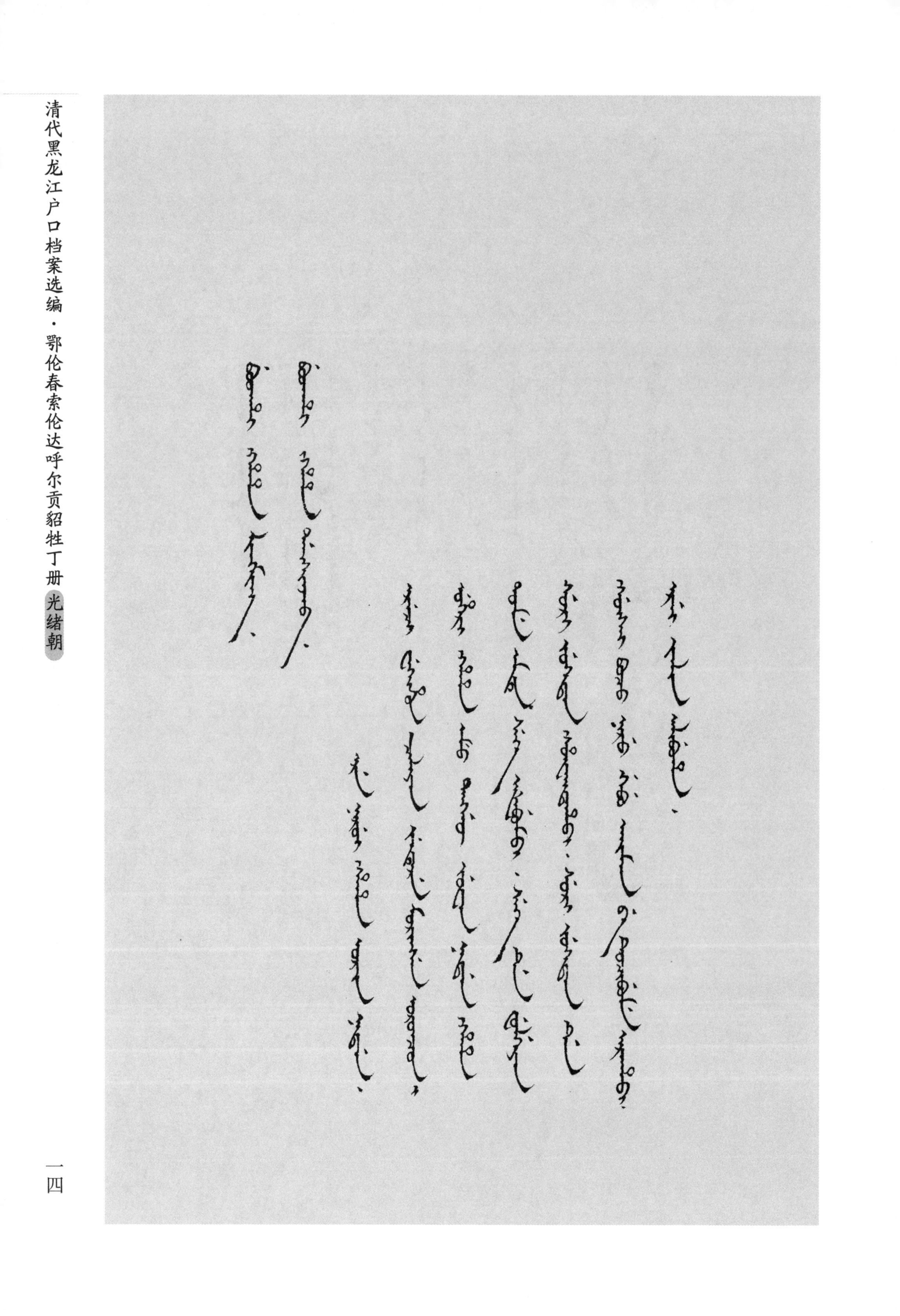

[illegible]

[illegible]

[illegible]

[illegible]

[illegible]

[illegible]

[illegible]

[illegible]

管理布特特哈索伦达呼尔等处地方副都统衔总管诺穆德勒赫尔等为呈报摩凌阿鄂伦春贡貂牲丁旗佐职名册致黑龙江将军（光绪三年六月二十四日）

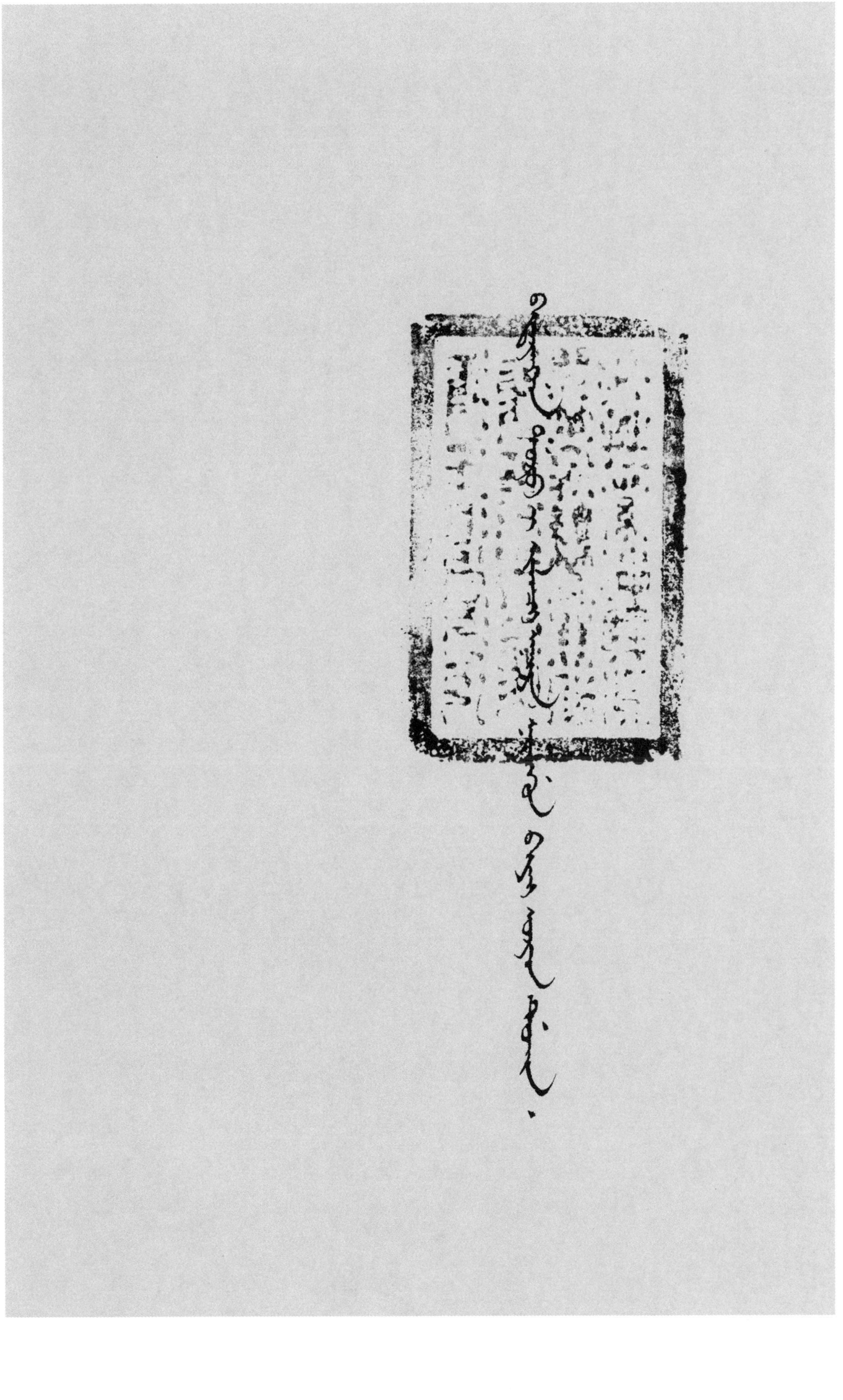

管理布特哈索伦达呼尔等处地方副都统衔总管诺穆德勒赫尔等为呈报布特哈不食饷雅发罕鄂伦春贡貂牲丁旗佐职名册致黑龙江将军（光绪三年六月二十四日）

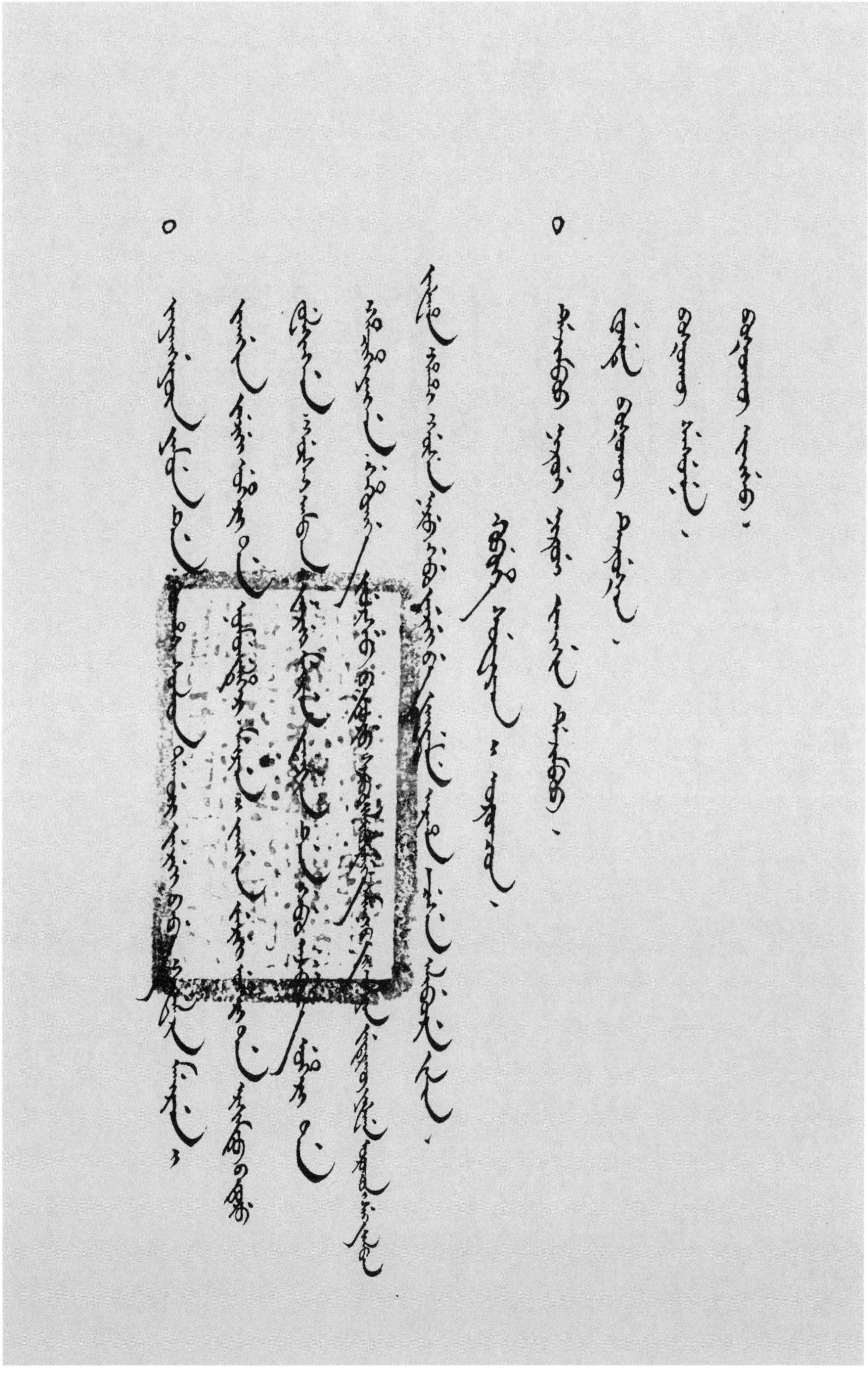

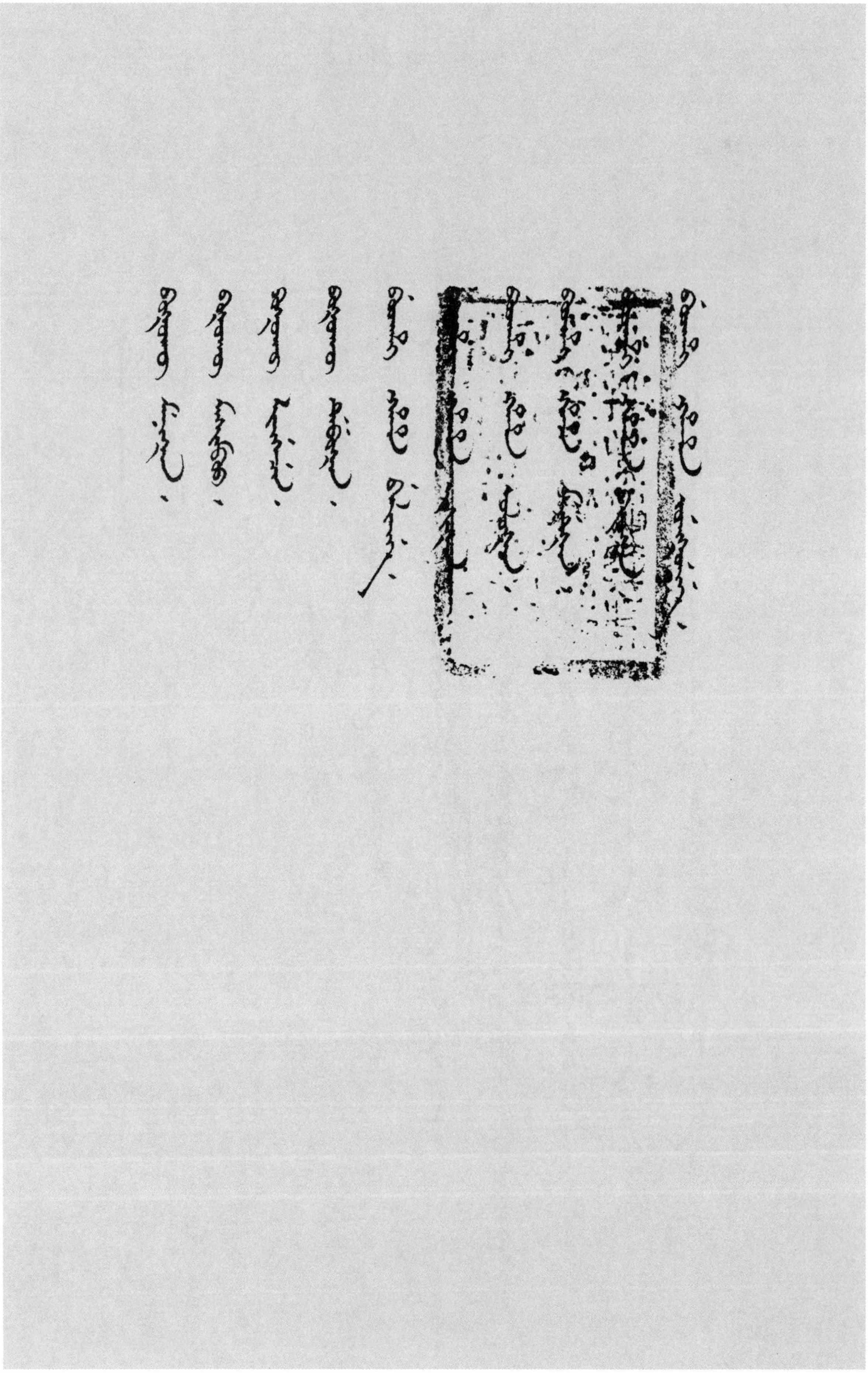

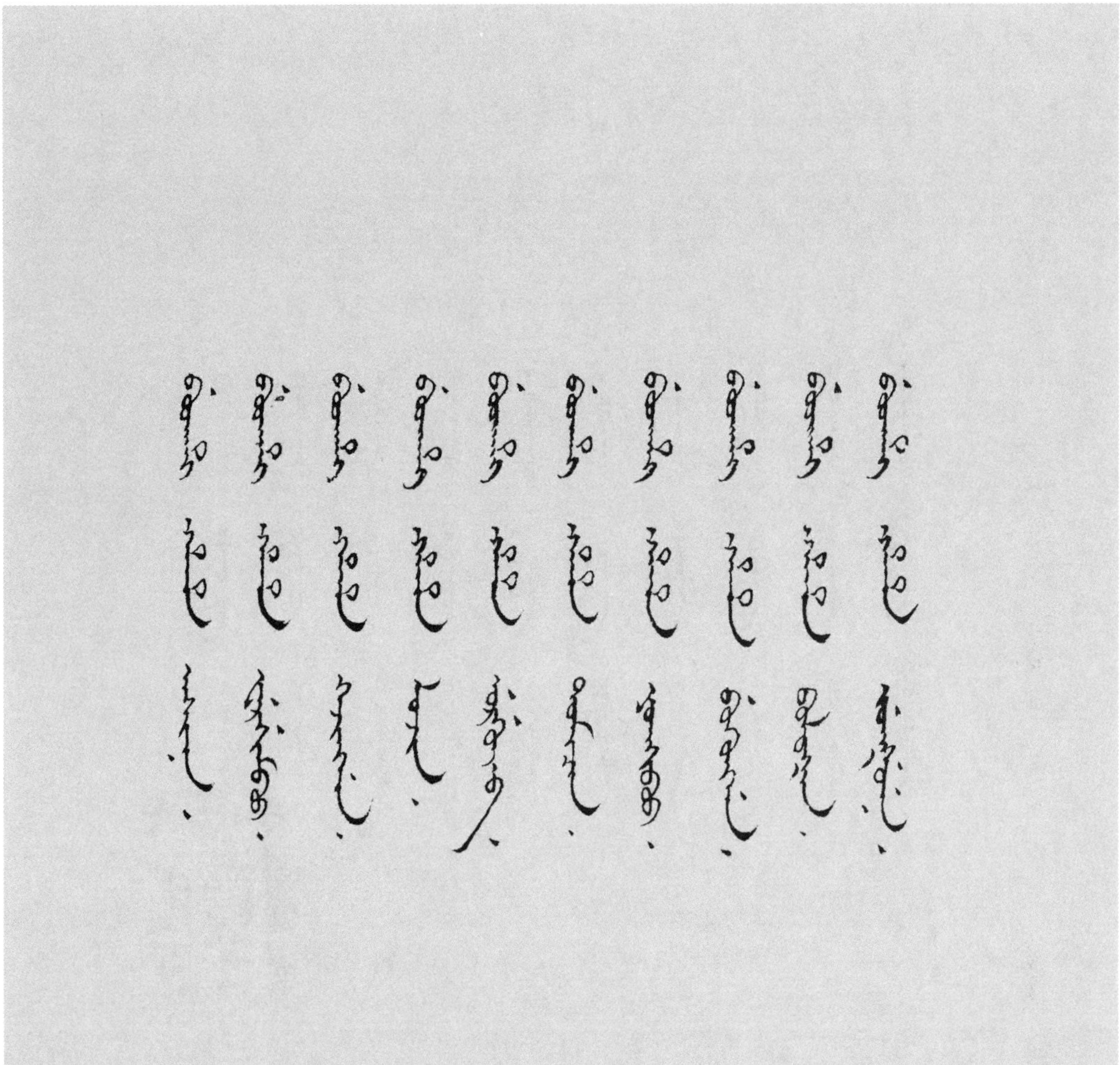

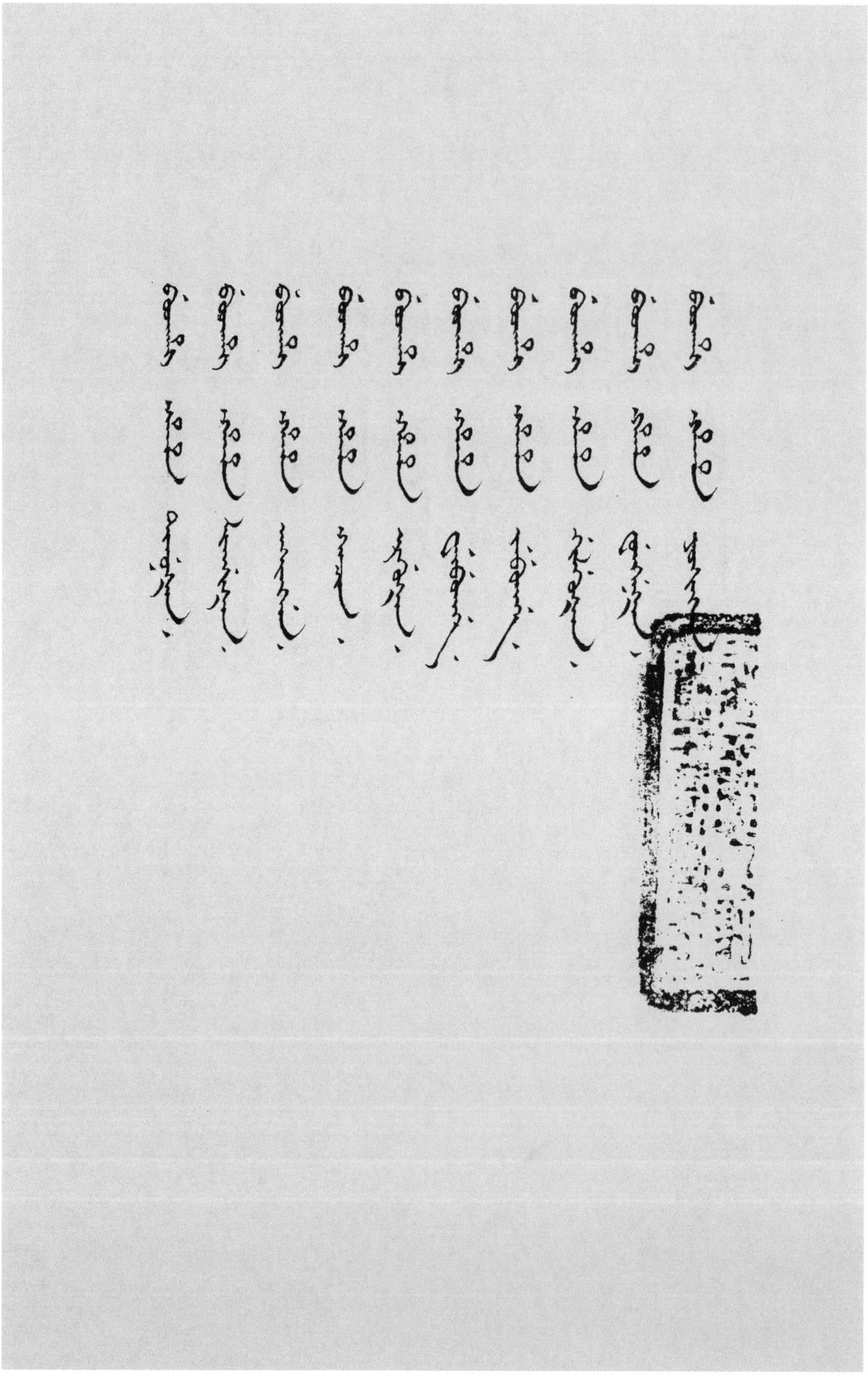

管理布特哈索伦达呼尔等处地方副都统衔总管诺穆德勒赫尔等为呈报布特哈不食饷雅发罕鄂伦春贡貂牲丁旗佐职名册致黑龙江将军（光绪三年六月二十四日）

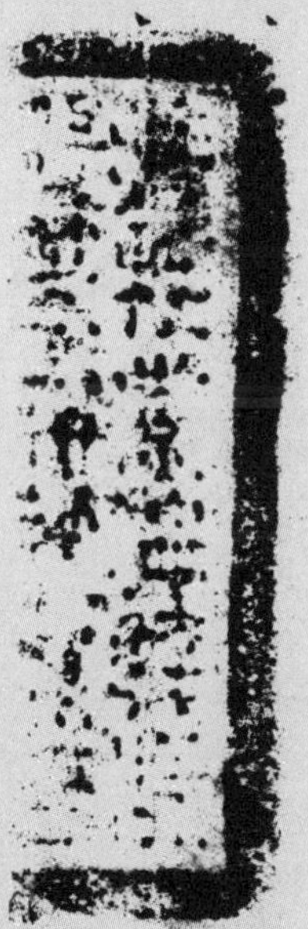

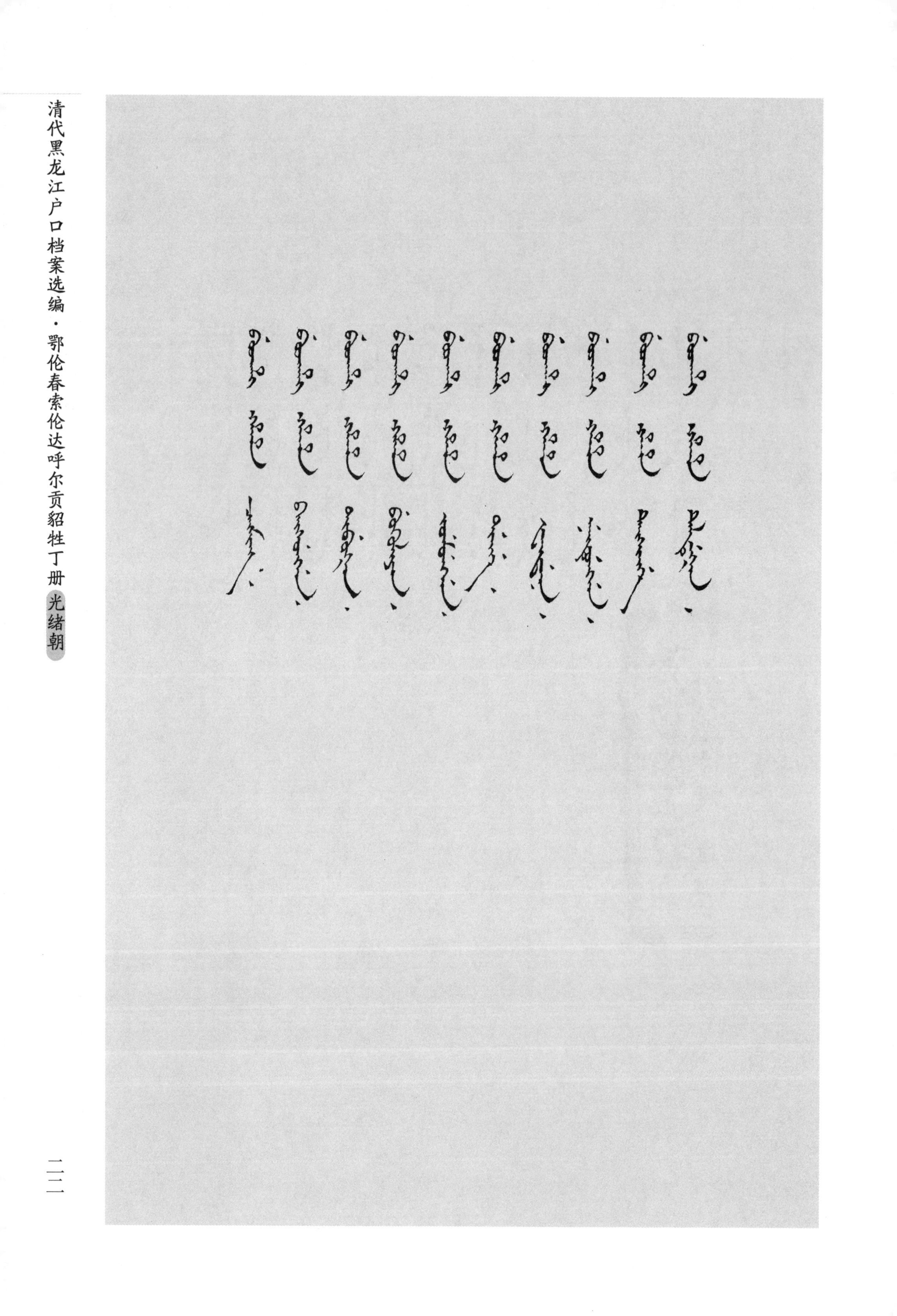

[illegible]

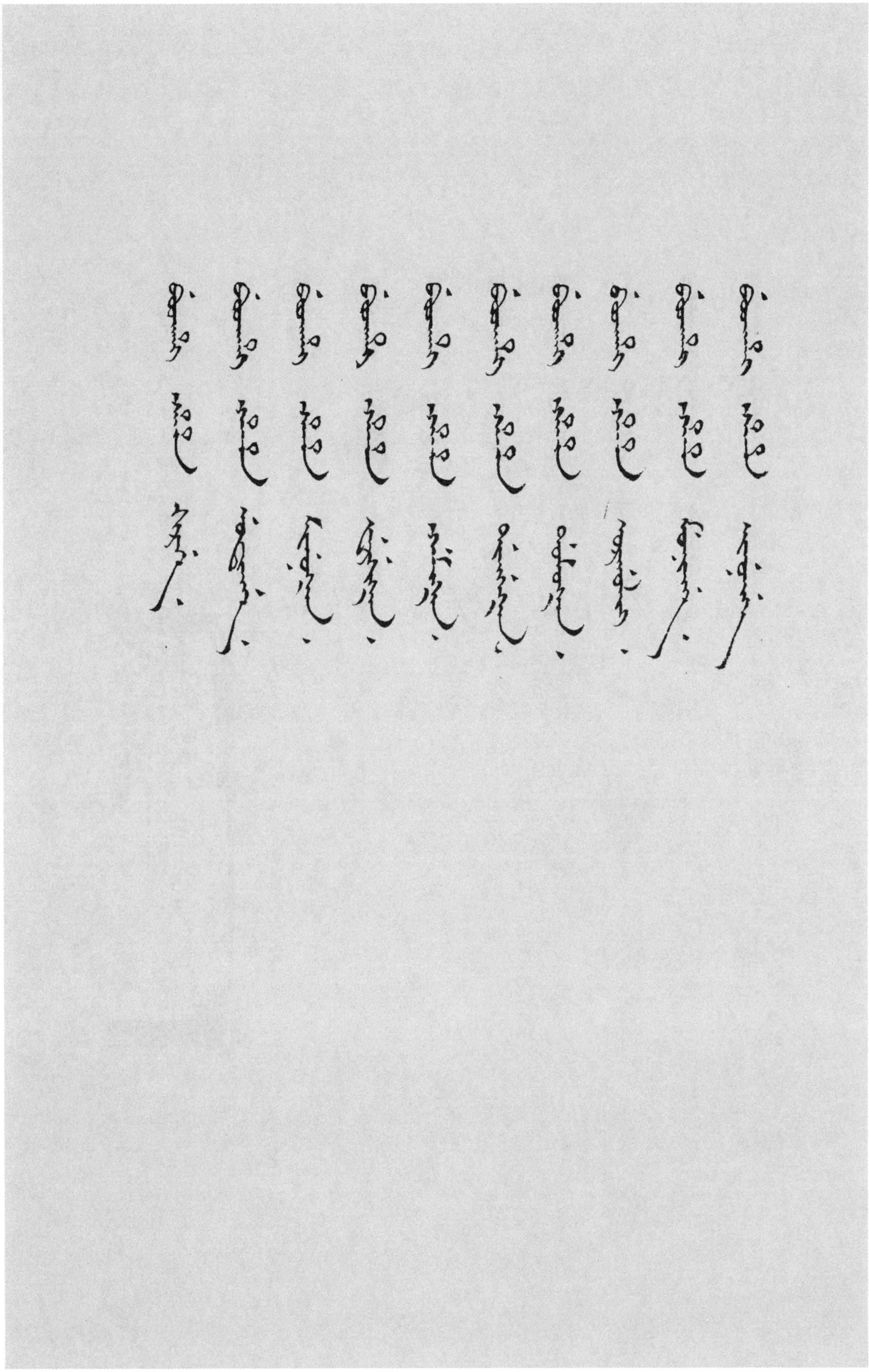

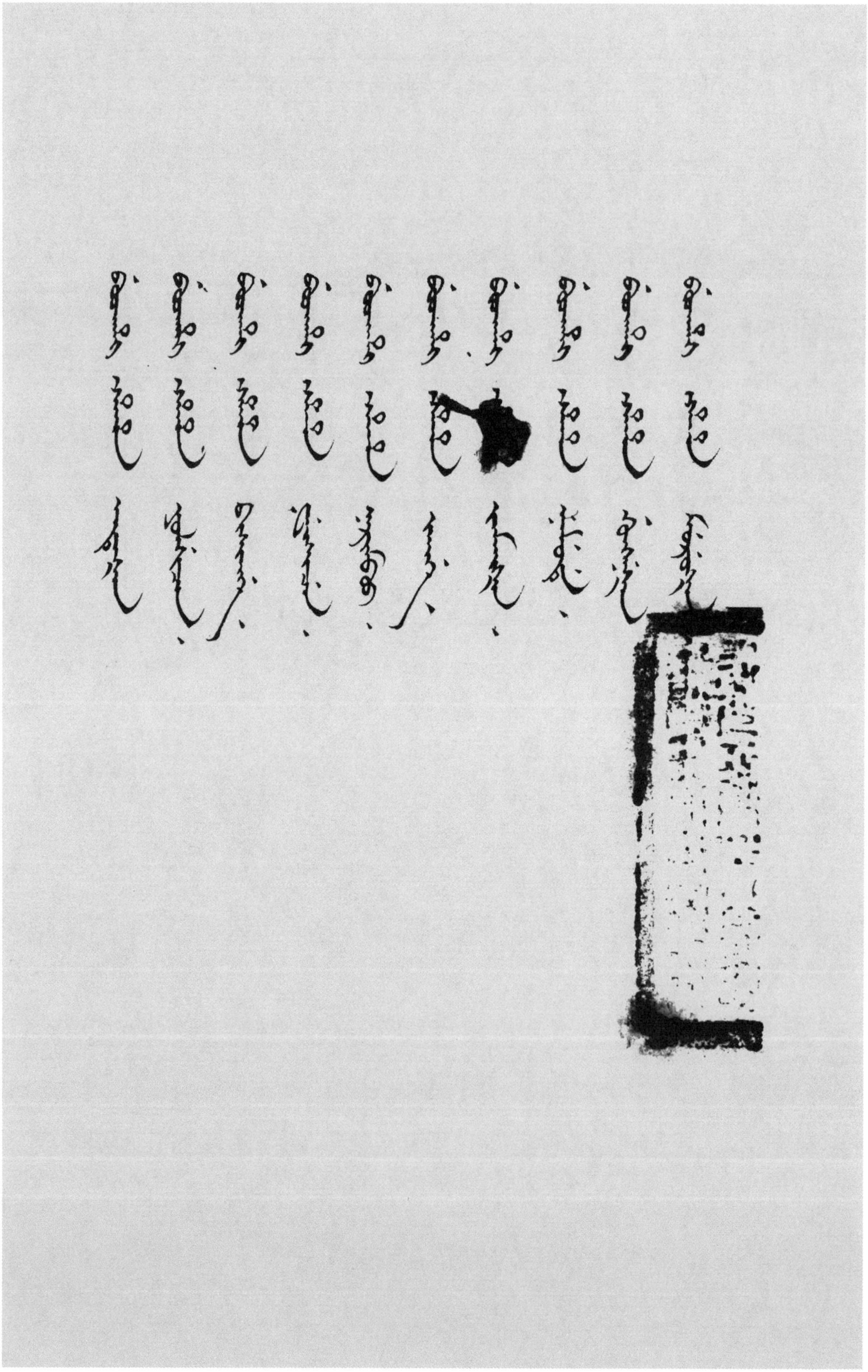

管理布特哈索伦达呼尔等处地方副都统衔总管诺穆德勒赫尔等为呈报布特哈不食饷雅发罕鄂伦春贡貂牲丁旗佐职名册致黑龙江将军（光绪三年六月二十四日）

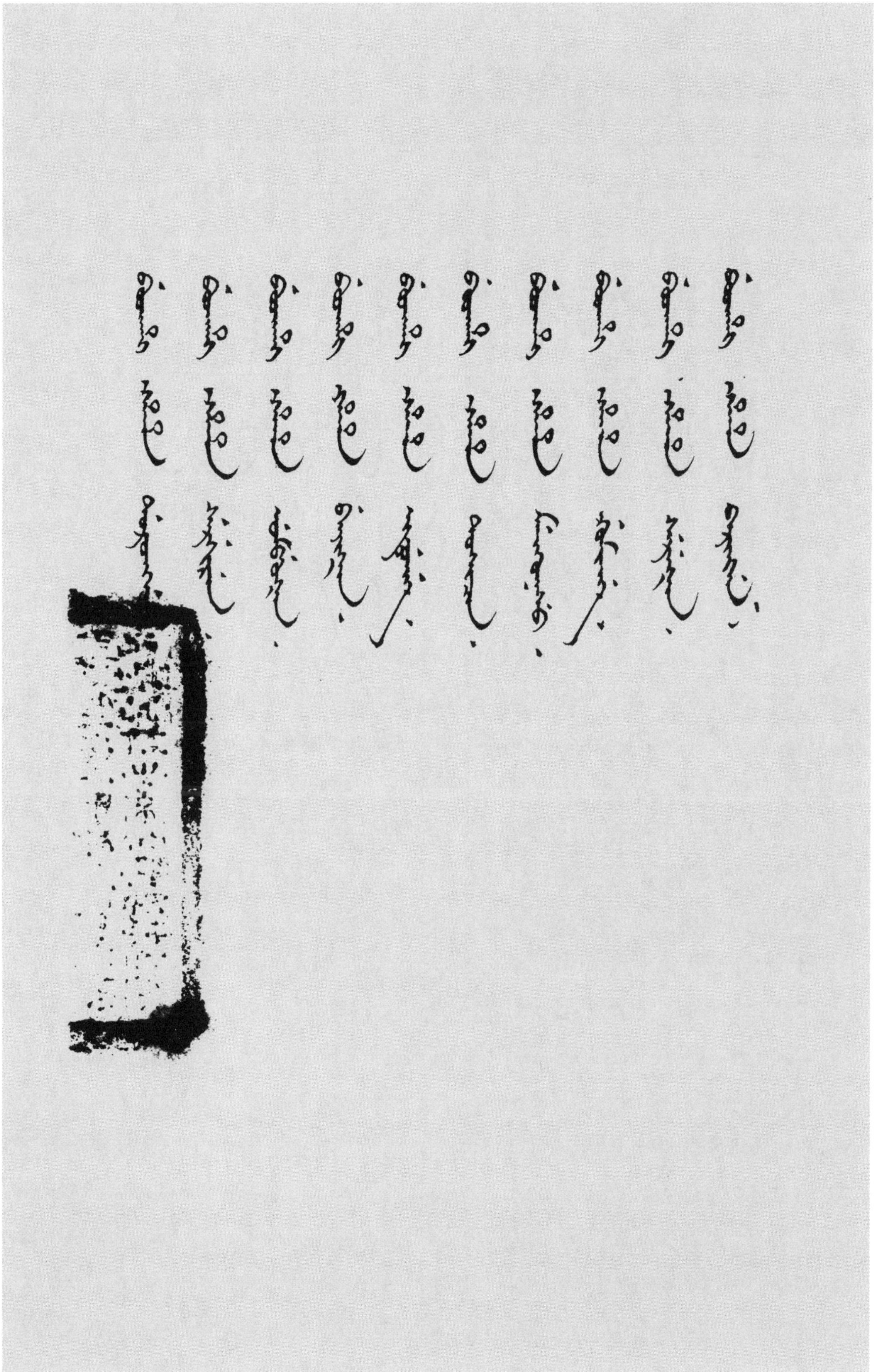

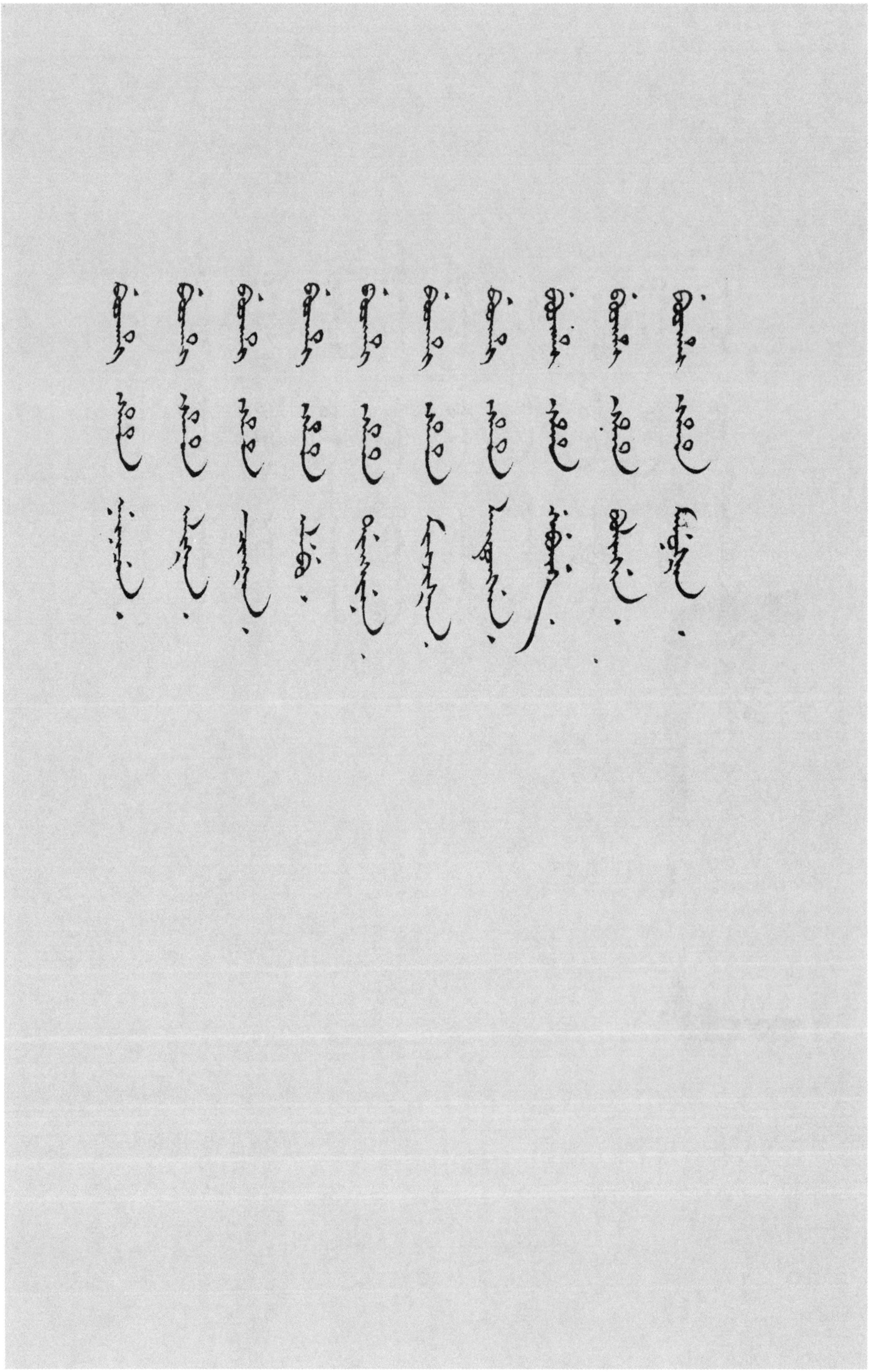

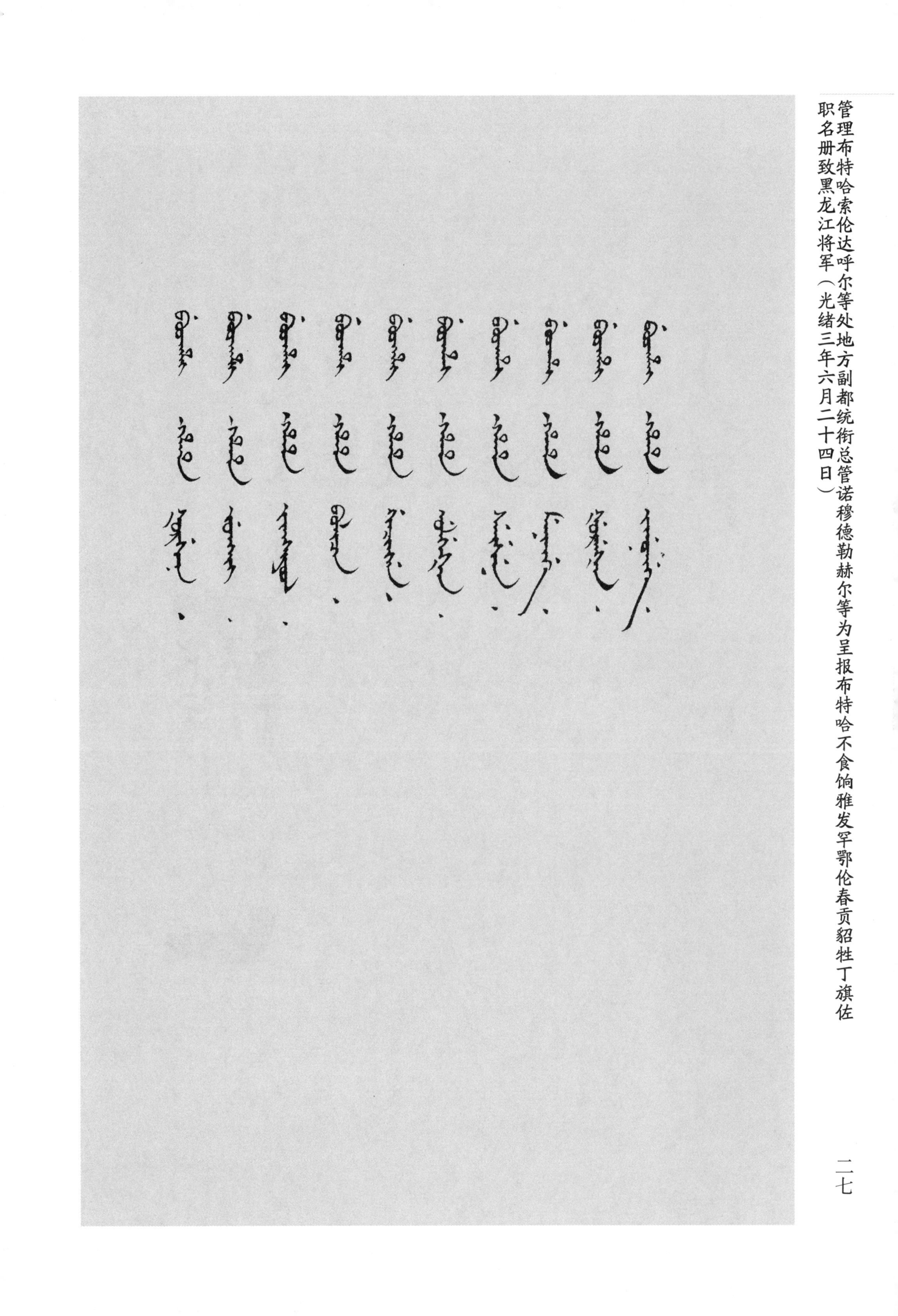

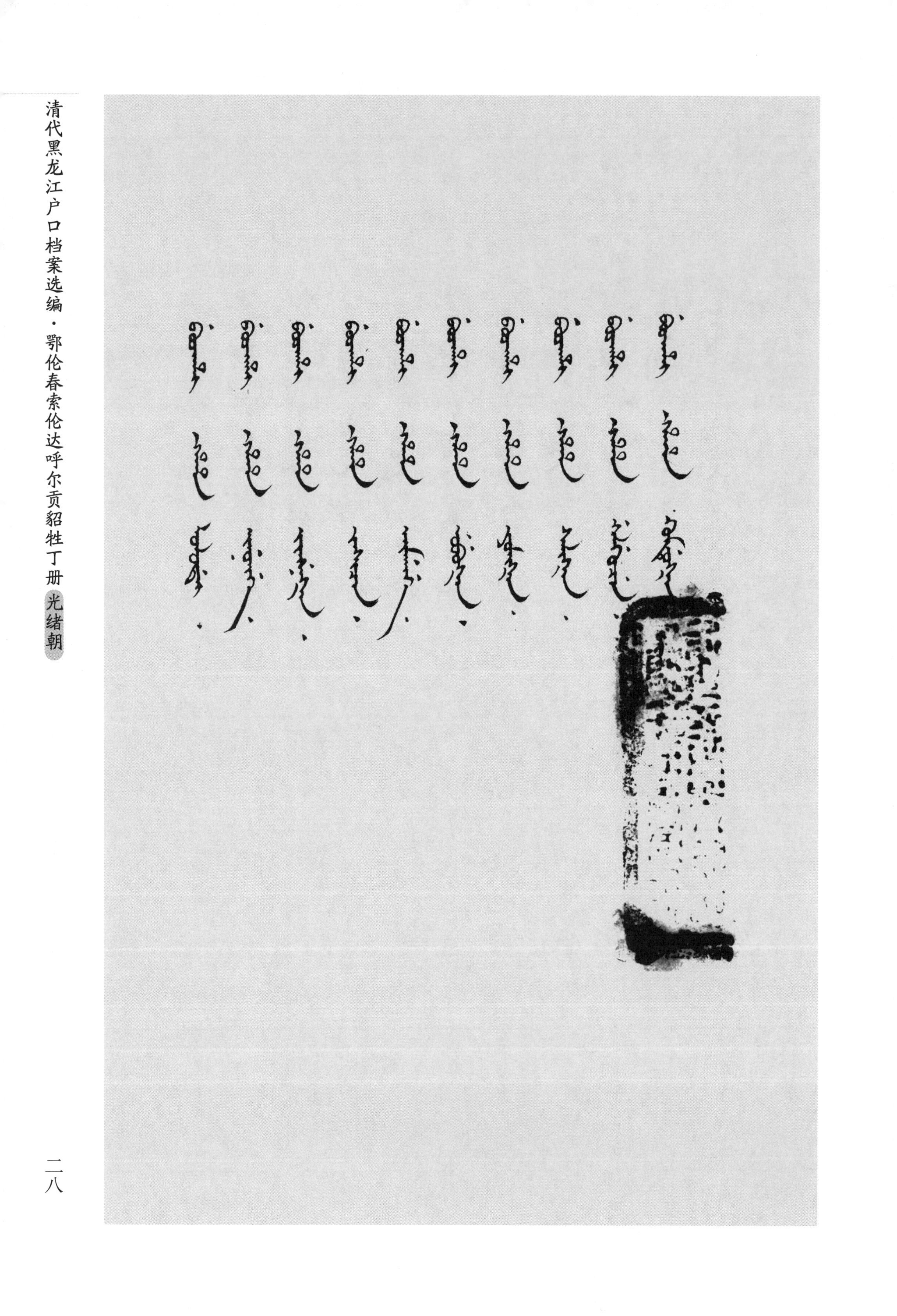

[illegible]
[illegible]
[illegible]
[illegible]
[illegible]
[illegible]
[illegible]
[illegible]
[illegible]
[illegible]

[illegible]

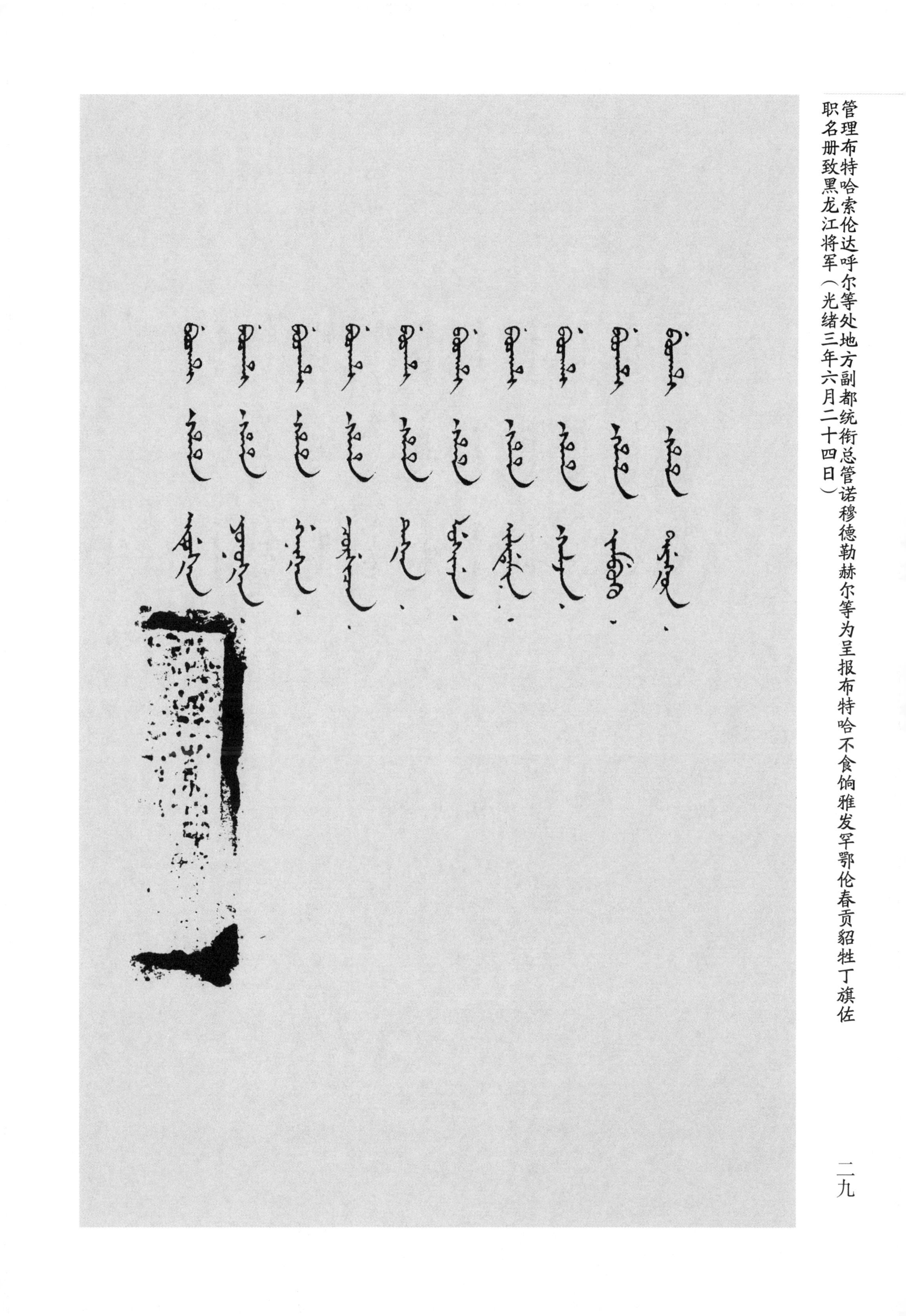

管理布特哈索伦达呼尔等处地方副都统衔总管诺穆德勒赫尔等为呈报布特哈不食饷雅发罕鄂伦春贡貂牲丁旗佐职名册致黑龙江将军（光绪三年六月二十四日）

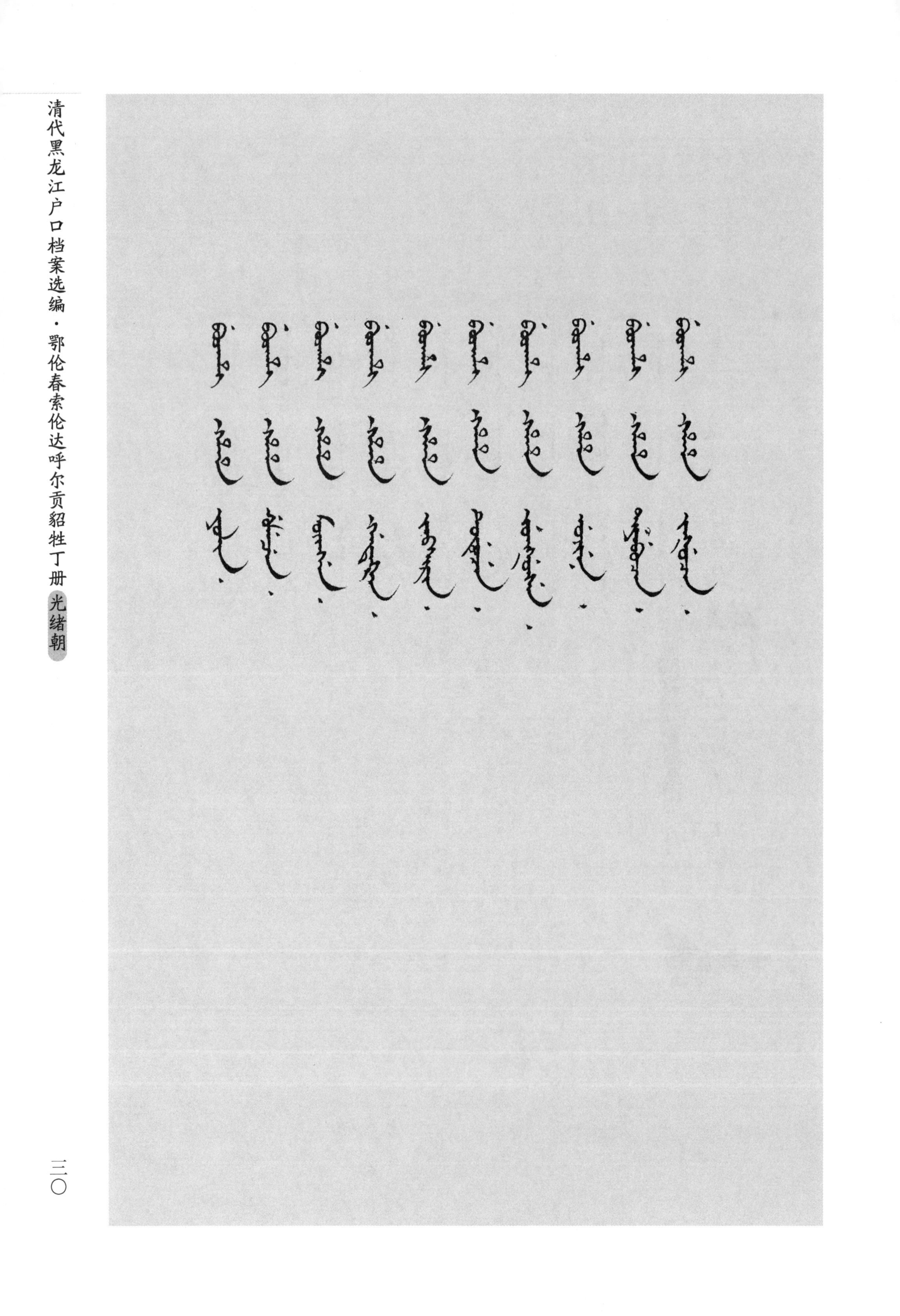

[illegible]

管理布特哈索伦达呼尔等处地方副都统衔总管诺穆德勒赫尔等为呈报布特哈不食饷雅发罕鄂伦春贡貂牲丁旗佐职名册致黑龙江将军（光绪三年六月二十四日）

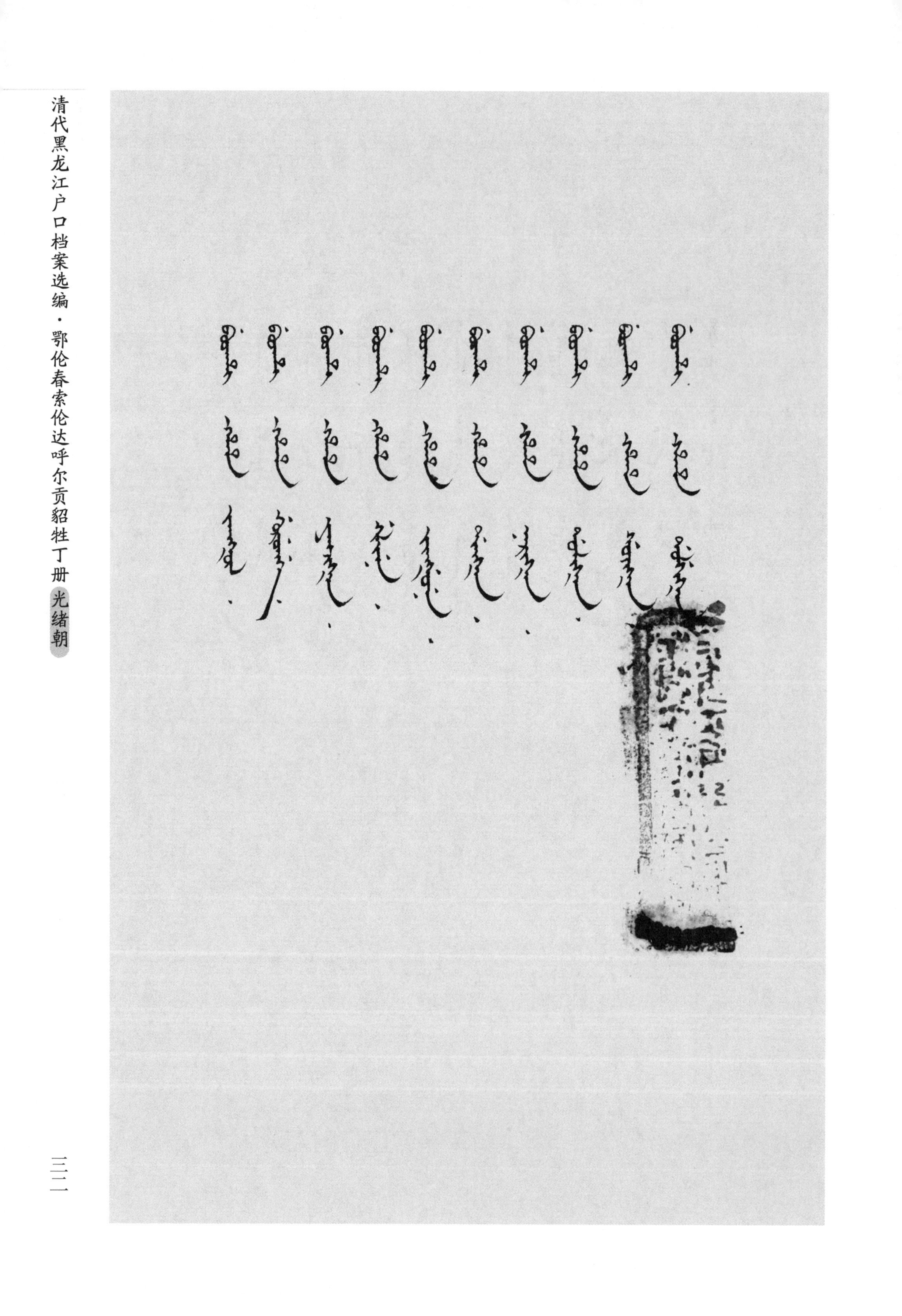

管理布特哈索伦达呼尔等处地方副都统衔总管诺穆德勒赫尔等为呈报布特哈不食饷雅发罕鄂伦春贡貂牲丁旗佐职名册致黑龙江将军（光绪三年六月二十四日）

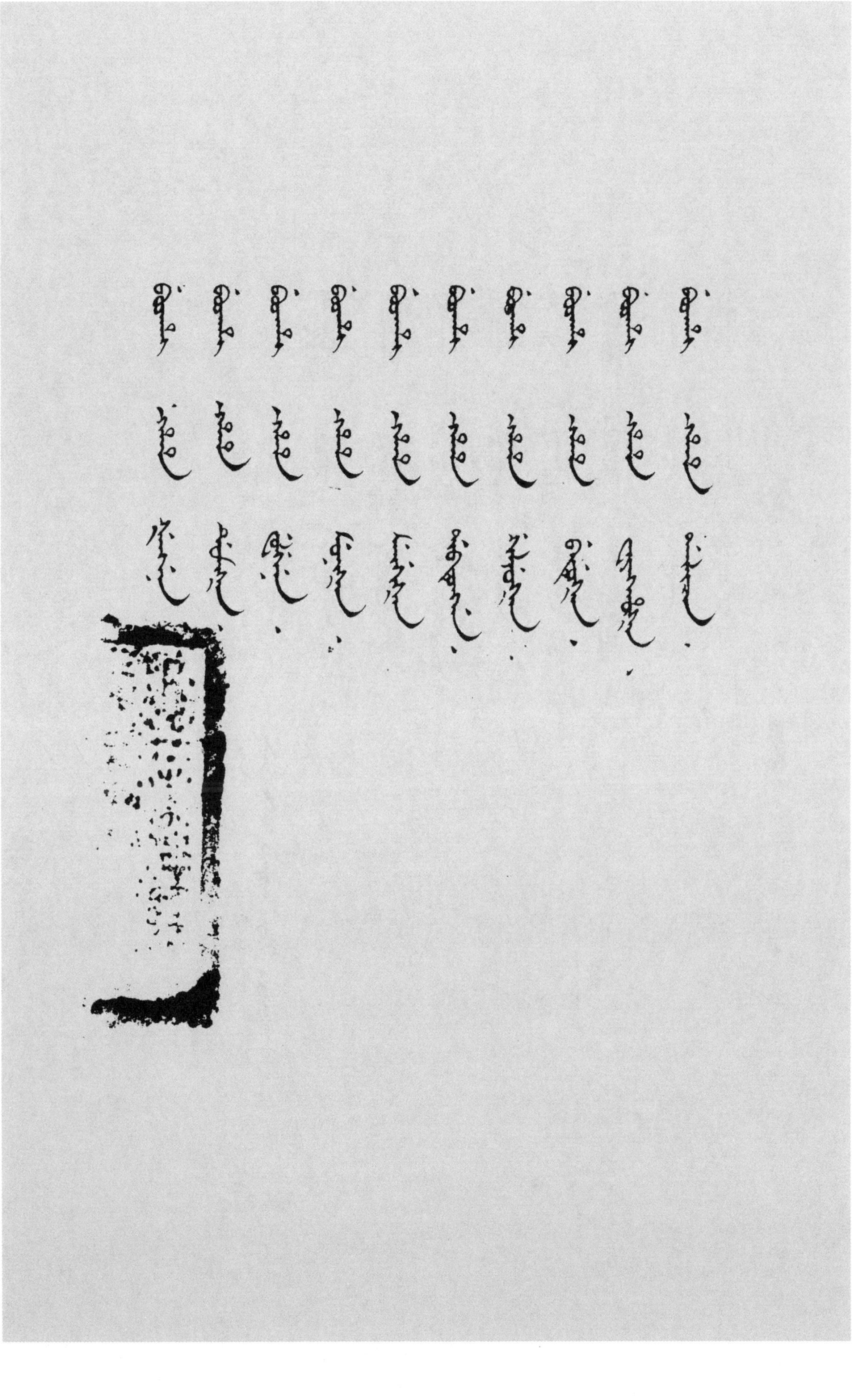

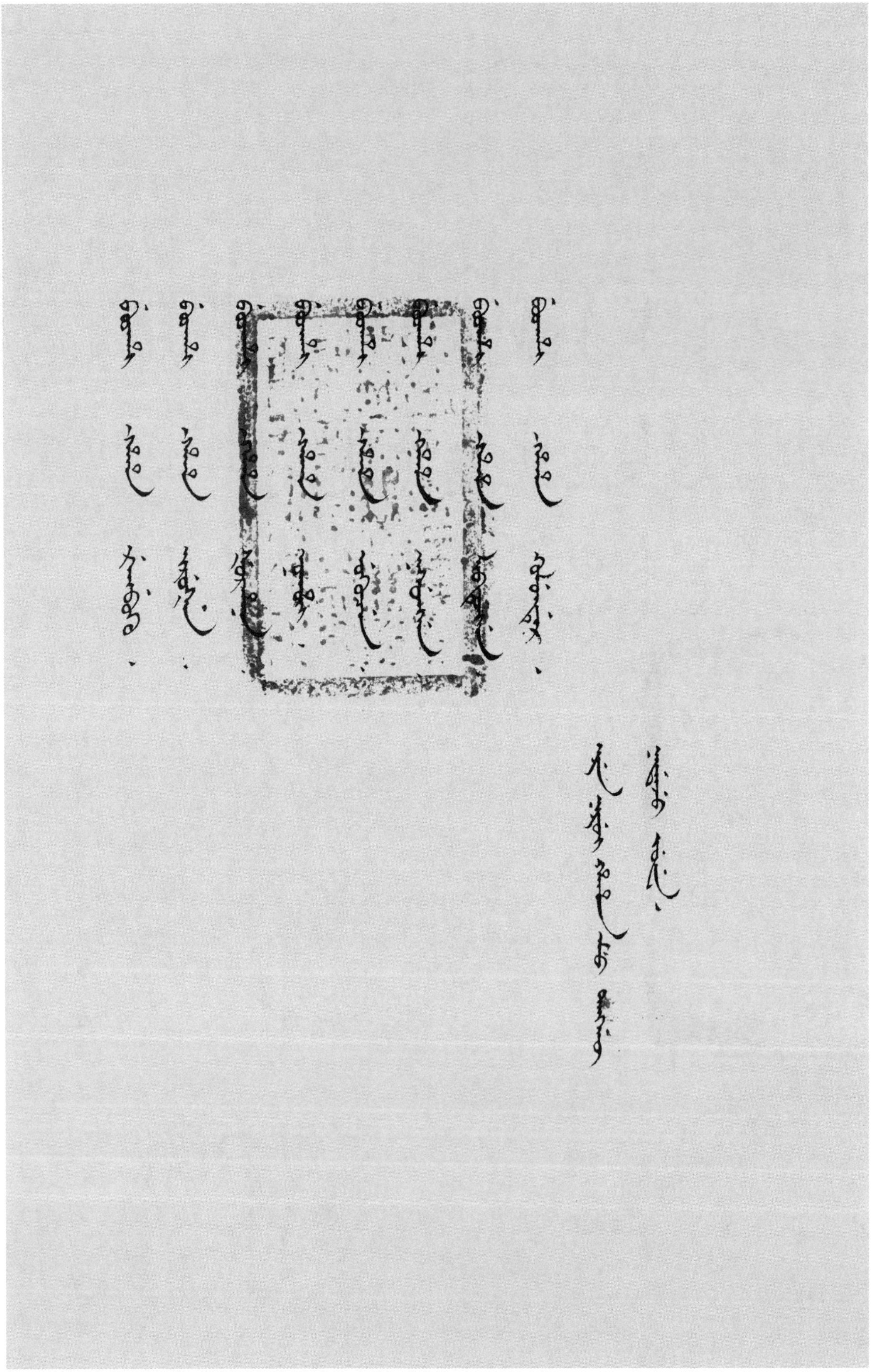

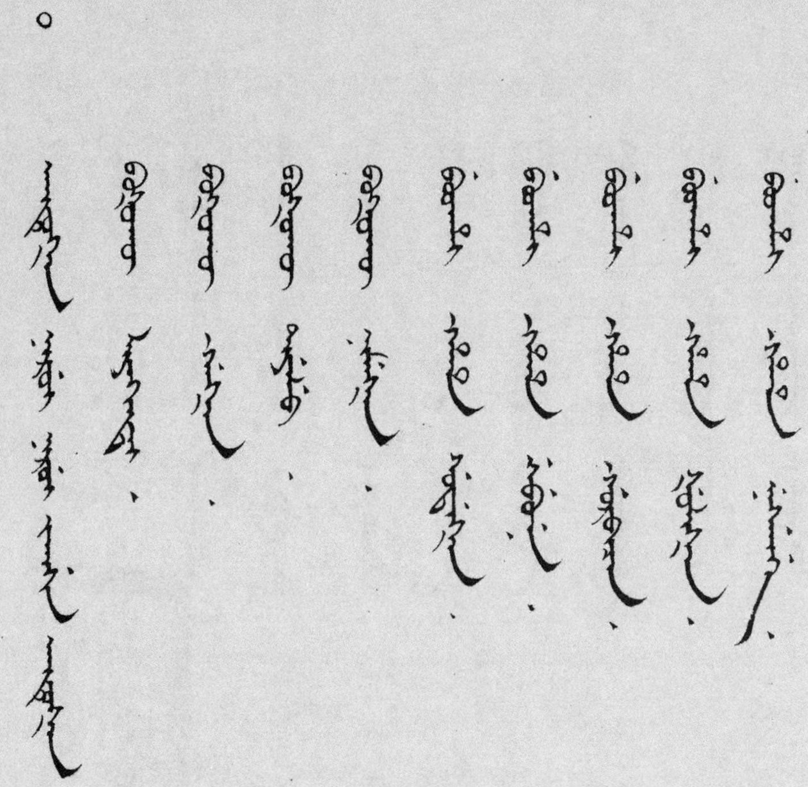

管理布特哈索伦达呼尔等处地方副都统衔总管诺穆德勒赫尔等为呈报布特哈不食饷雅发罕鄂伦春贡貂牲丁旗佐职名册致黑龙江将军（光绪三年六月二十四日）

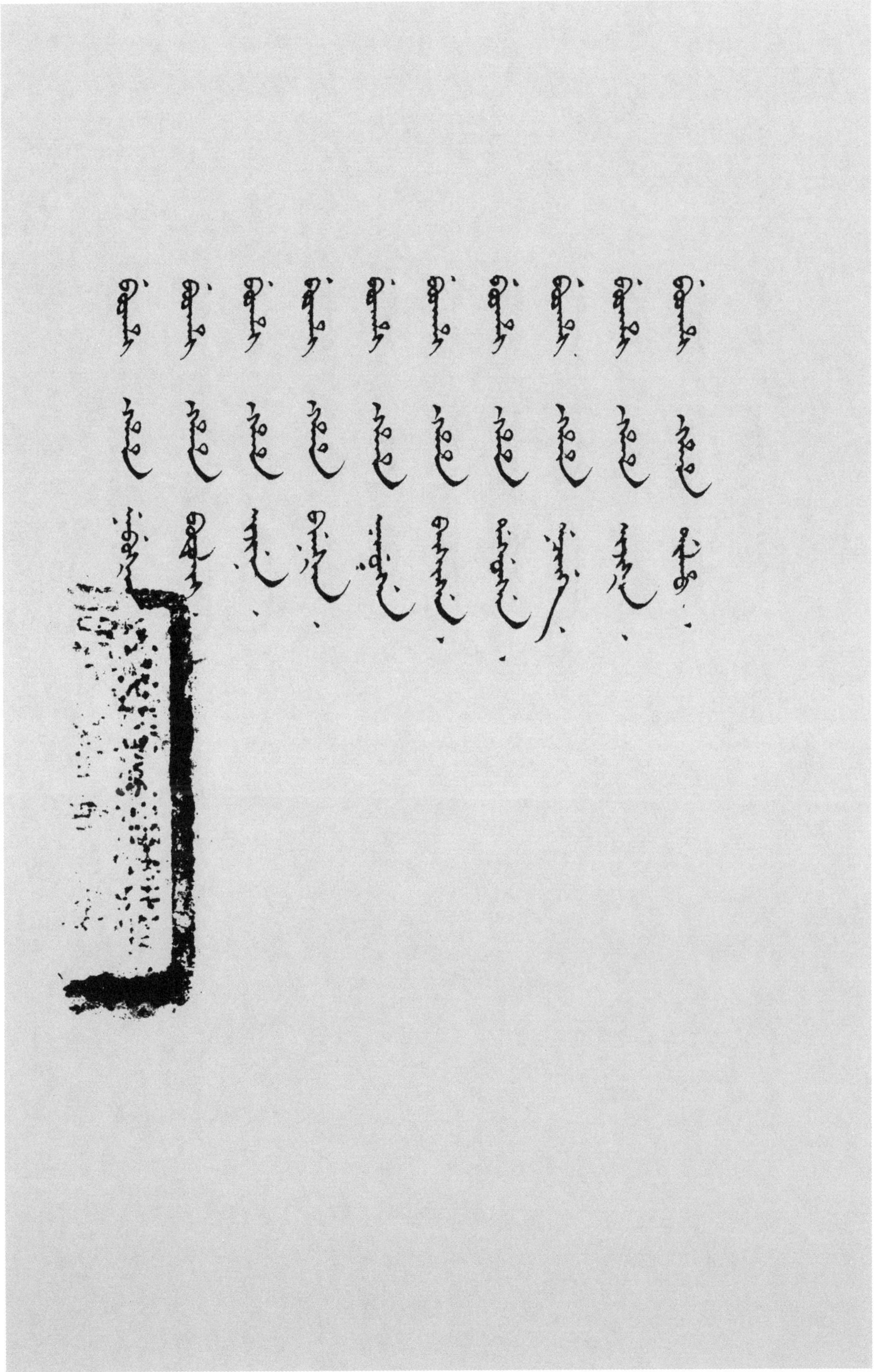

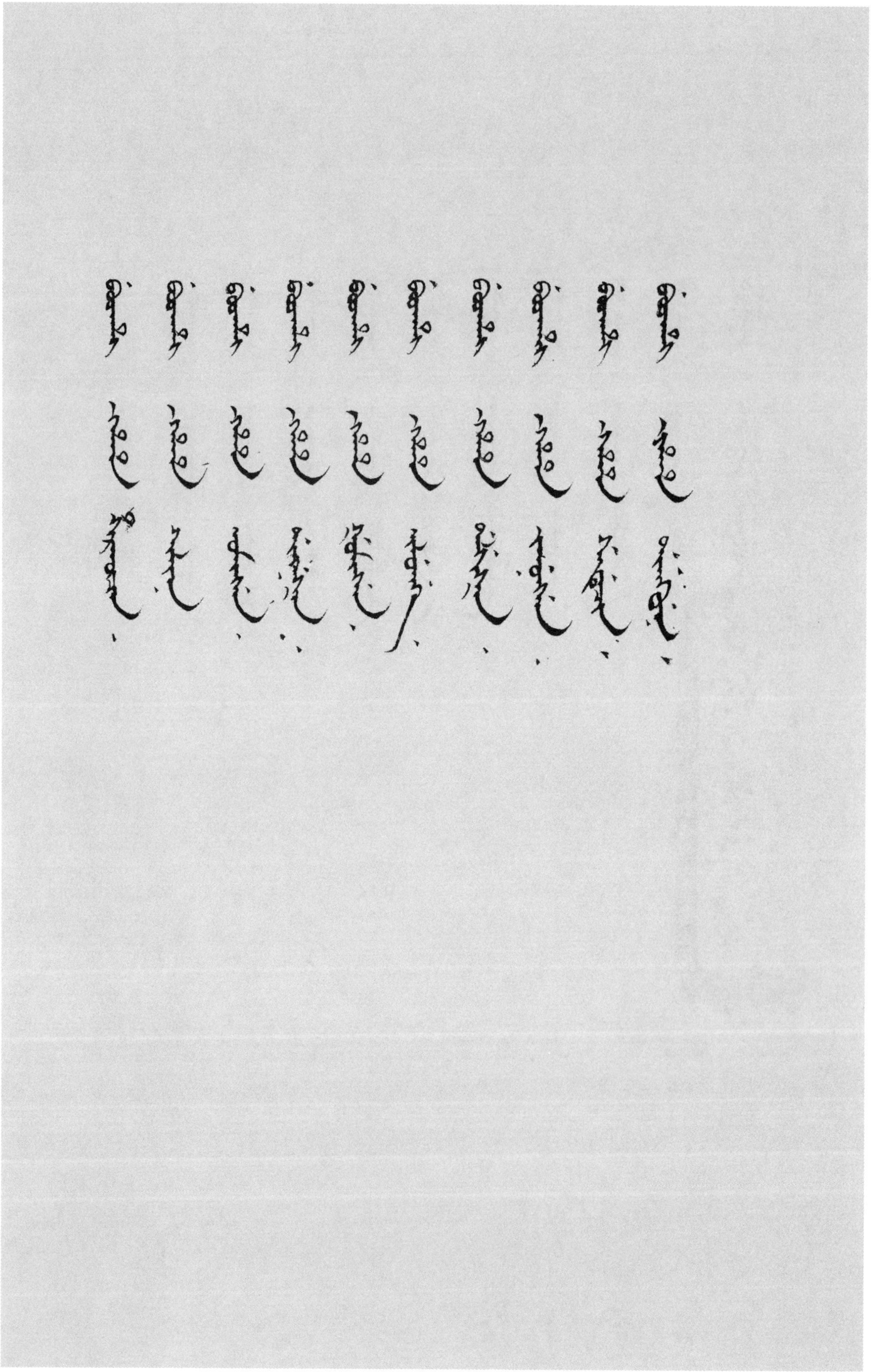

管理布特哈索伦达呼尔等处地方副都统衔总管诺穆德勒赫尔等为呈报布特哈不食饷雅发罕鄂伦春贡貂牲丁旗佐职名册致黑龙江将军（光绪三年六月二十四日）

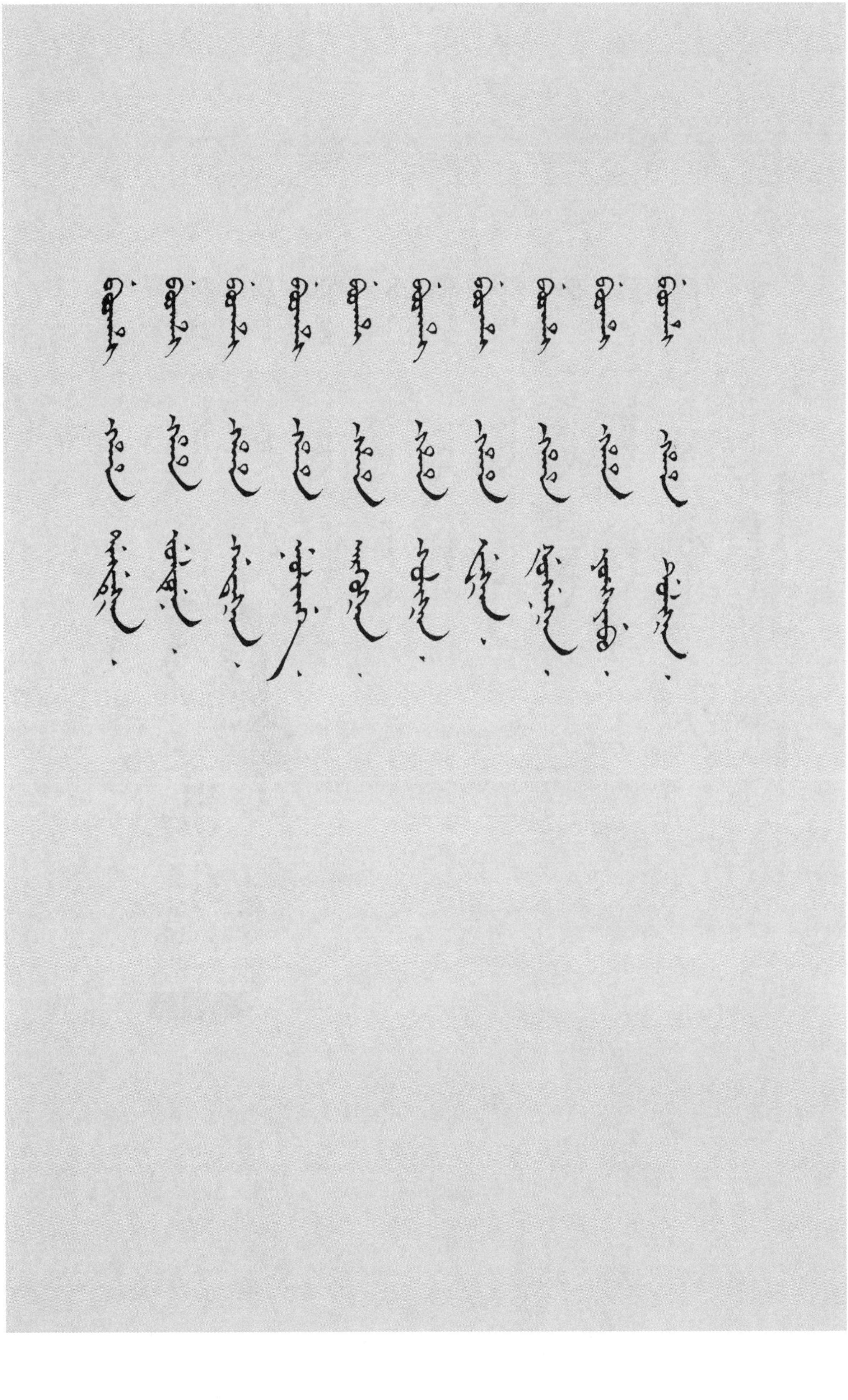

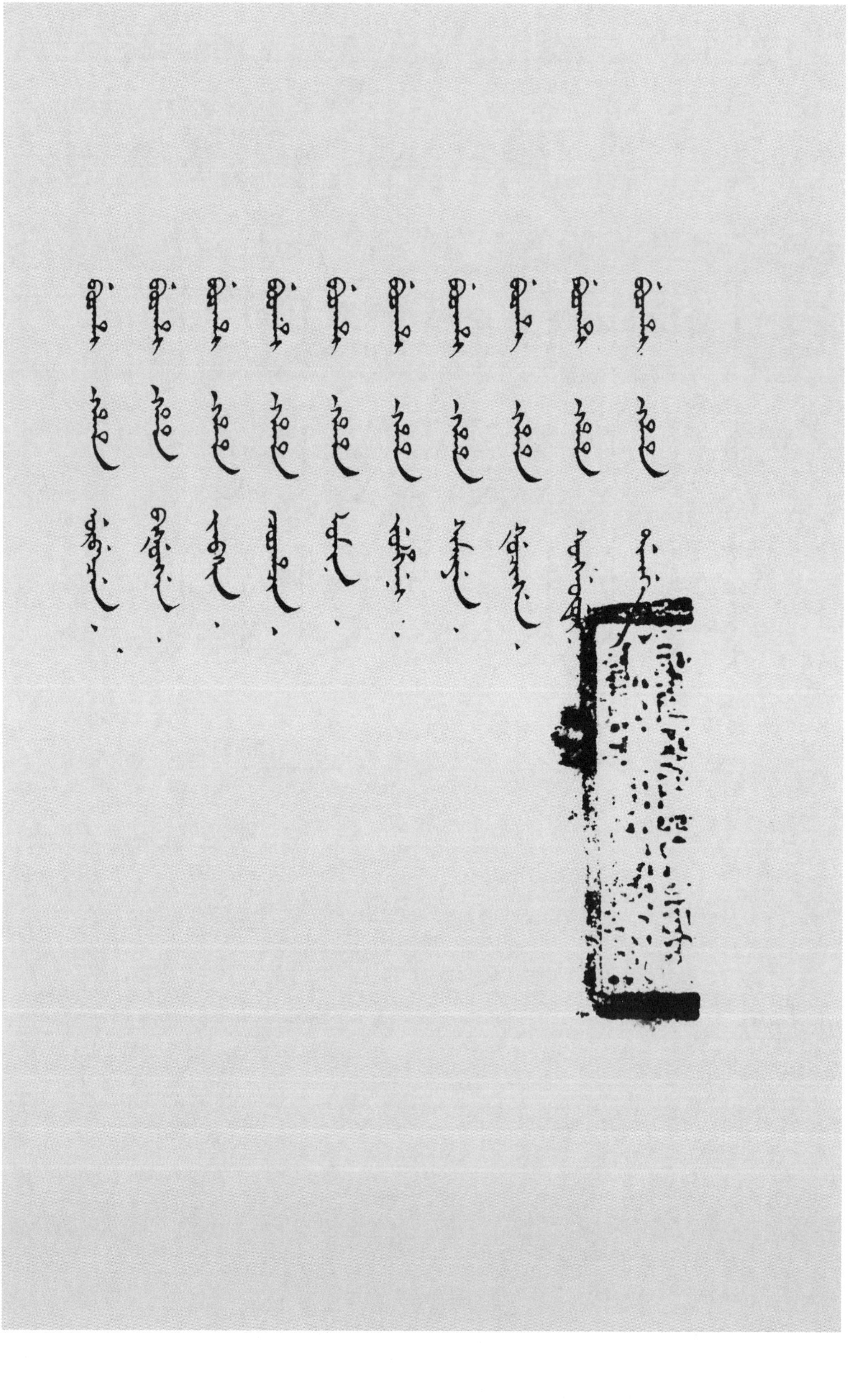

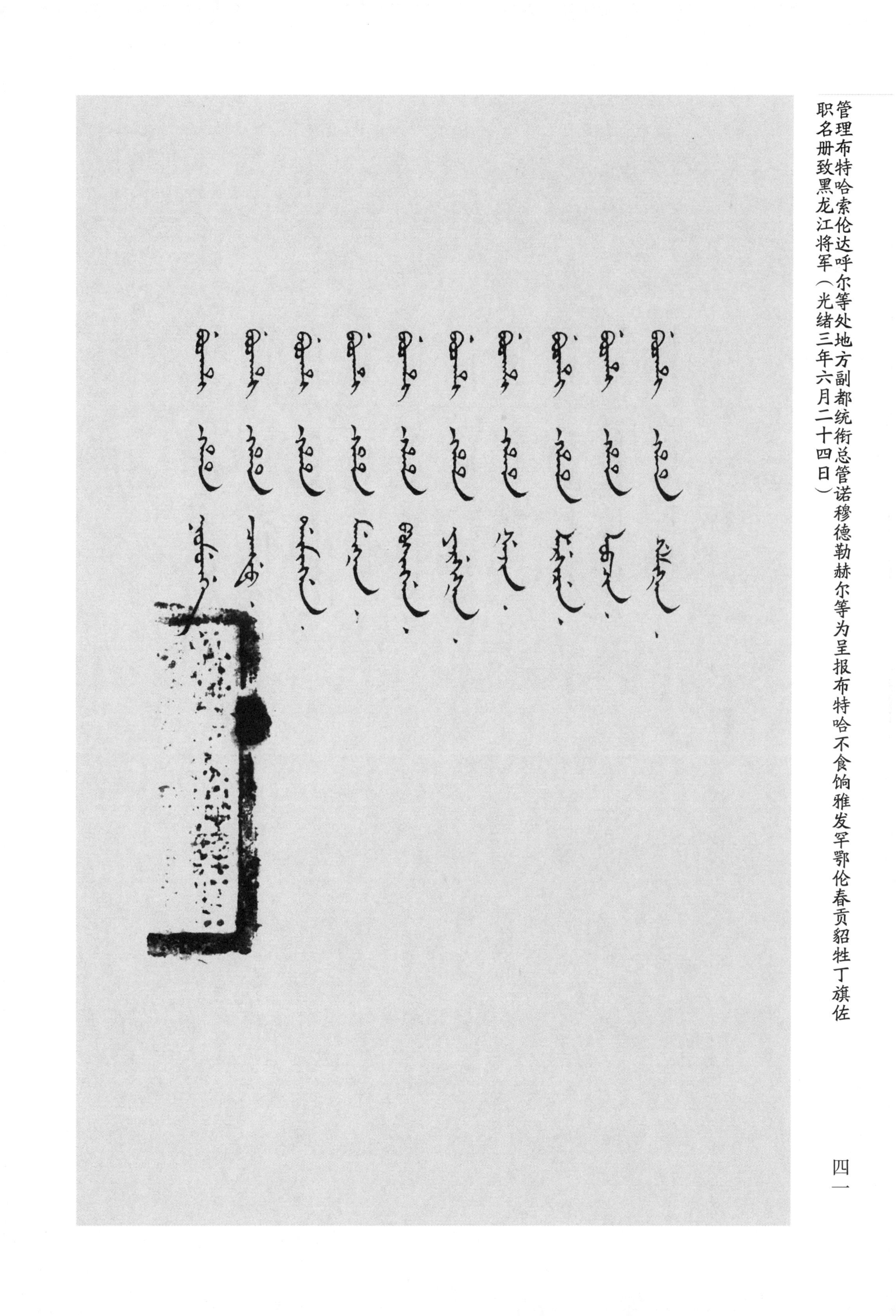

管理布特哈索伦达呼尔等处地方副都统衔总管诺穆德勒赫尔等为呈报布特哈不食饷雅发罕鄂伦春贡貂牲丁旗佐职名册致黑龙江将军（光绪三年六月二十四日）

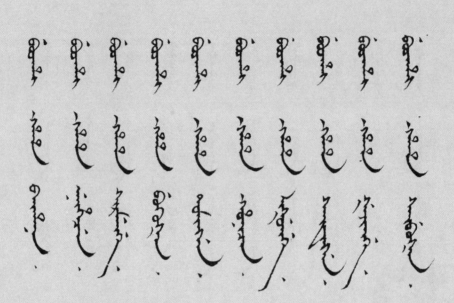

ᠪᠣᡧᠣᡴᡡ [illegible]

ᠪᠣᡧᠣᡴᡡ [illegible]

ᠪᠣᡧᠣᡴᡡ [illegible]

ᠪᠣᡧᠣᡴᡡ [illegible]

ᠪᠣᡧᠣᡴᡡ [illegible]

ᠪᠣᡧᠣᡴᡡ [illegible]

ᠪᠣᡧᠣᡴᡡ [illegible]

ᠪᠣᡧᠣᡴᡡ [illegible]

ᠪᠣᡧᠣᡴᡡ [illegible]

ᠪᠣᡧᠣᡴᡡ [illegible]

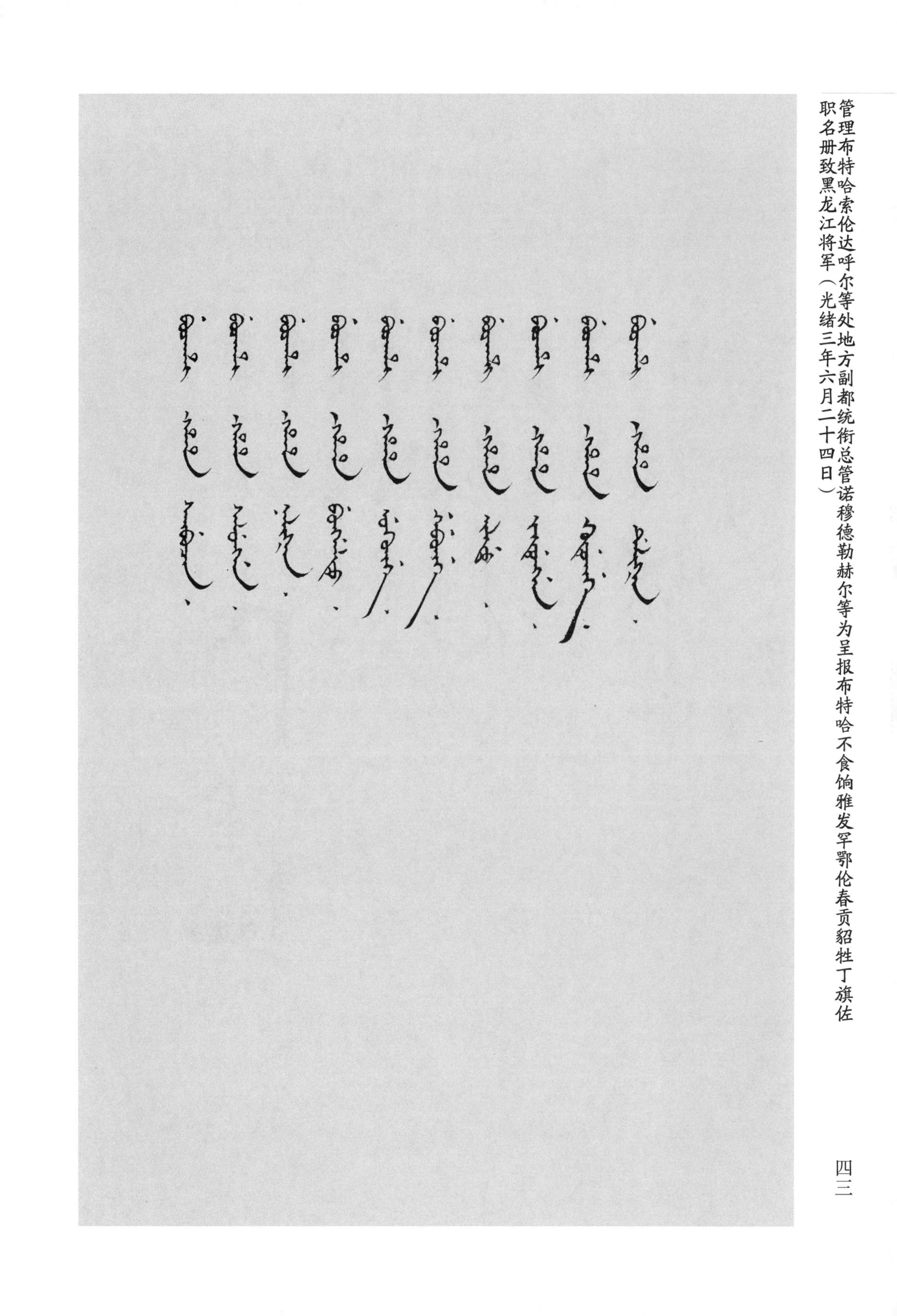

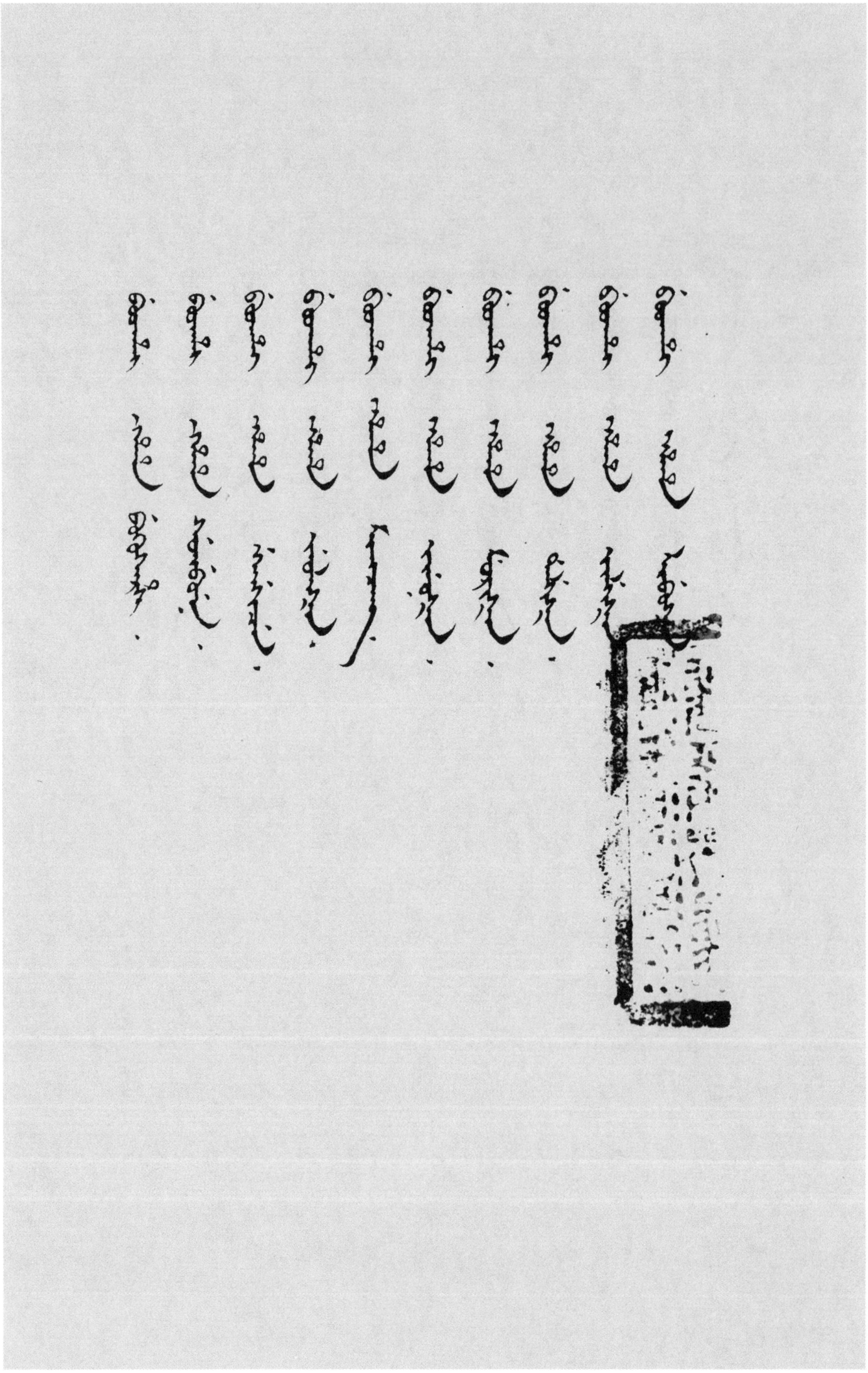

管理布特哈索伦达呼尔等处地方副都统衔总管诺穆德勒赫尔等为呈报布特哈不食饷雅发罕鄂伦春贡貂牲丁旗佐职名册致黑龙江将军（光绪三年六月二十四日）

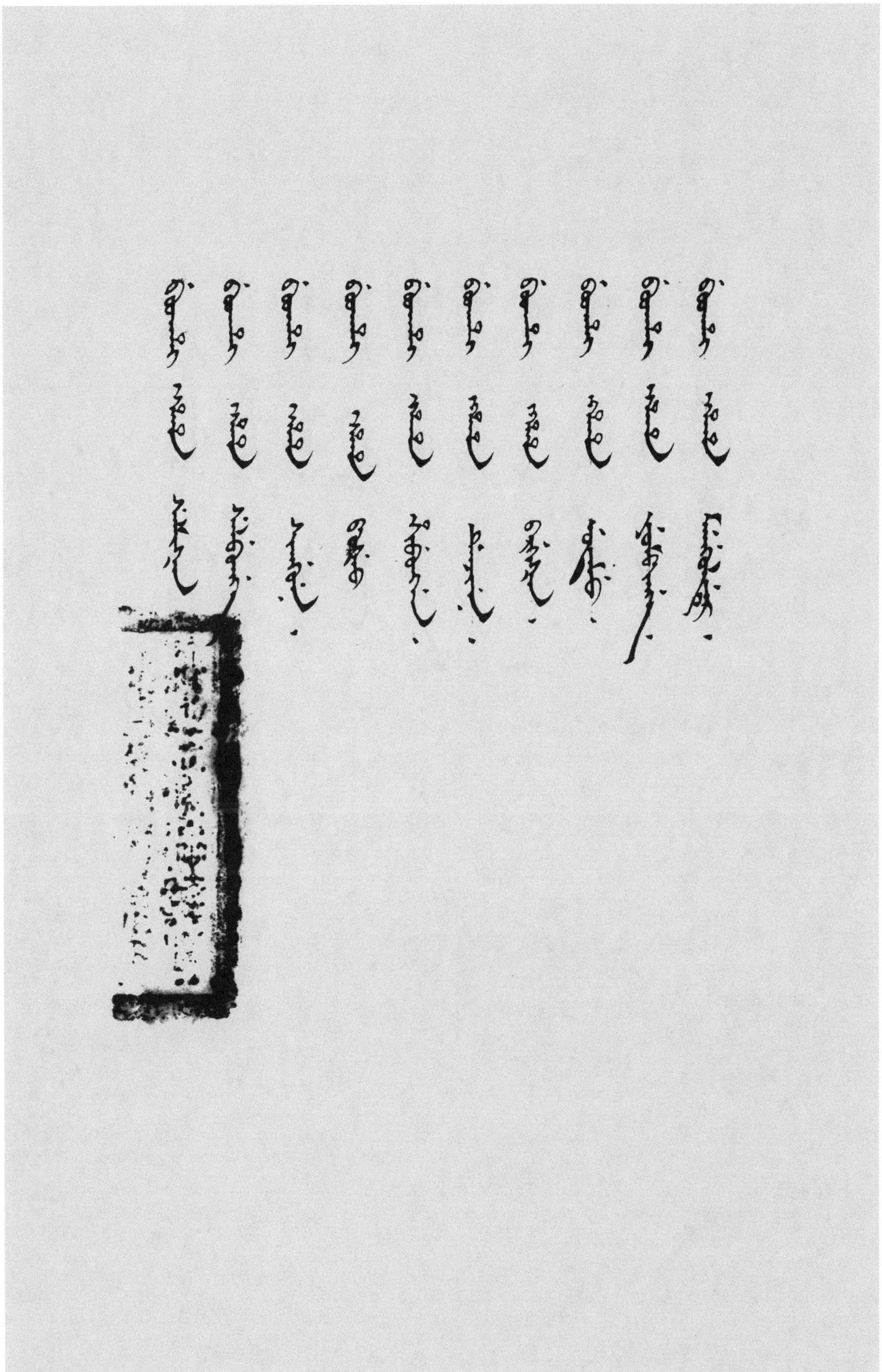

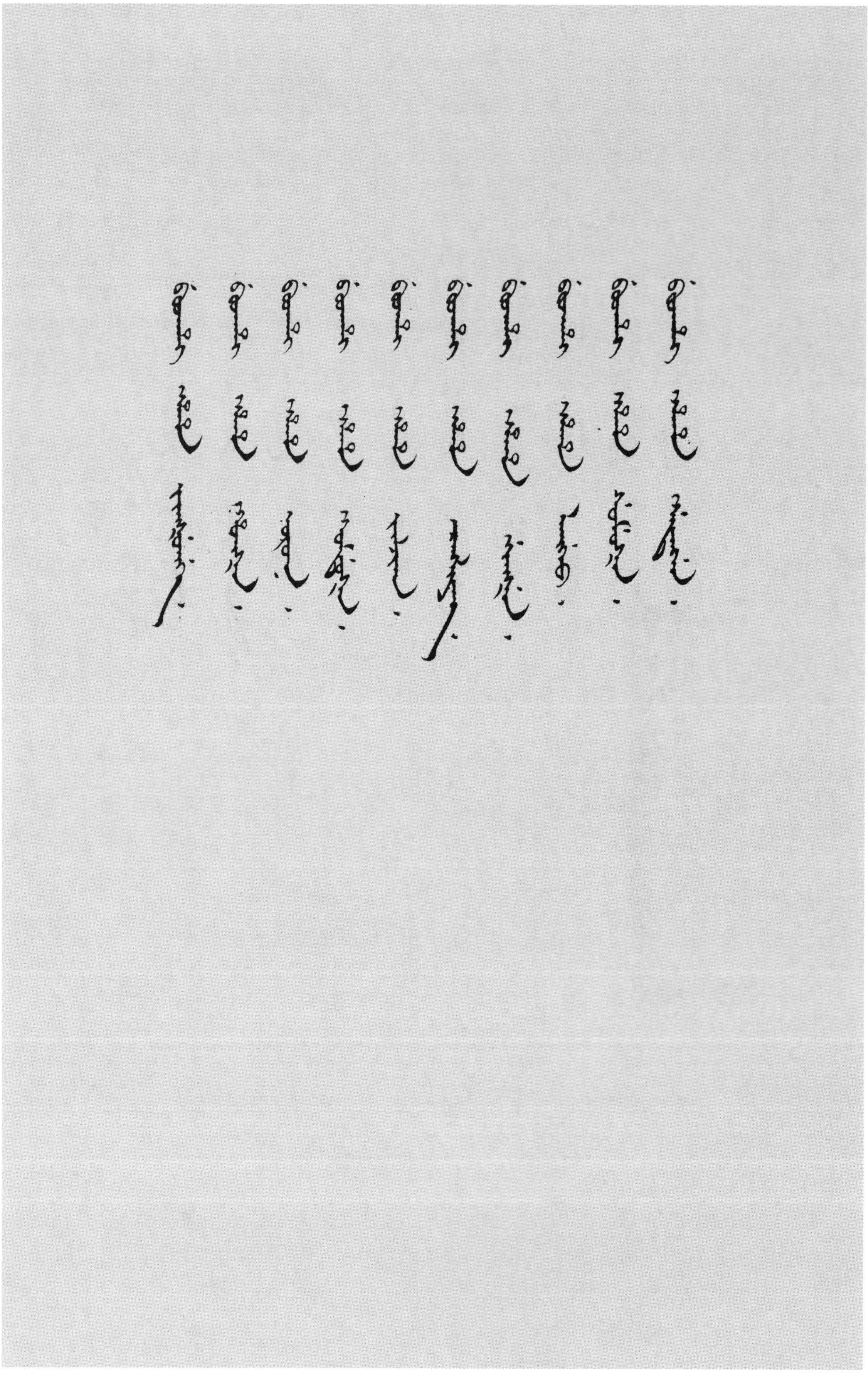

ᠪᠣᡧᠣᡴᡡ ᠨᡳᡵᡠᡳ ᠮᡠᡴᡳᠶᡝ、

ᠪᠣᡧᠣᡴᡡ ᠨᡳᡵᡠᡳ ᠪᡠᡵᡤᡳ、

ᠰᡠᠨᠵᠠ ᠰᡠᠨᠵᠠ ᡳᠯᡳᡥᡳ ᠰᡠᠨᠵᠠᡳ、
ᠪᡳ ᠪᡳᡳ、
ᠨᠠᠰᠠᠨ ᠨᠠᠰᠠᠨ ᠨᡳᡵᡠ ᠪᠣᡧᠣᡴᡡ

ᠪᡠᡵᡤᠠᠰᡠ ᠪᠠᡳᡳ、

ᠪᡠᡵᡤᠠᠰᡠ ᡩᡝᠯᡝᡵᡝᡳ、

ᠪᠣᡧᠣᡴᡡ ᠰᠠᠨᡳ、

ᠪᠣᡧᠣᡴᡡ ᠨᡳᡵᡠᡳ ᠪᠣᡵᡳ、

ᠪᠣᡧᠣᡴᡡ ᠨᡳᡵᡠᡳ ᡨᠣᡴᡨᠣᡳ、

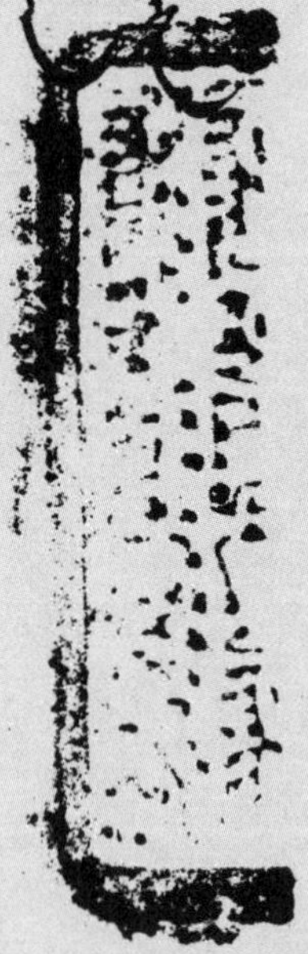

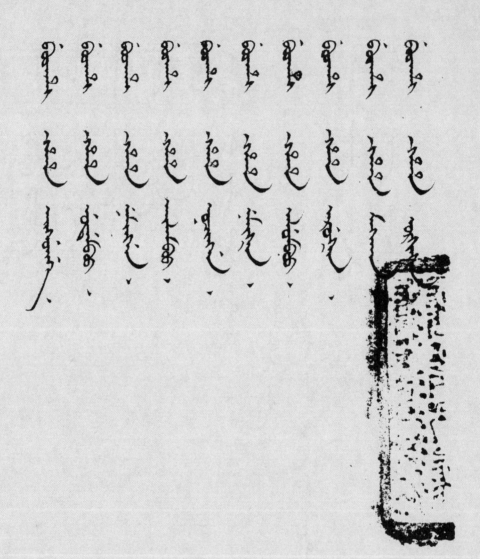

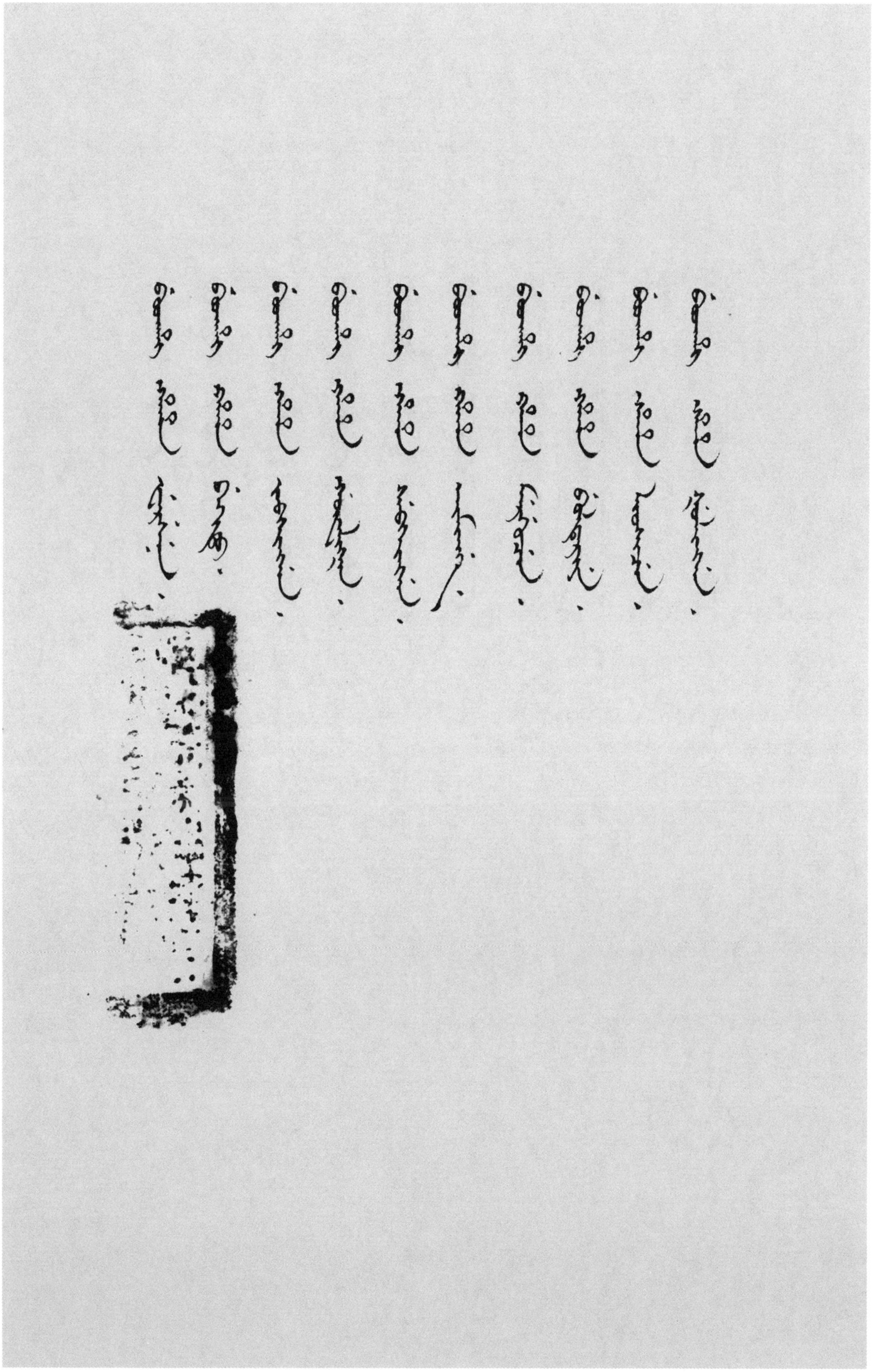

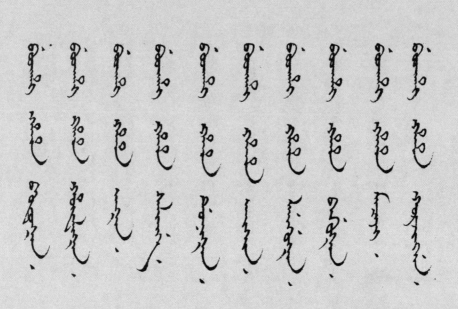

ᠪᠣᡧᠣᡴᡡ ᡤᡝᠪᡠ ᡨᠣᠮᡳᠩᡤᠠ

ᠪᠣᡧᠣᡴᡡ ᡤᡝᠪᡠ ᠰᠠᡳᡥᡡ

ᠪᠣᡧᠣᡴᡡ ᡤᡝᠪᡠ ᠪᠣᡧᠣᠩᡤᠣ

ᠪᠣᡧᠣᡴᡡ ᡤᡝᠪᡠ ᡩᠣᠰᡳᠩᡤᠠ

ᠪᠣᡧᠣᡴᡡ ᡤᡝᠪᡠ ᠮᡠᠩᡤᠠ

ᠪᠣᡧᠣᡴᡡ ᡤᡝᠪᡠ ᠪᠠᠶᠠᠩᡤᠠ

ᠪᠣᡧᠣᡴᡡ ᡤᡝᠪᡠ ᠰᠠᠨᡳᠶᠠᠰᡠ

ᠪᠣᡧᠣᡴᡡ ᡤᡝᠪᡠ ᡳᠯᡝᠩᡤᡝ

ᠪᠣᡧᠣᡴᡡ ᡤᡝᠪᡠ ᡨᠣᠪᠣᠩᡤᠣ

ᠪᠣᡧᠣᡴᡡ ᡤᡝᠪᡠ ᠪᠣᡥᠣᠩᡤᠣ

管理布特哈索伦达呼尔等处地方副都统衔总管诺穆德勒赫尔等为呈报布特哈不食饷雅发罕鄂伦春贡貂牲丁旗佐职名册致黑龙江将军（光绪三年六月二十四日）

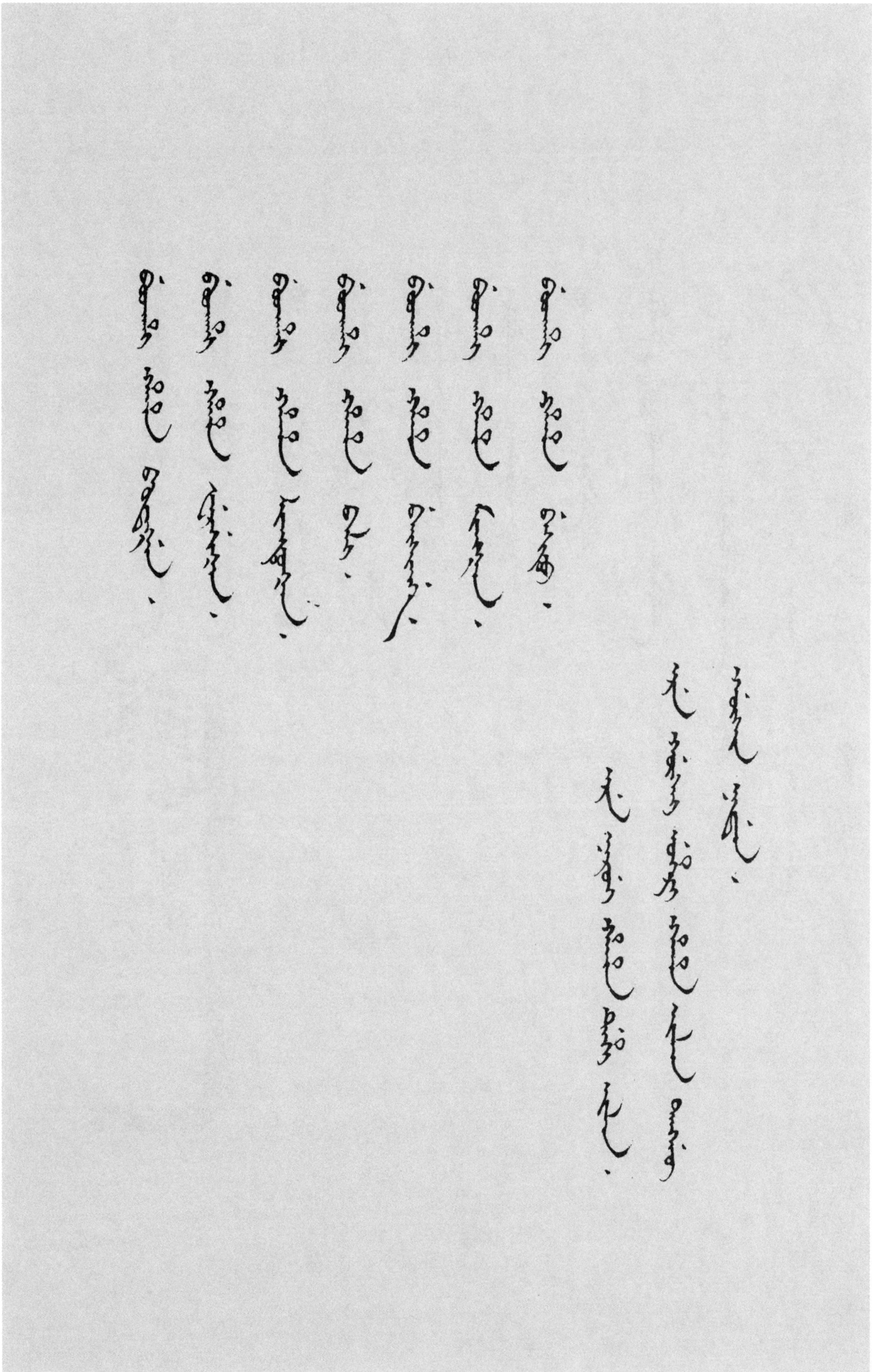

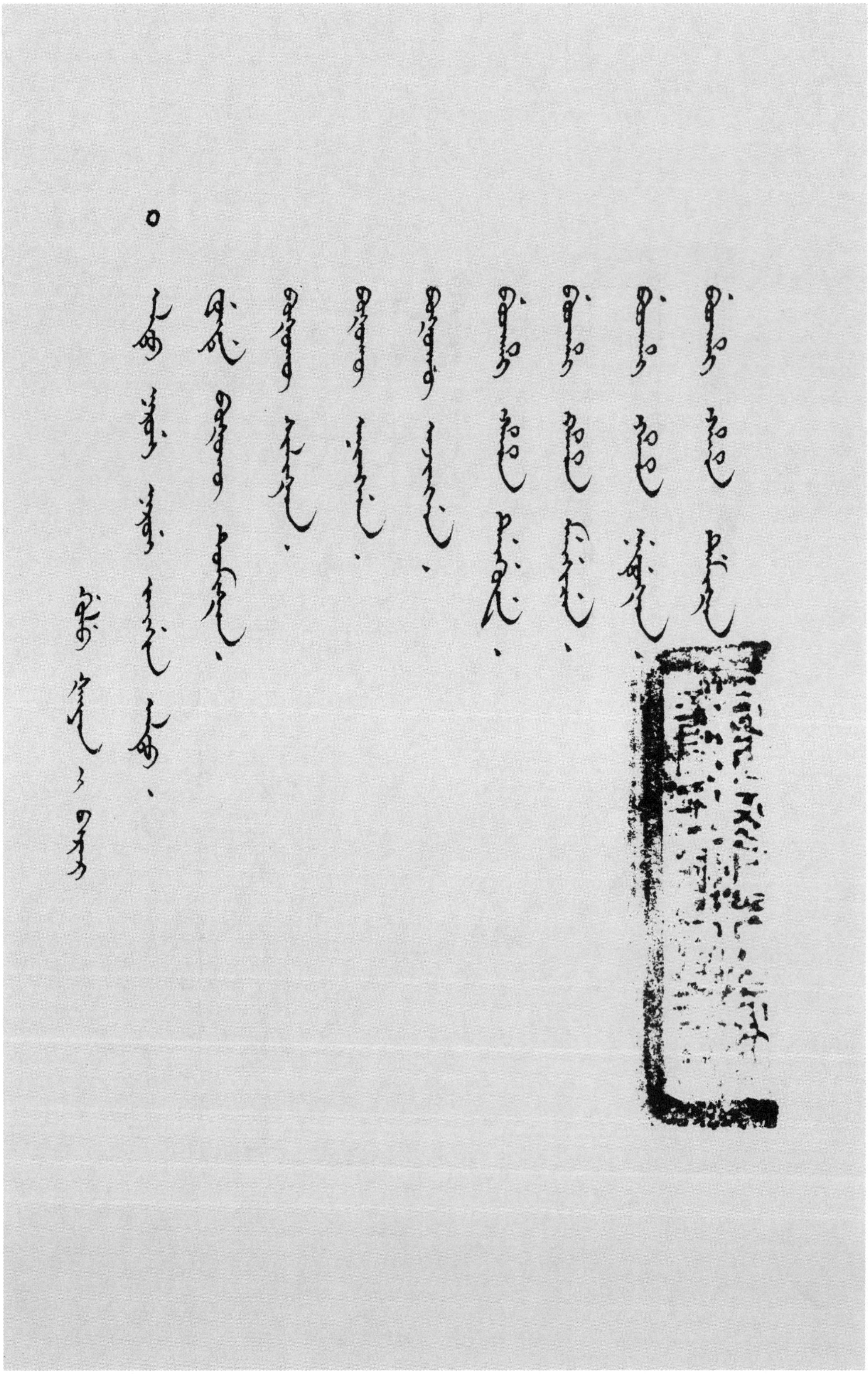

管理布特哈索伦达呼尔等处地方副都统衔总管诺穆德勒赫尔等为呈报布特哈不食饷雅发罕鄂伦春贡貂牲丁旗佐职名册致黑龙江将军（光绪三年六月二十四日）

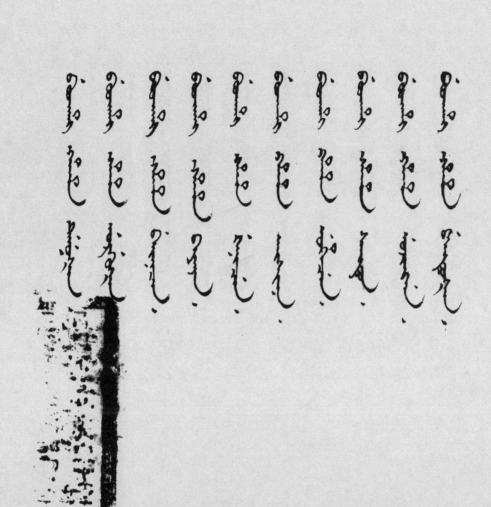

[illegible]

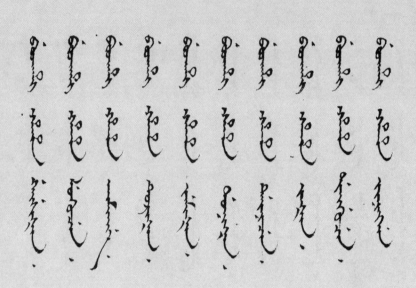

管理布特哈索伦达呼尔等处地方副都统衔总管诺穆德勒赫尔等为呈报布特哈不食饷雅发罕鄂伦春贡貂牲丁旗佐职名册致黑龙江将军（光绪三年六月二十四日）

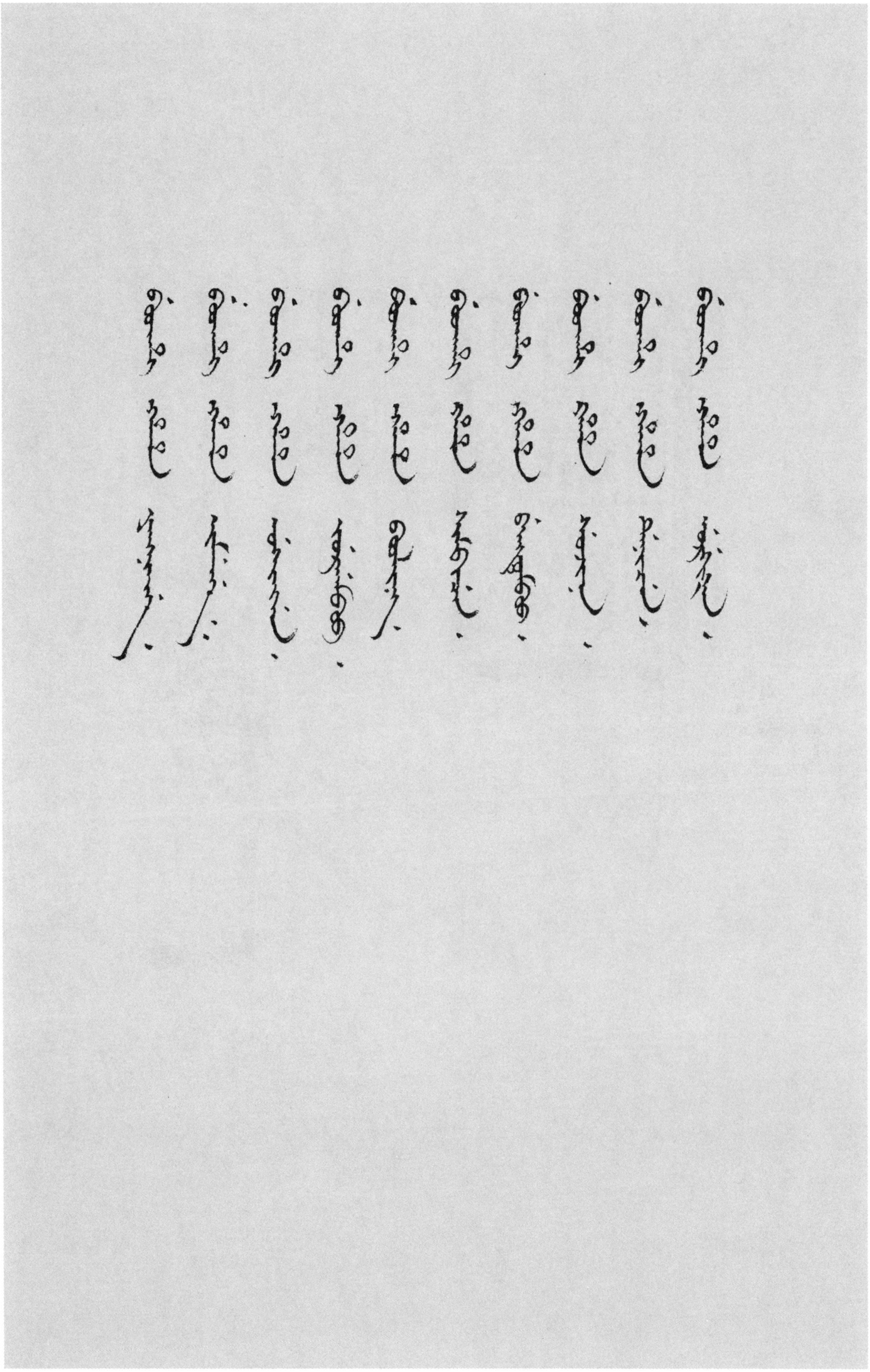

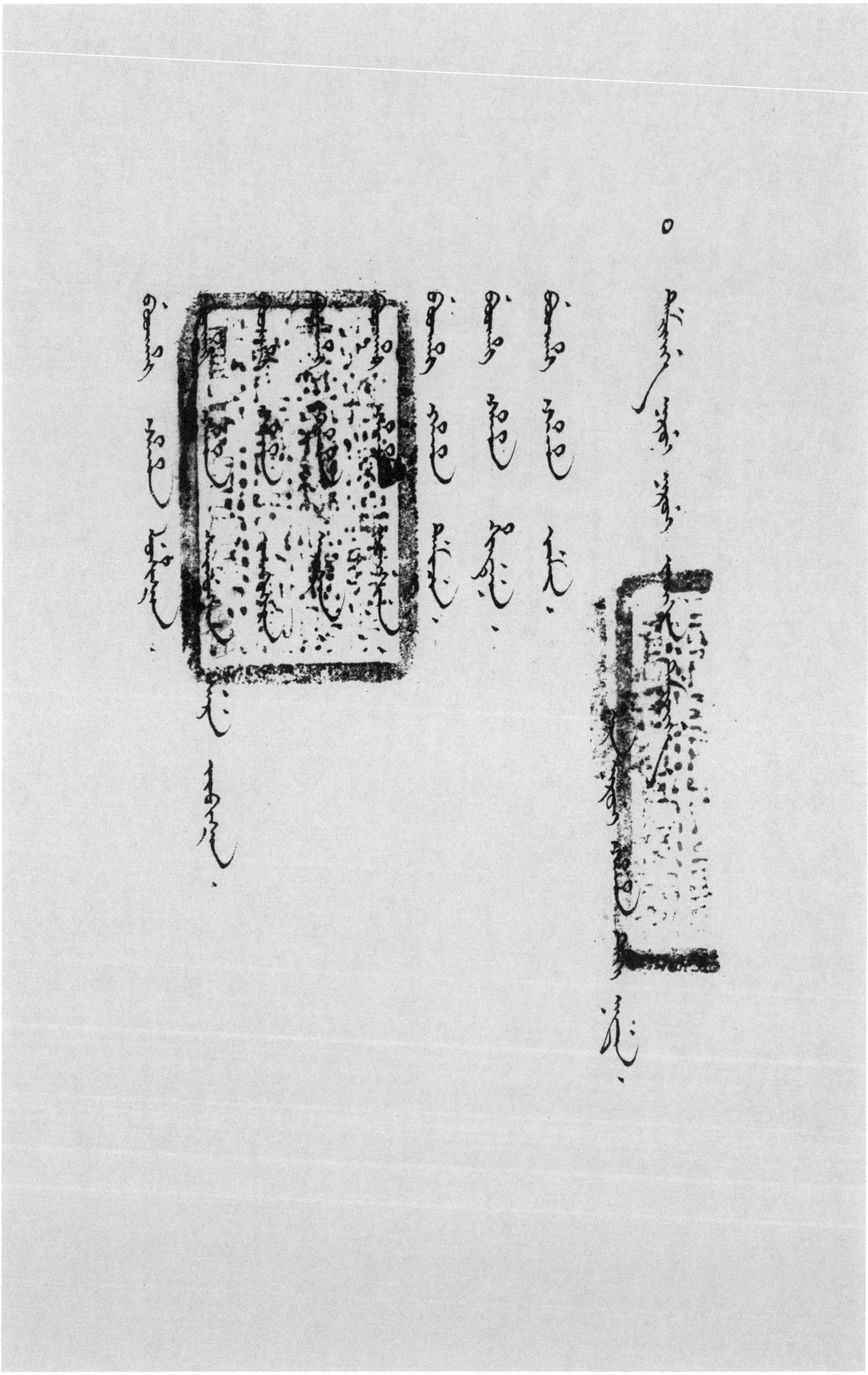

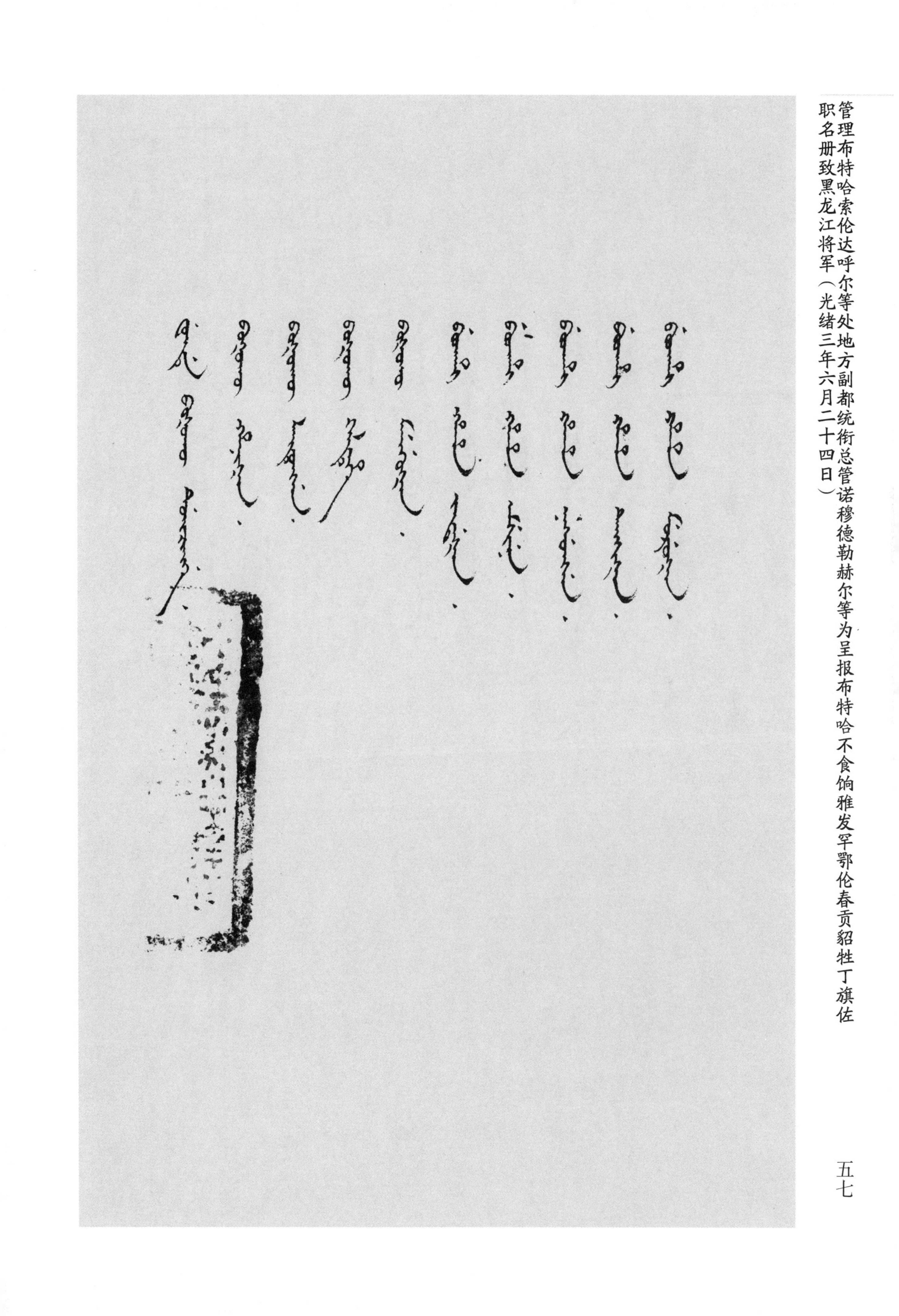

管理布特哈索伦达呼尔等处地方副都统衔总管诺穆德勒赫尔等为呈报布特哈不食饷雅发罕鄂伦春贡貂牲丁旗佐职名册致黑龙江将军（光绪三年六月二十四日）

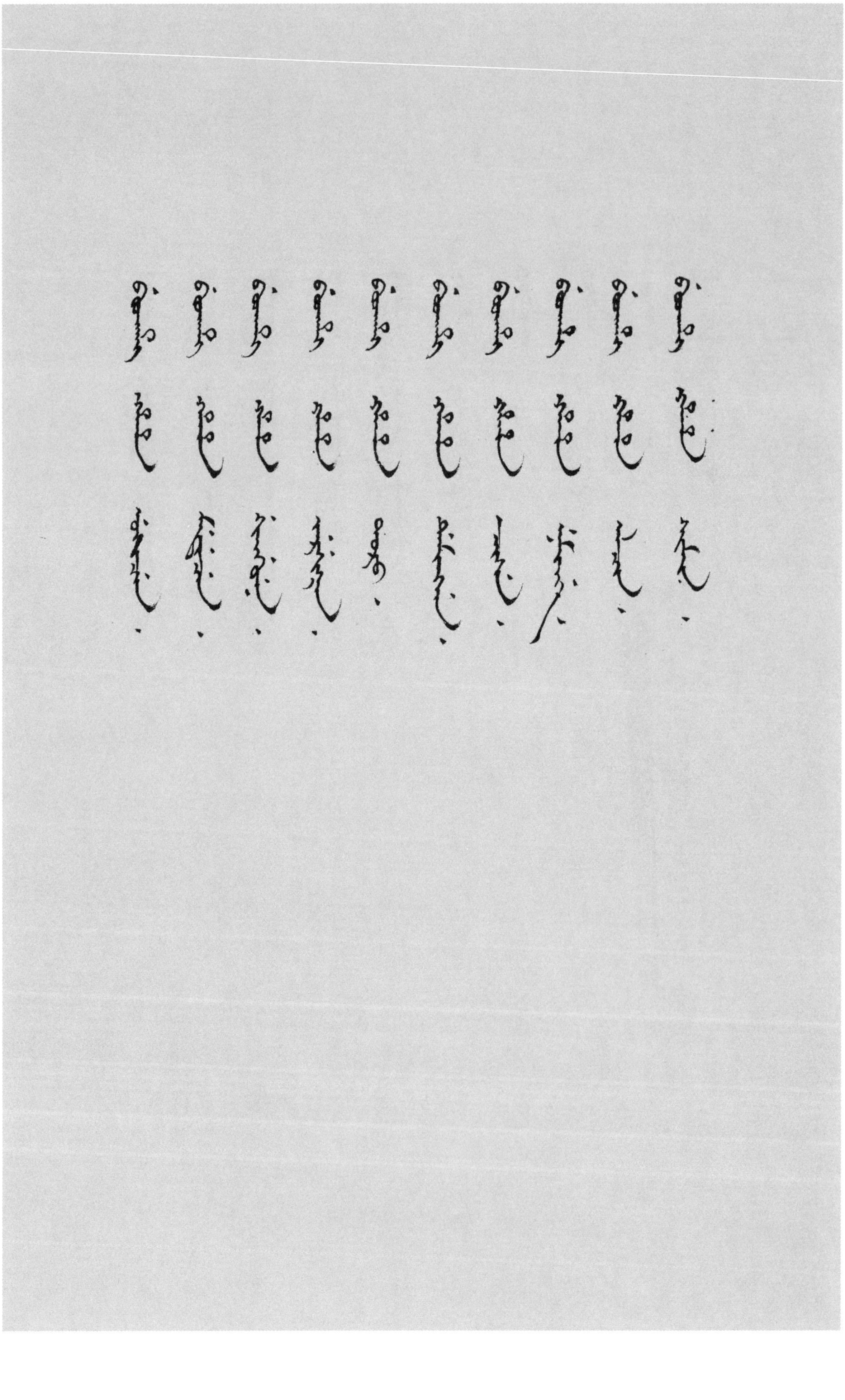

管理布特哈索伦达呼尔等处地方副都统衔总管诺穆德勒赫尔等为呈报布特哈不食饷雅发罕鄂伦春贡貂牲丁旗佐职名册致黑龙江将军（光绪三年六月二十四日）

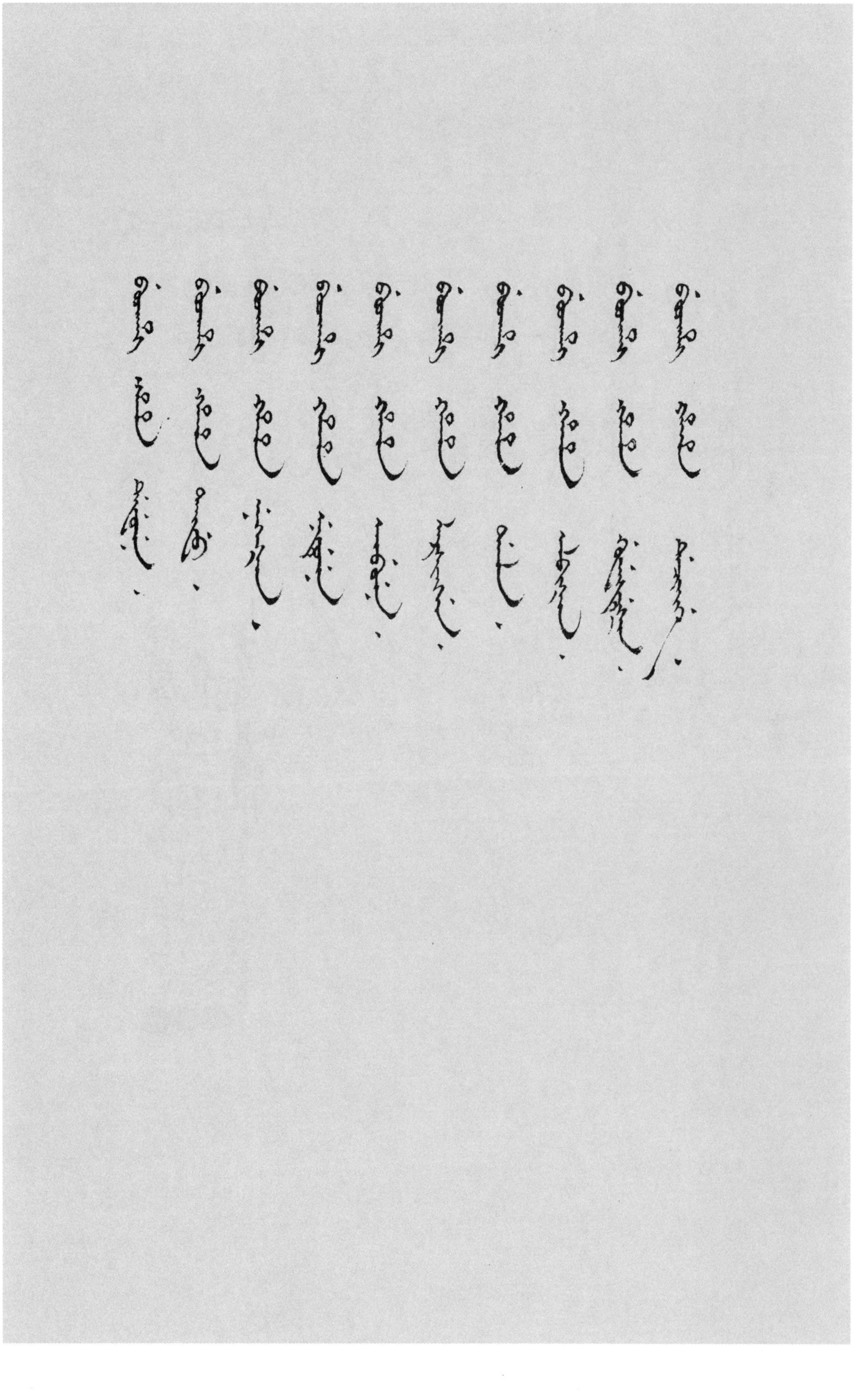

ᠪᡠᡨᡥᠠᡳ ᡥᠠᡥᠠ [illegible]

ᠪᡠᡨᡥᠠᡳ ᡥᠠᡥᠠ [illegible]

ᠪᡠᡨᡥᠠᡳ ᡥᠠᡥᠠ [illegible]

ᠪᡠᡨᡥᠠᡳ ᡥᠠᡥᠠ [illegible]

ᠪᡠᡨᡥᠠᡳ ᡥᠠᡥᠠ [illegible]

ᠪᡠᡨᡥᠠᡳ ᡥᠠᡥᠠ [illegible]

ᠪᡠᡨᡥᠠᡳ ᡥᠠᡥᠠ [illegible]

ᠪᡠᡨᡥᠠᡳ ᡥᠠᡥᠠ [illegible]

ᠪᡠᡨᡥᠠᡳ ᡥᠠᡥᠠ [illegible]

ᠪᡠᡨᡥᠠᡳ ᡥᠠᡥᠠ [illegible]

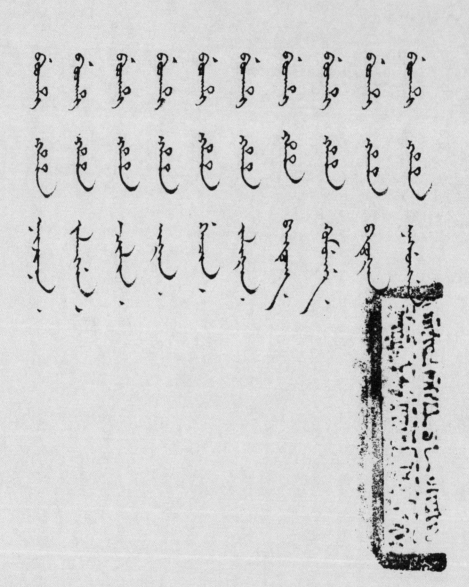

管理布特哈索伦达呼尔等处地方副都统衔总管诺穆德勒赫尔等为呈报布特哈不食饷雅发罕鄂伦春贡貂牲丁旗佐职名册致黑龙江将军（光绪三年六月二十四日）

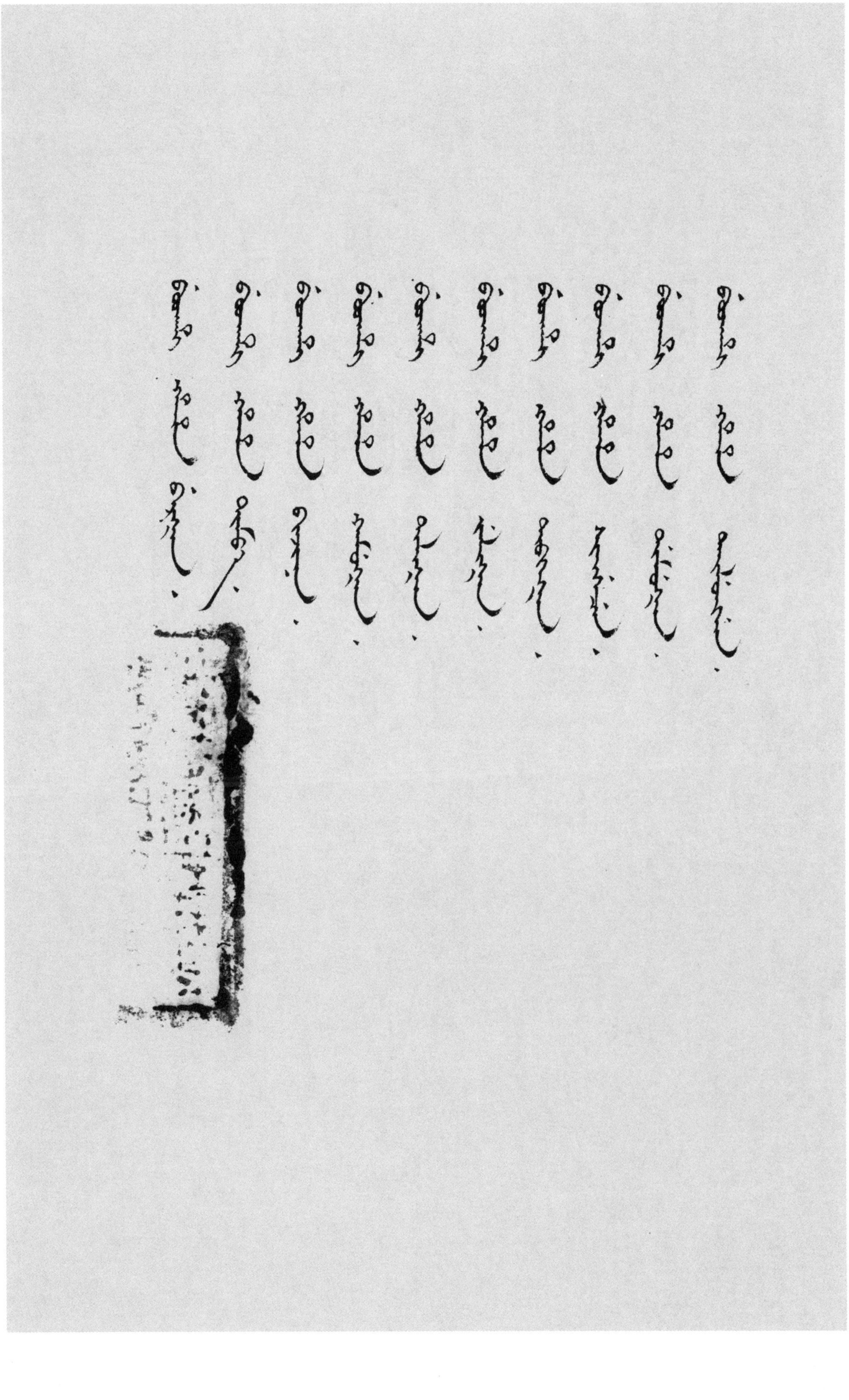

清代黑龙江户口档案选编·鄂伦春索伦达呼尔贡貂牲丁册 光绪朝

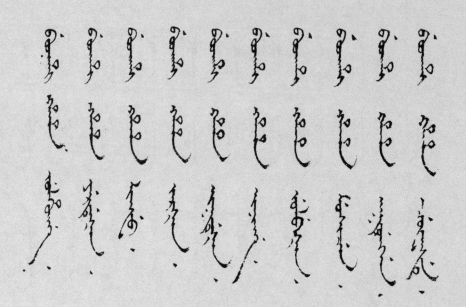

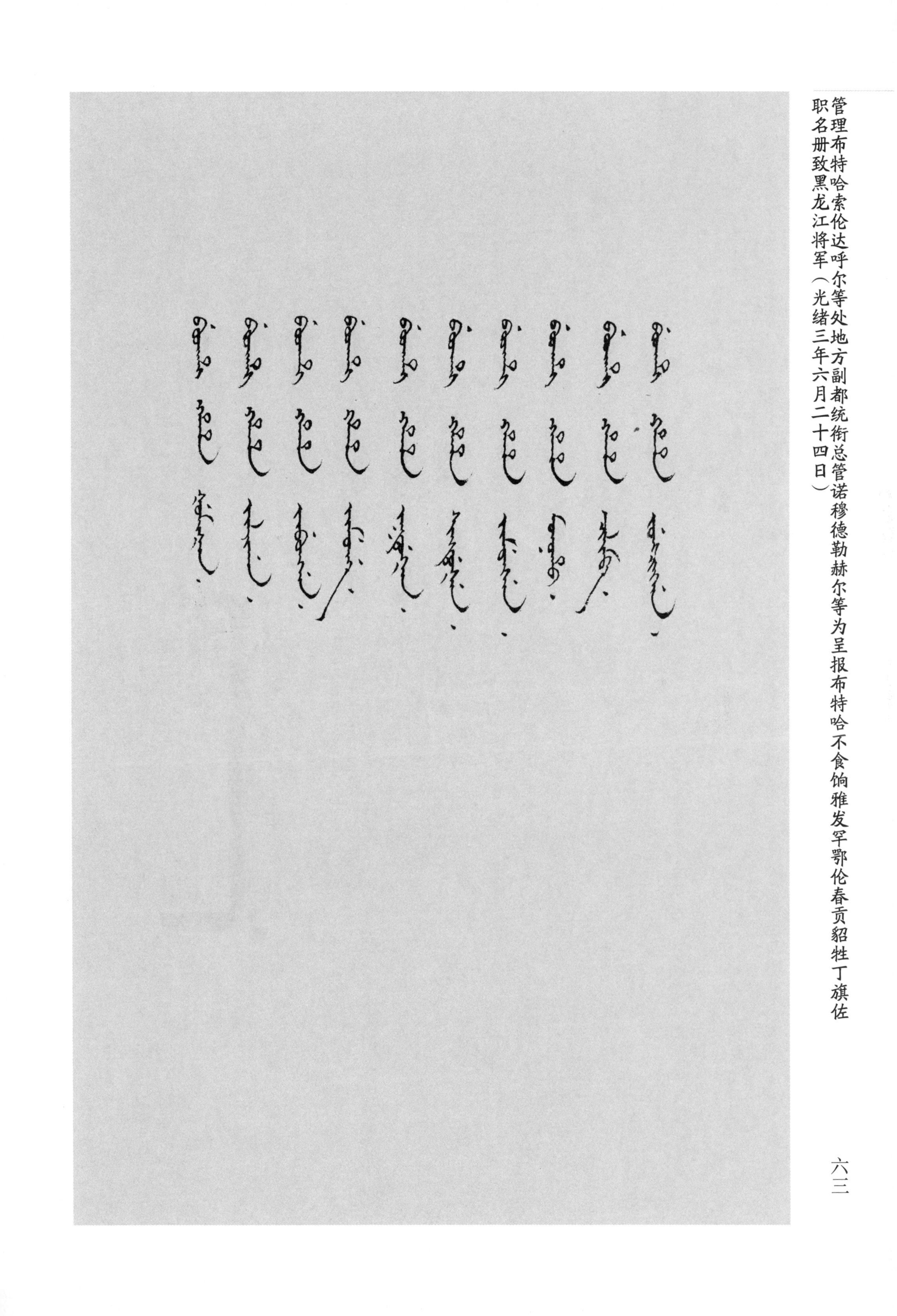

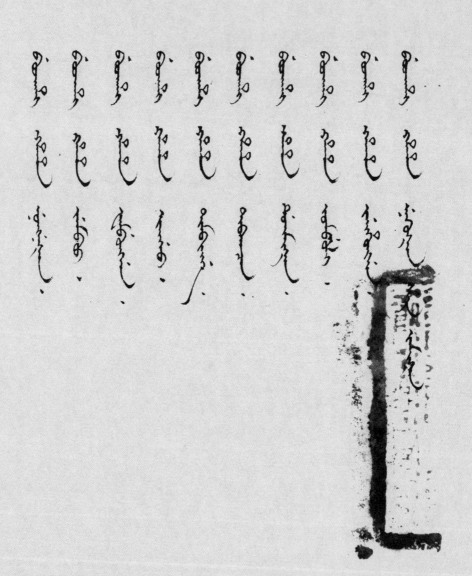

[illegible]

[illegible]

[illegible]

[illegible]

[illegible]

[illegible]

[illegible]

[illegible]

[illegible]

[illegible]

管理布特哈索伦达呼尔等处地方副都统衔总管诺穆德勒赫尔等为呈报布特哈不食饷雅发罕鄂伦春贡貂牲丁旗佐职名册致黑龙江将军（光绪三年六月二十四日）

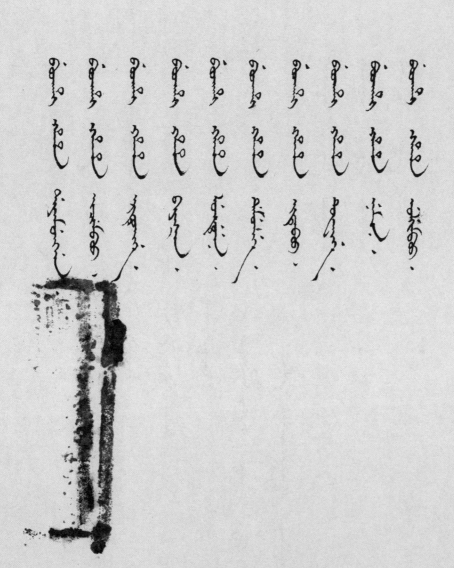

ᡥᠠᡥᠠ ᠵᡠᡳ [illegible]

ᡥᠠᡥᠠ ᠵᡠᡳ [illegible]

ᡥᠠᡥᠠ ᠵᡠᡳ [illegible]

[illegible]

[illegible]

[illegible]

○ [illegible] ᡥᠠᡥᠠ ᠵᡠᡳ [illegible]

ᡥᠠᡥᠠ ᠵᡠᡳ [illegible]

ᡥᠠᡥᠠ ᠵᡠᡳ [illegible]

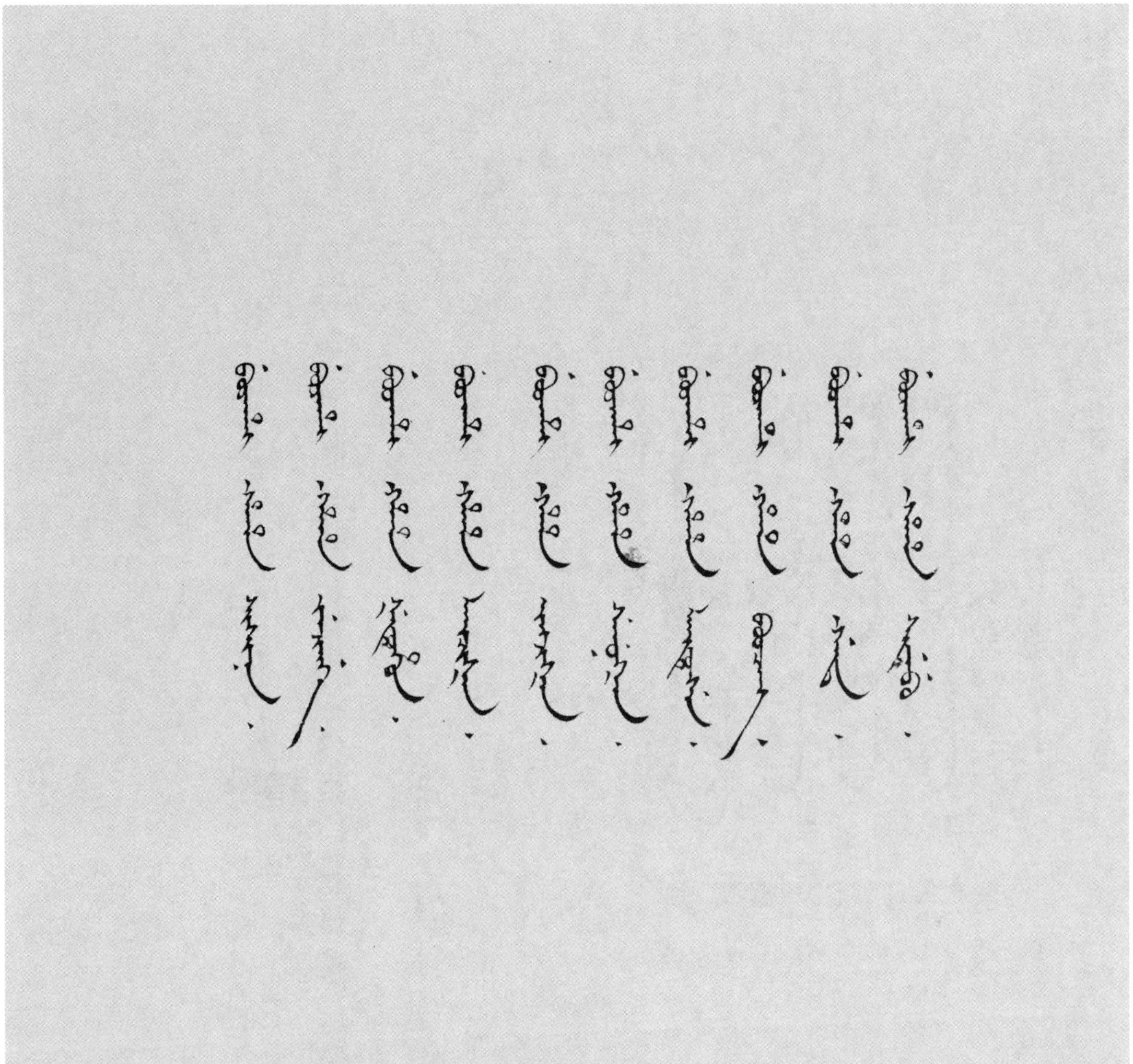

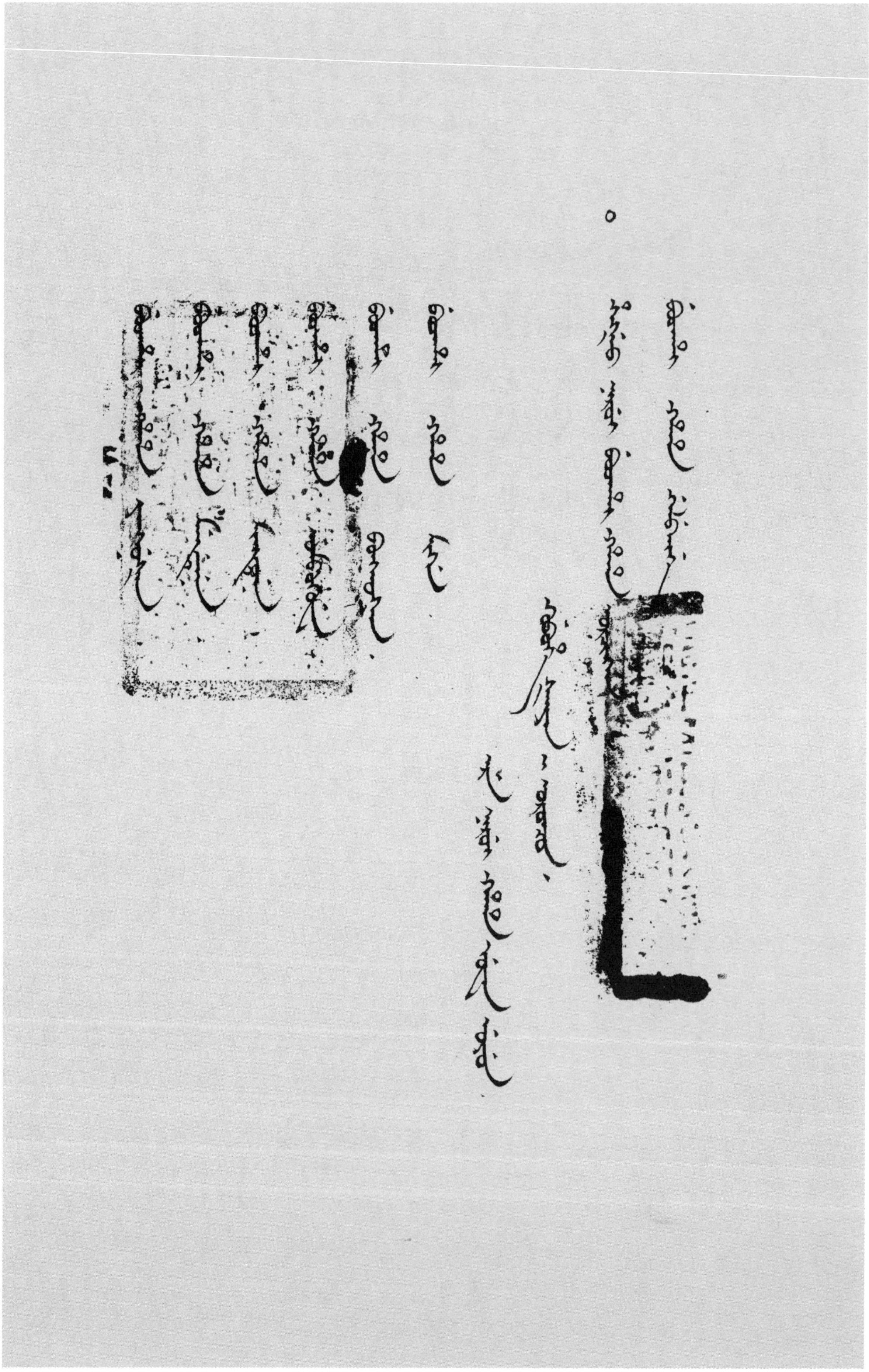

管理布特哈索伦达呼尔等处地方副都统衔总管诺穆德勒赫尔等为呈报布特哈不食饷雅发罕鄂伦春贡貂牲丁旗佐职名册致黑龙江将军（光绪三年六月二十四日）

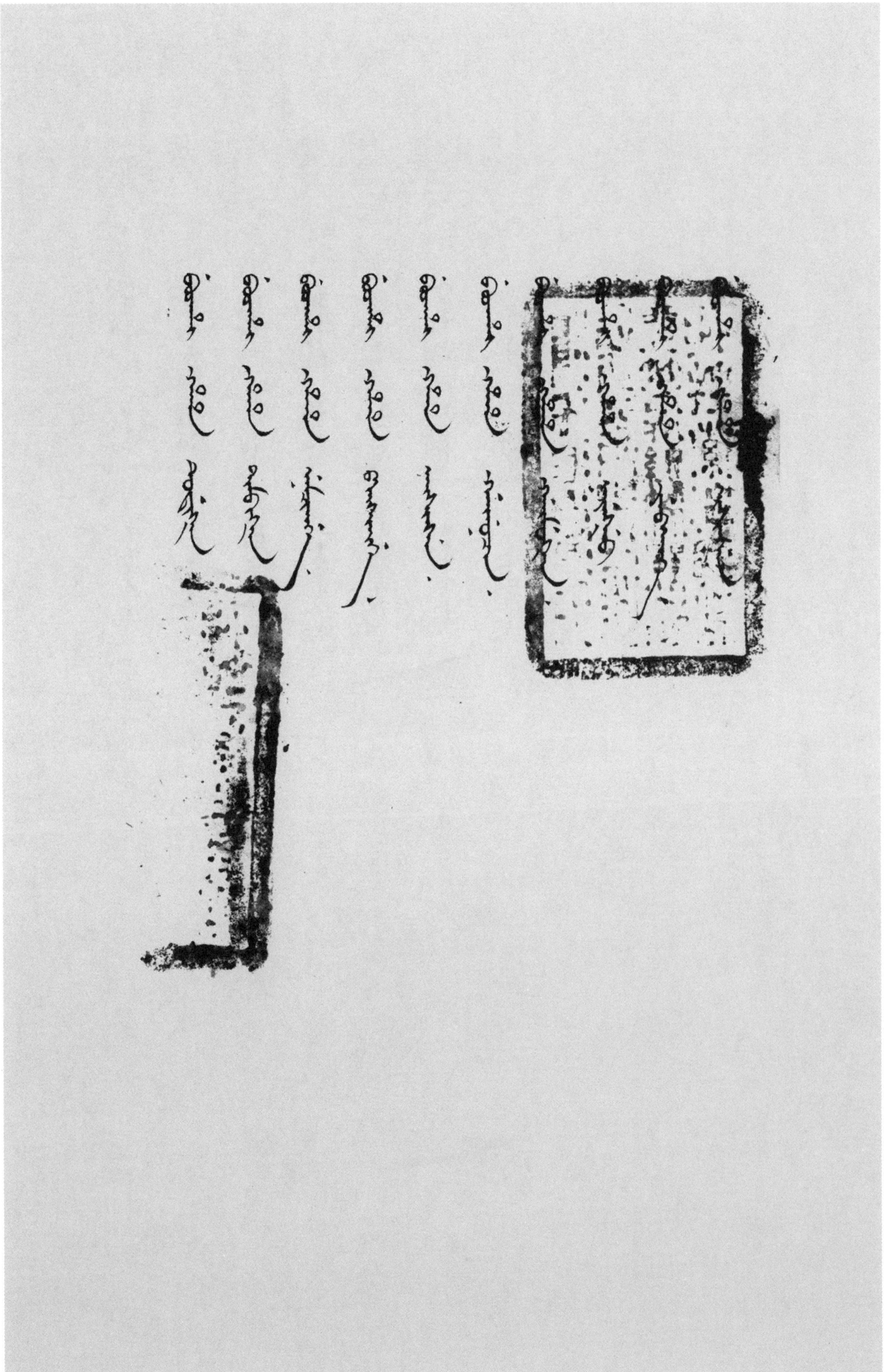

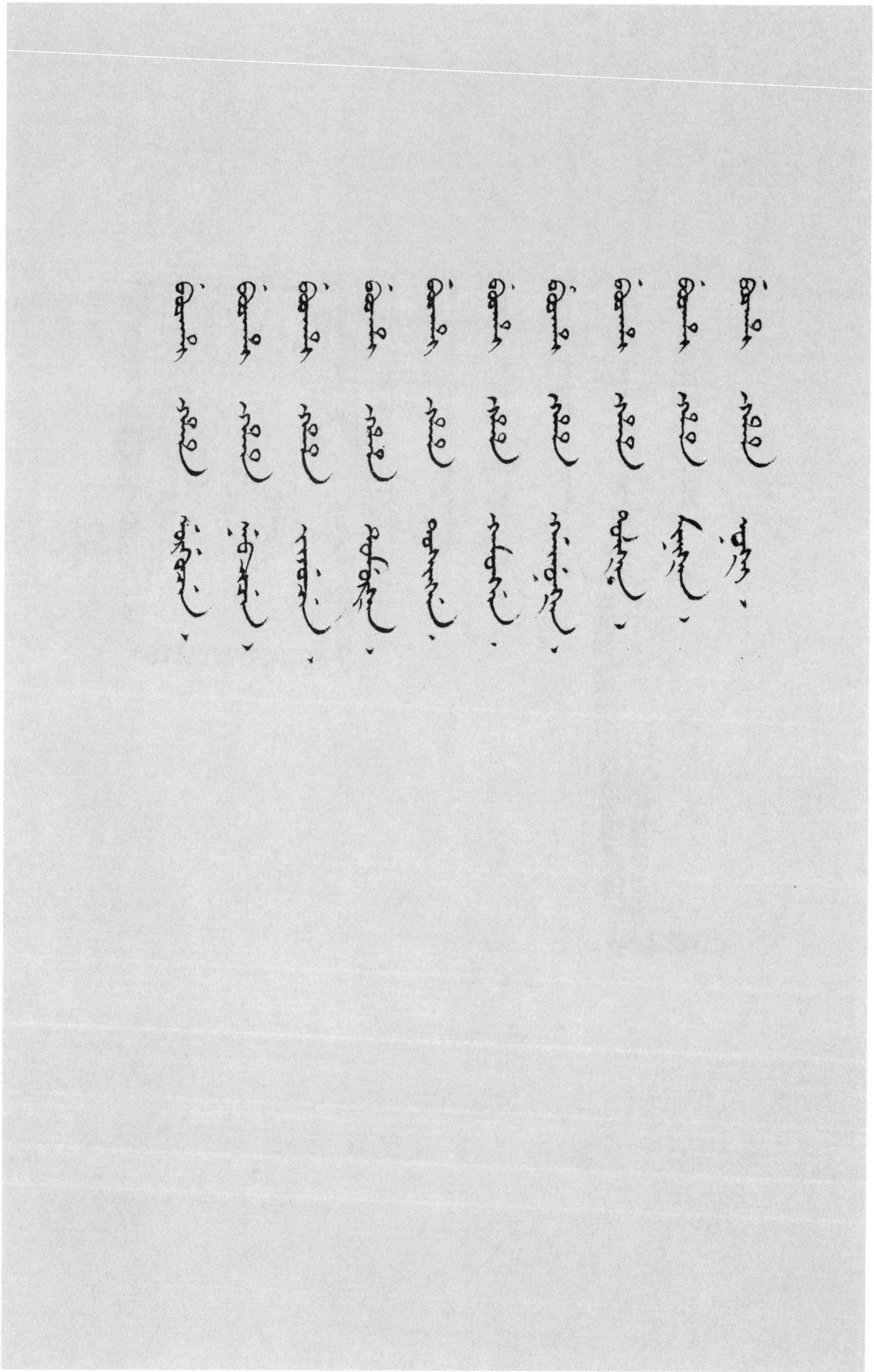

管理布特哈索伦达呼尔等处地方副都统衔总管诺穆德勒赫尔等为呈报布特哈不食饷雅发罕鄂伦春贡貂牲丁旗佐职名册致黑龙江将军（光绪三年六月二十四日）

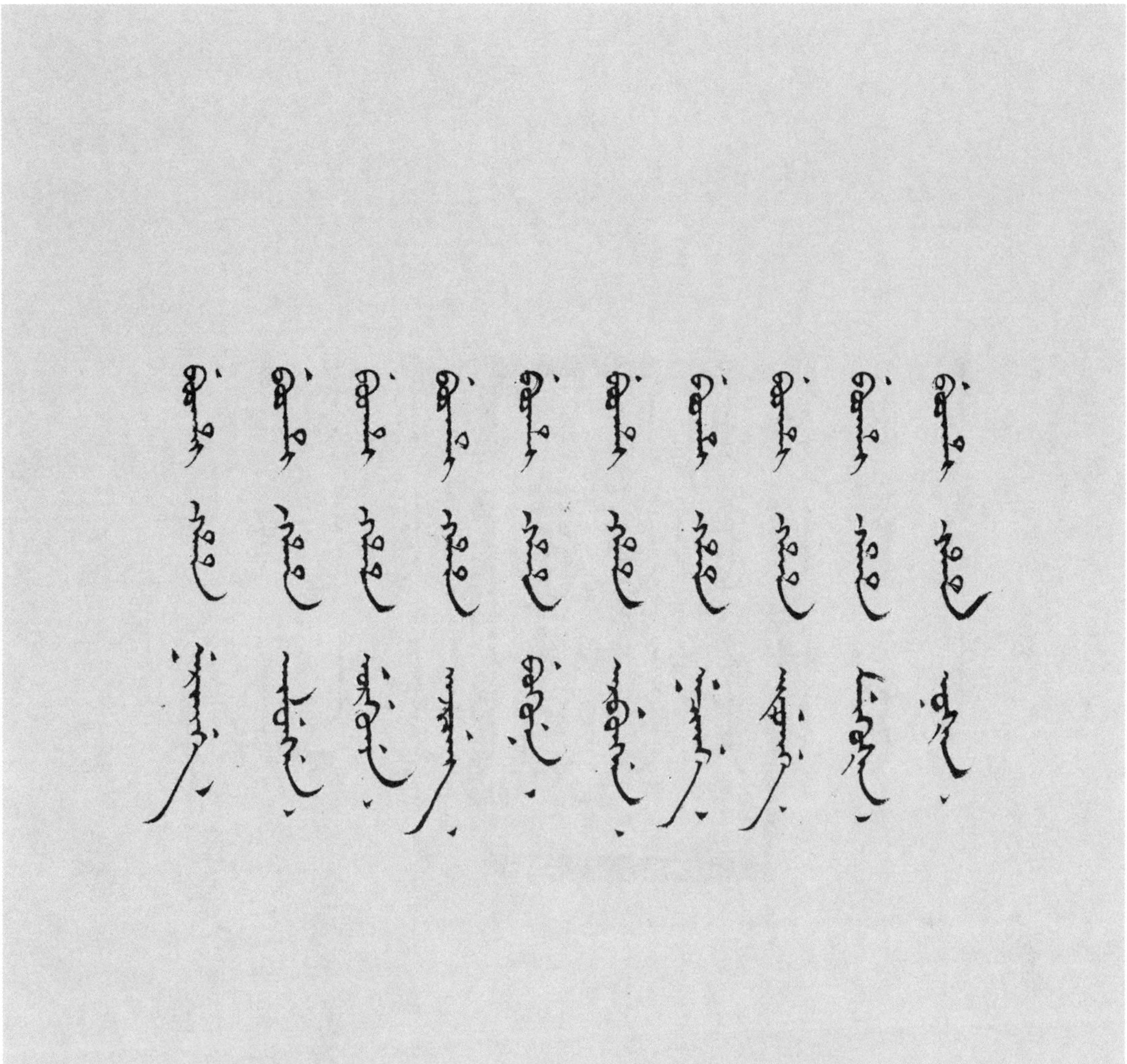

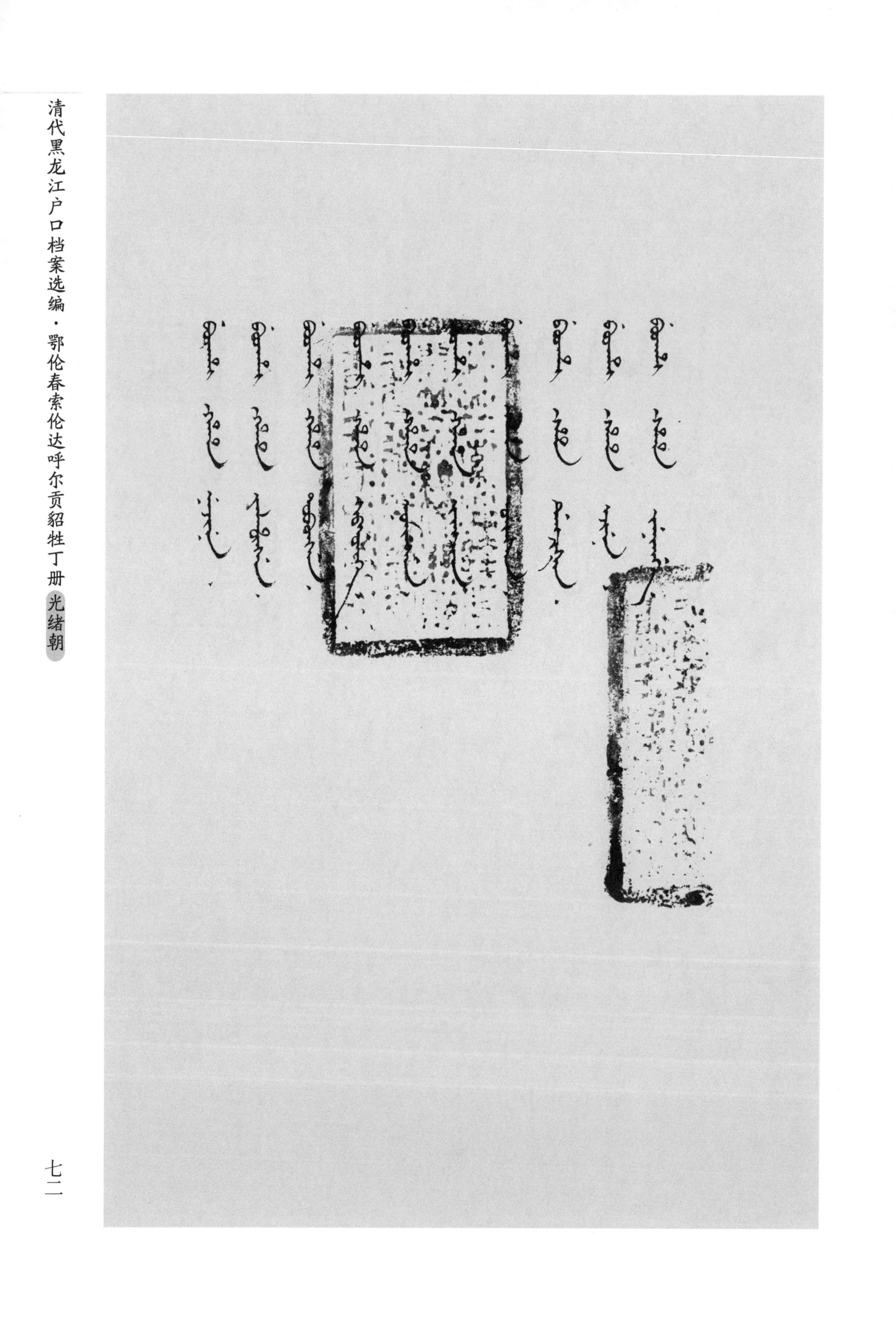

管理布特哈索伦达呼尔等处地方副都统衔总管诺穆德勒赫尔等为呈报布特哈不食饷雅发罕鄂伦春贡貂牲丁旗佐职名册致黑龙江将军（光绪三年六月二十四日）

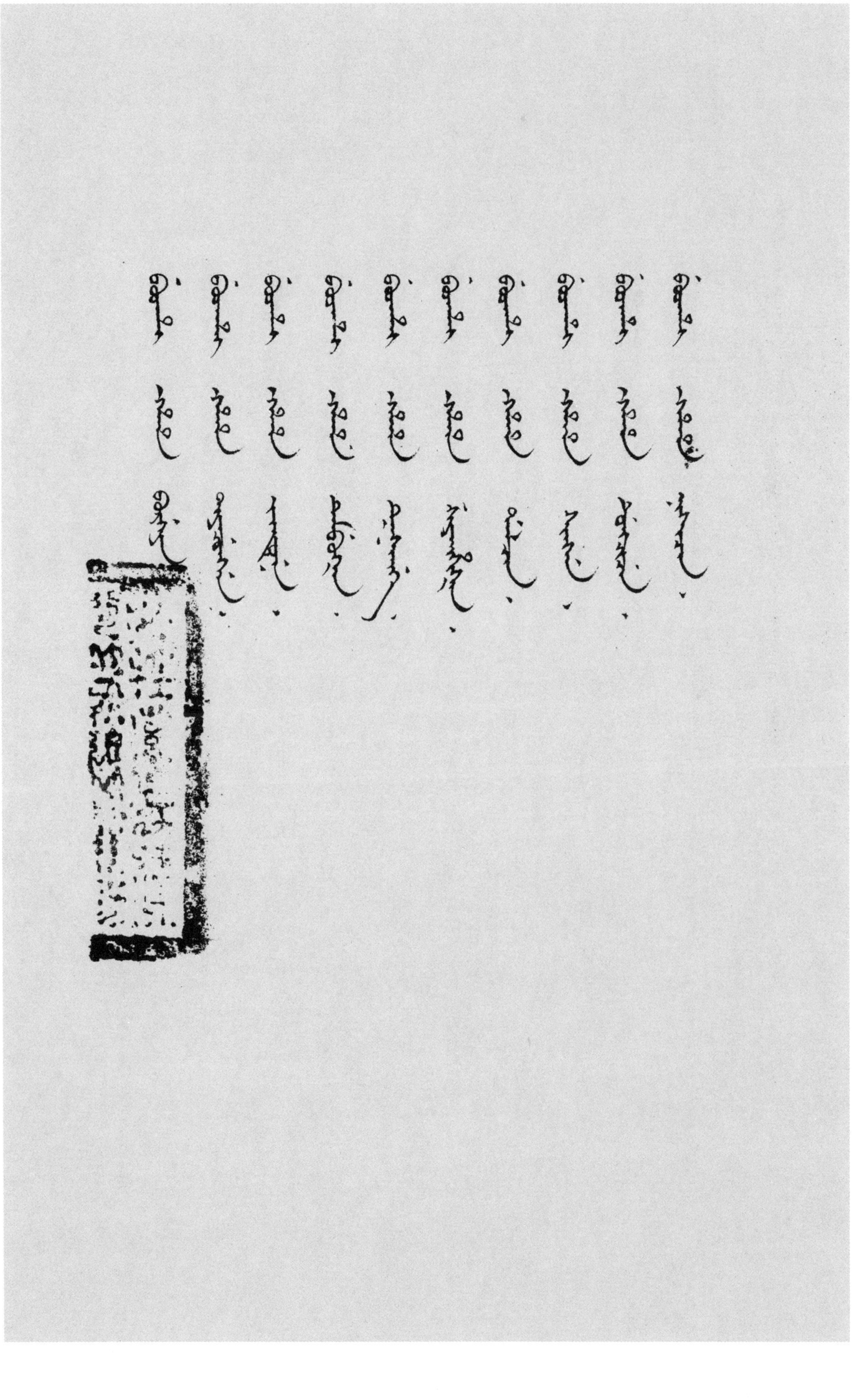

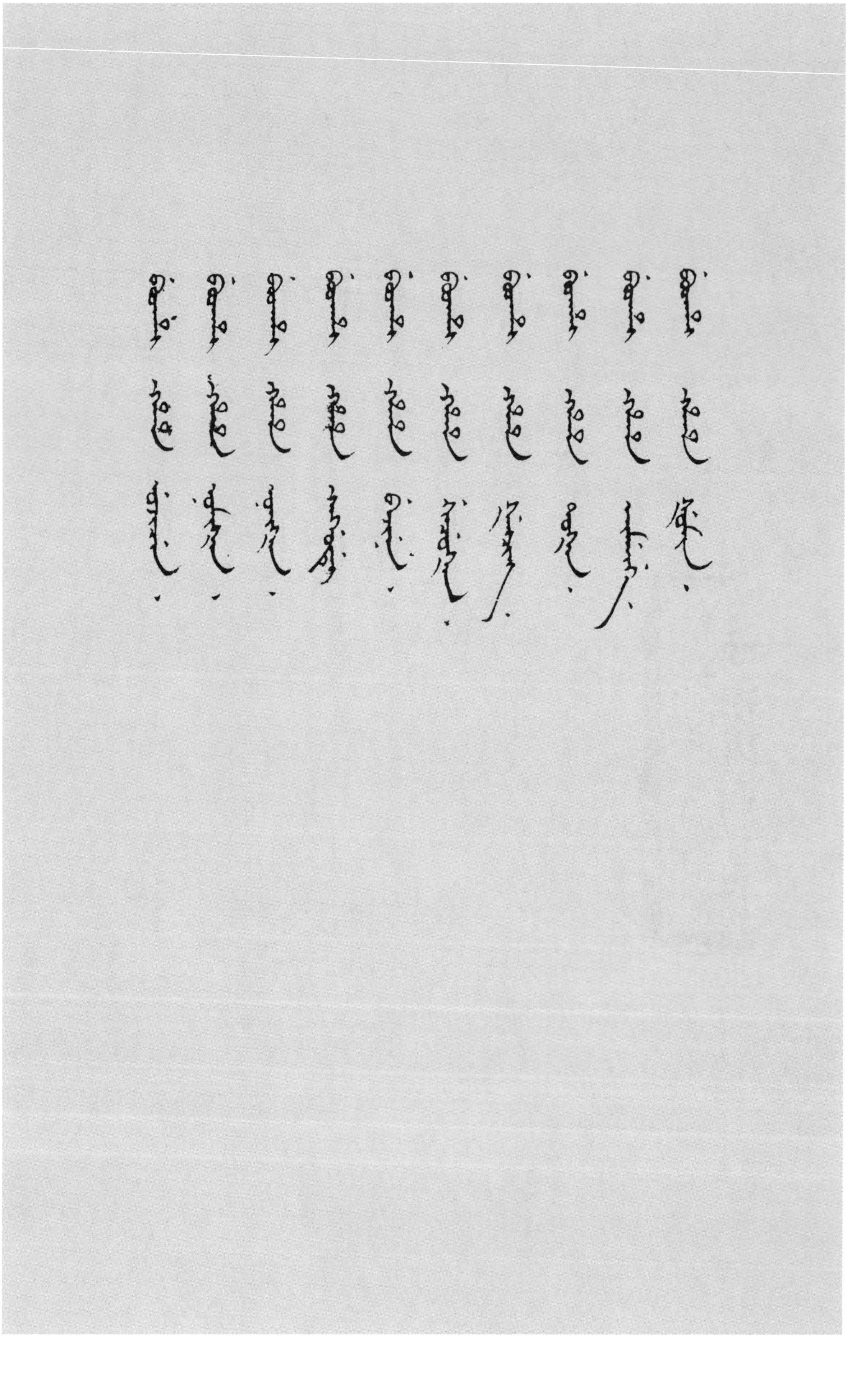

管理布特哈索伦达呼尔等处地方副都统衔总管诺穆德勒赫尔等为呈报布特哈不食饷雅发罕鄂伦春贡貂牲丁旗佐职名册致黑龙江将军（光绪三年六月二十四日）

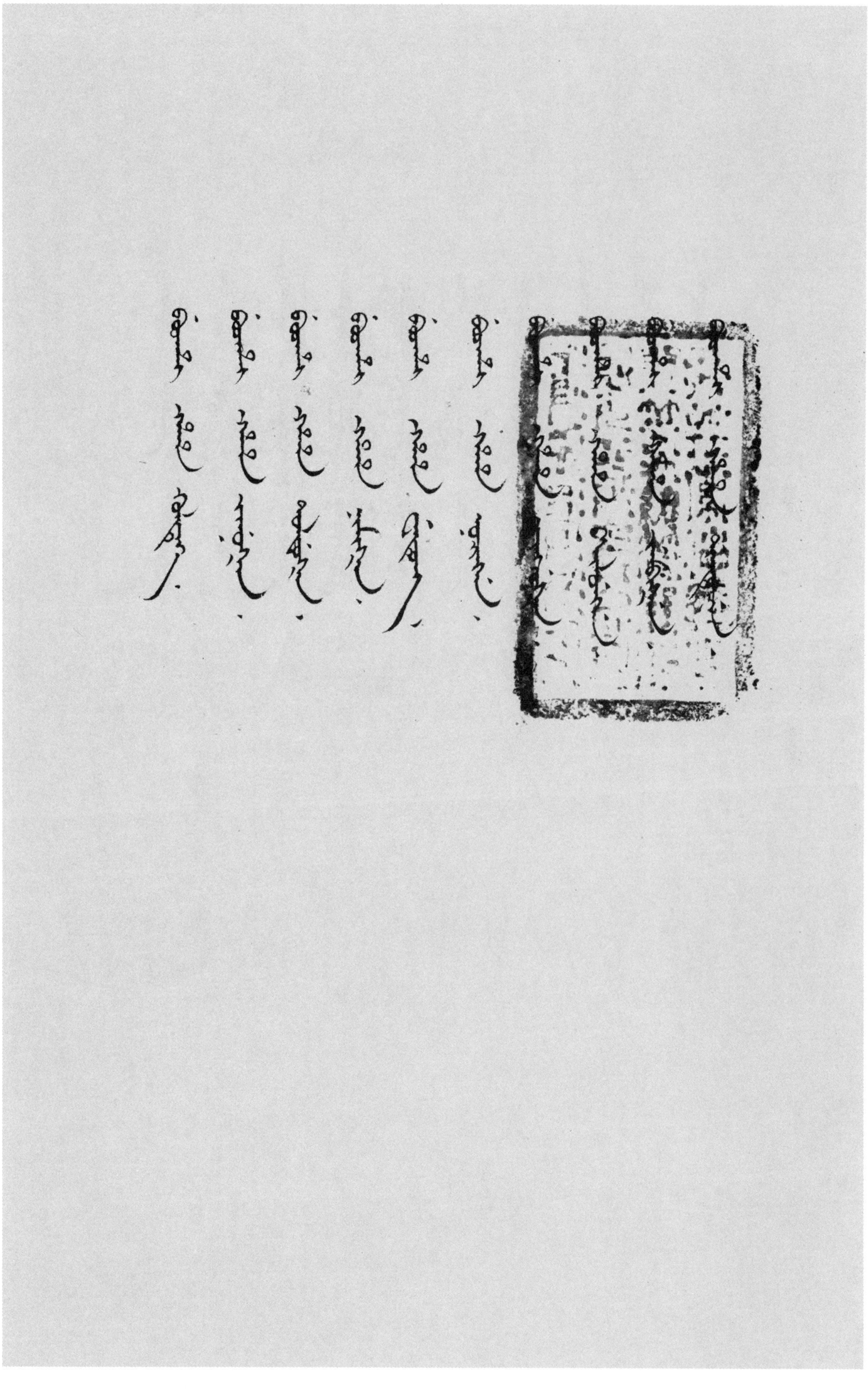

ᠪᠠᡩᠠᡵᠠᠩᡤᠠ ᡩᠣᡵᠣ ᠰᡠᠴᡠᠩᡤᠠ

ᠪᠠᡩᠠᡵᠠᠩᡤᠠ ᡩᠣᡵᠣ ᠵᠠᡳ

ᠪᠠᡩᠠᡵᠠᠩᡤᠠ ᡩᠣᡵᠣ ᡳᠯᠠᠴᡳ

ᠪᠠᡩᠠᡵᠠᠩᡤᠠ ᡩᠣᡵᠣ ᡩᡠᡳᠴᡳ

ᠪᠠᡩᠠᡵᠠᠩᡤᠠ ᡩᠣᡵᠣ ᠰᡠᠨᠵᠠᠴᡳ

ᠪᠠᡩᠠᡵᠠᠩᡤᠠ ᡩᠣᡵᠣ ᠨᡳᠩᡤᡠᠴᡳ

ᠪᠠᡩᠠᡵᠠᠩᡤᠠ ᡩᠣᡵᠣ ᠨᠠᡩᠠᠴᡳ

ᠪᠠᡩᠠᡵᠠᠩᡤᠠ ᡩᠣᡵᠣ ᠵᠠᡴᡡᠴᡳ

ᠪᠠᡩᠠᡵᠠᠩᡤᠠ ᡩᠣᡵᠣ ᡠᠶᡠᠴᡳ

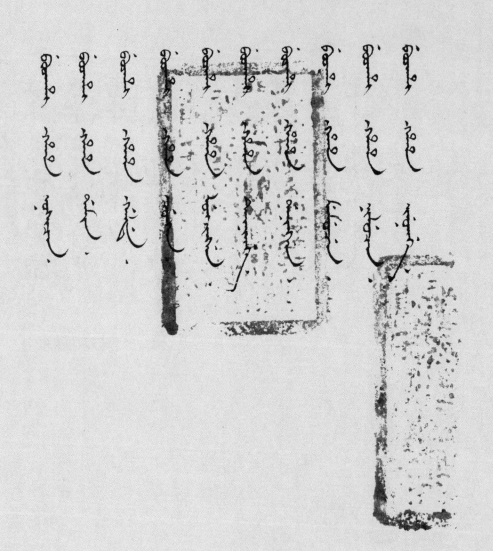

管理布特哈索伦达呼尔等处地方副都统衔总管诺穆德勒赫尔等为呈报布特哈不食饷雅发罕鄂伦春贡貂牲丁旗佐职名册致黑龙江将军（光绪三年六月二十四日）

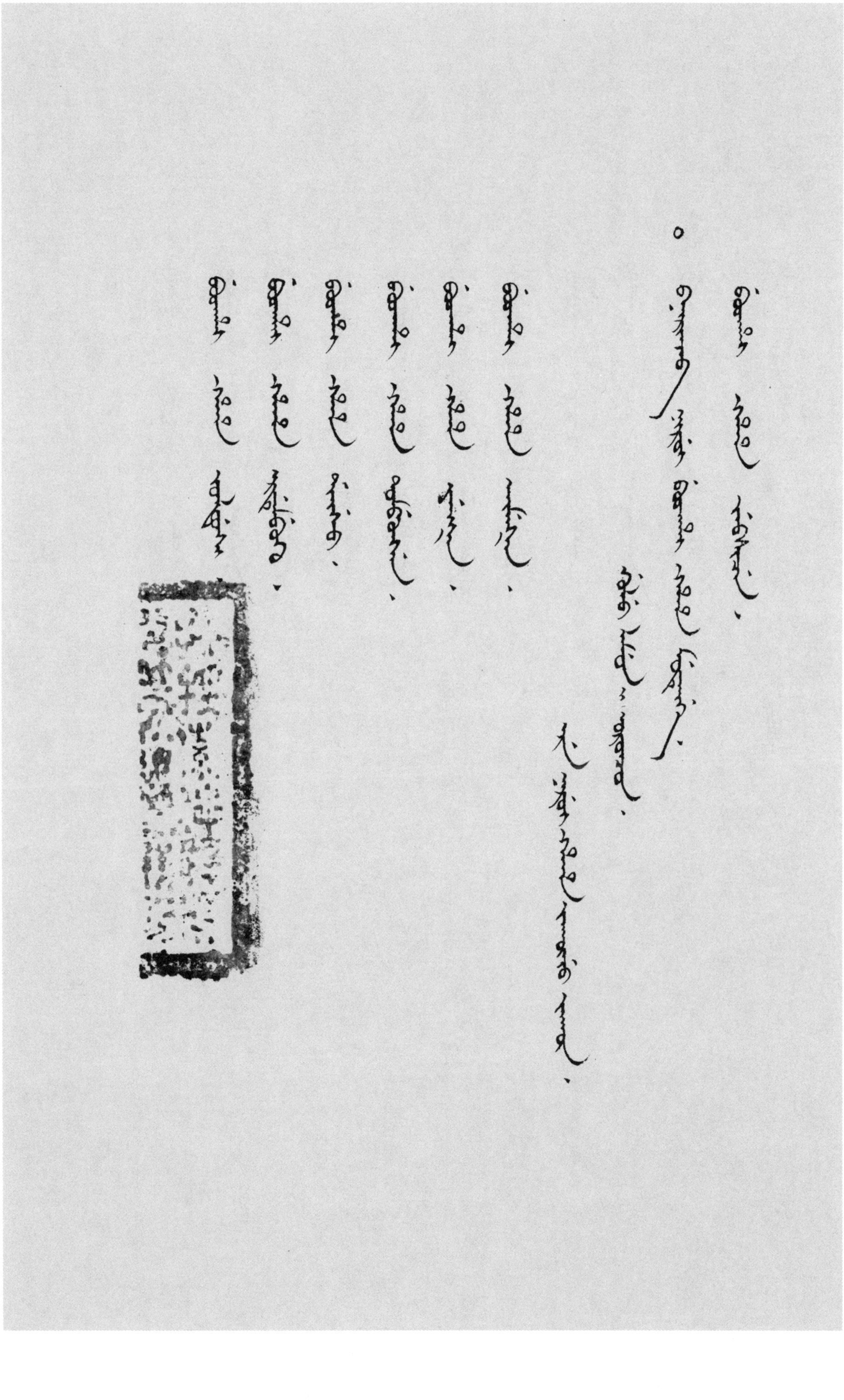

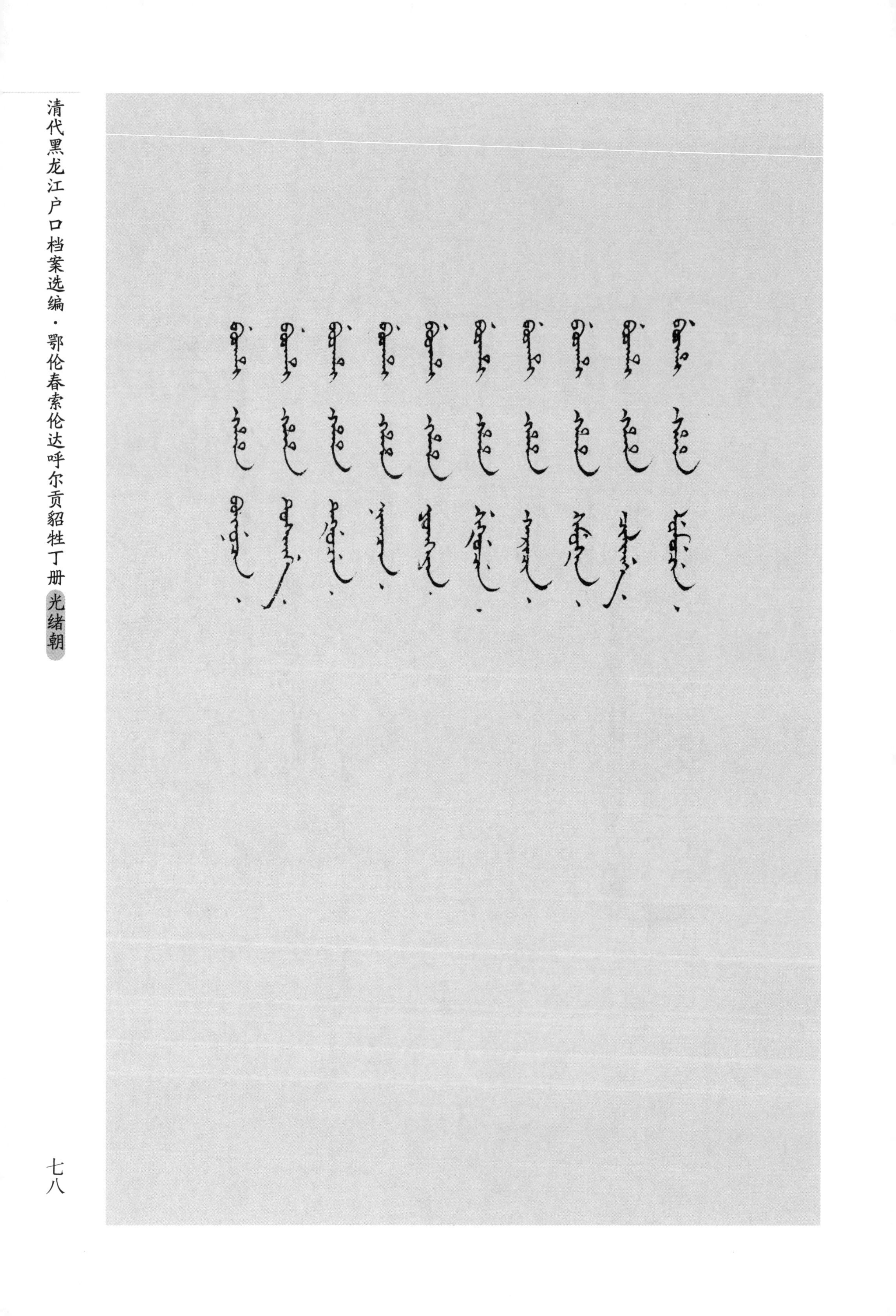

[illegible]
[illegible]
[illegible]
[illegible]
[illegible]
[illegible]
[illegible]
[illegible]
[illegible]
[illegible]

管理布特哈索伦达呼尔等处地方副都统衔总管诺穆德勒赫尔等为呈报布特哈不食饷雅发罕鄂伦春贡貂牲丁旗佐职名册致黑龙江将军（光绪三年六月二十四日）

[illegible]
[illegible]
[illegible]
[illegible]
[illegible]
[illegible]
[illegible]
[illegible]
[illegible]
[illegible]

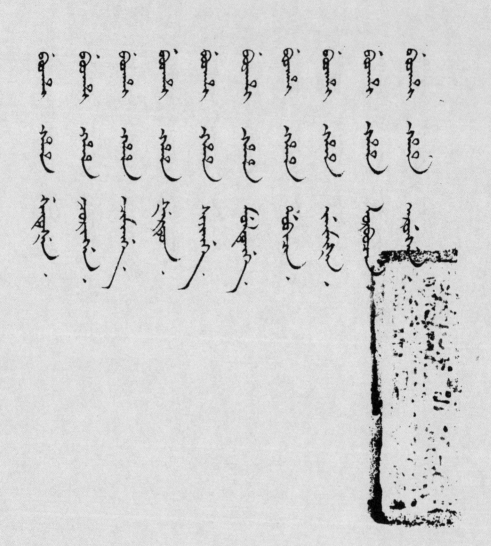

管理布特哈索伦达呼尔等处地方副都统衔总管诺穆德勒赫尔等为呈报布特哈不食饷雅发罕鄂伦春贡貂牲丁旗佐职名册致黑龙江将军（光绪三年六月二十四日）

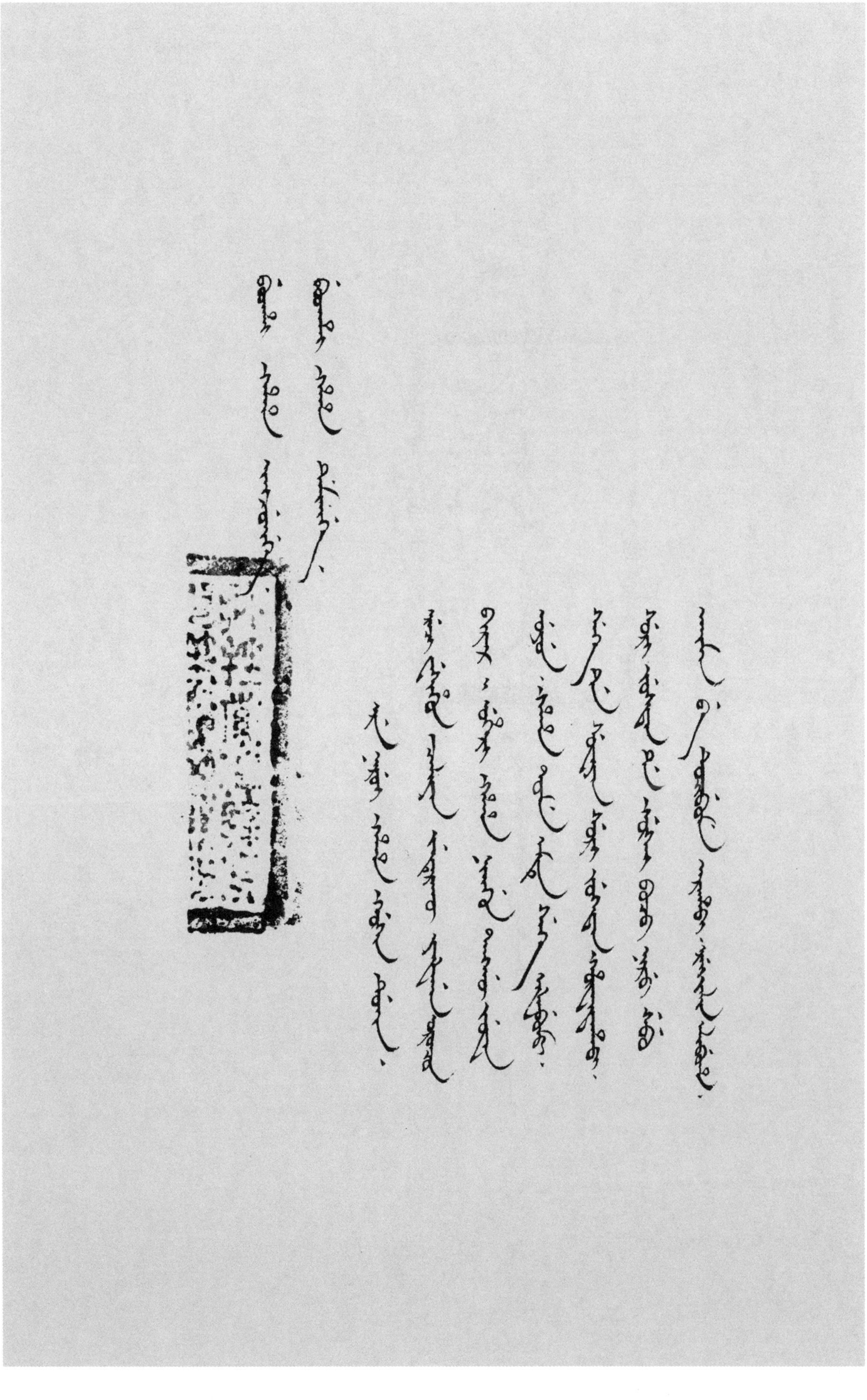

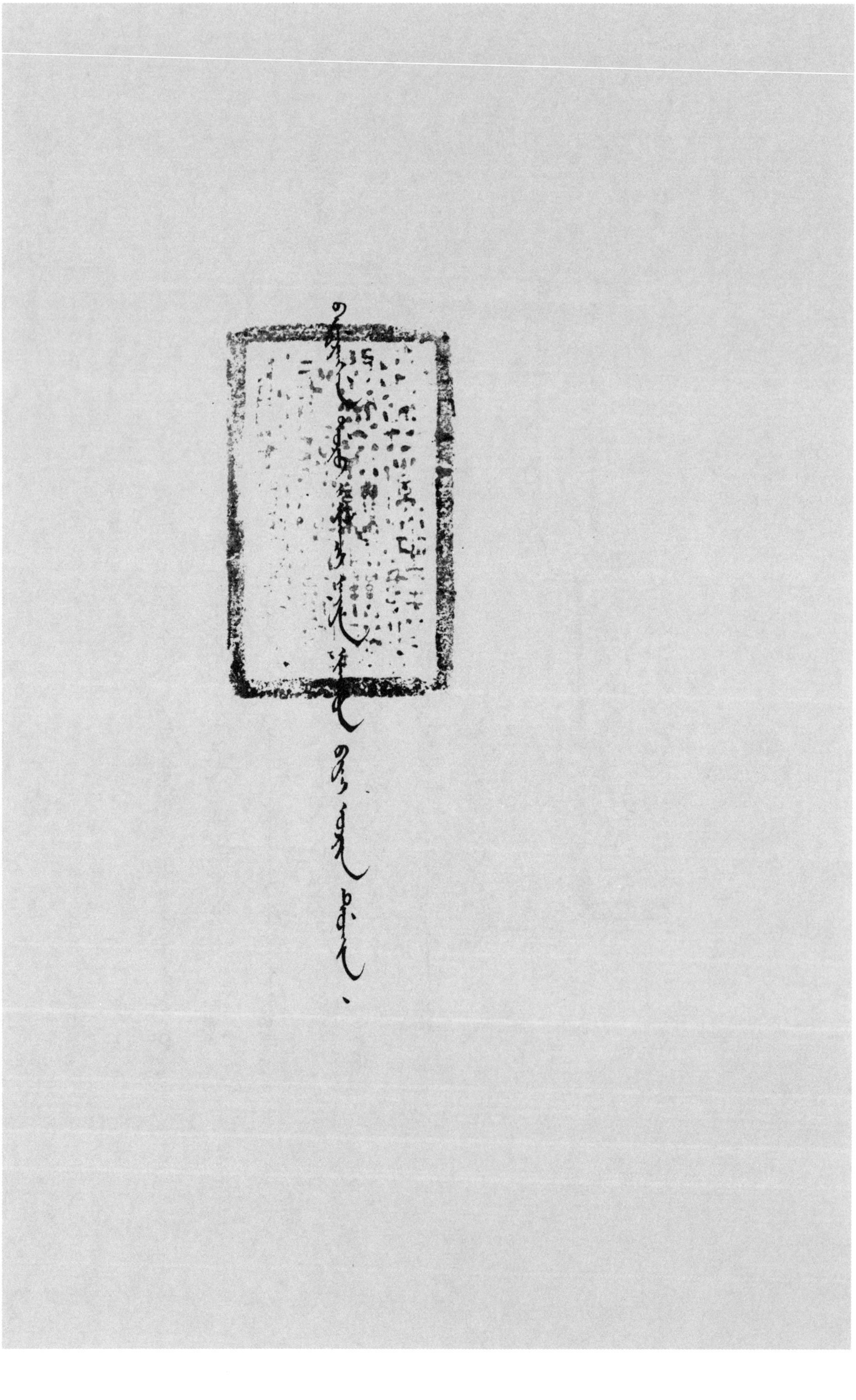

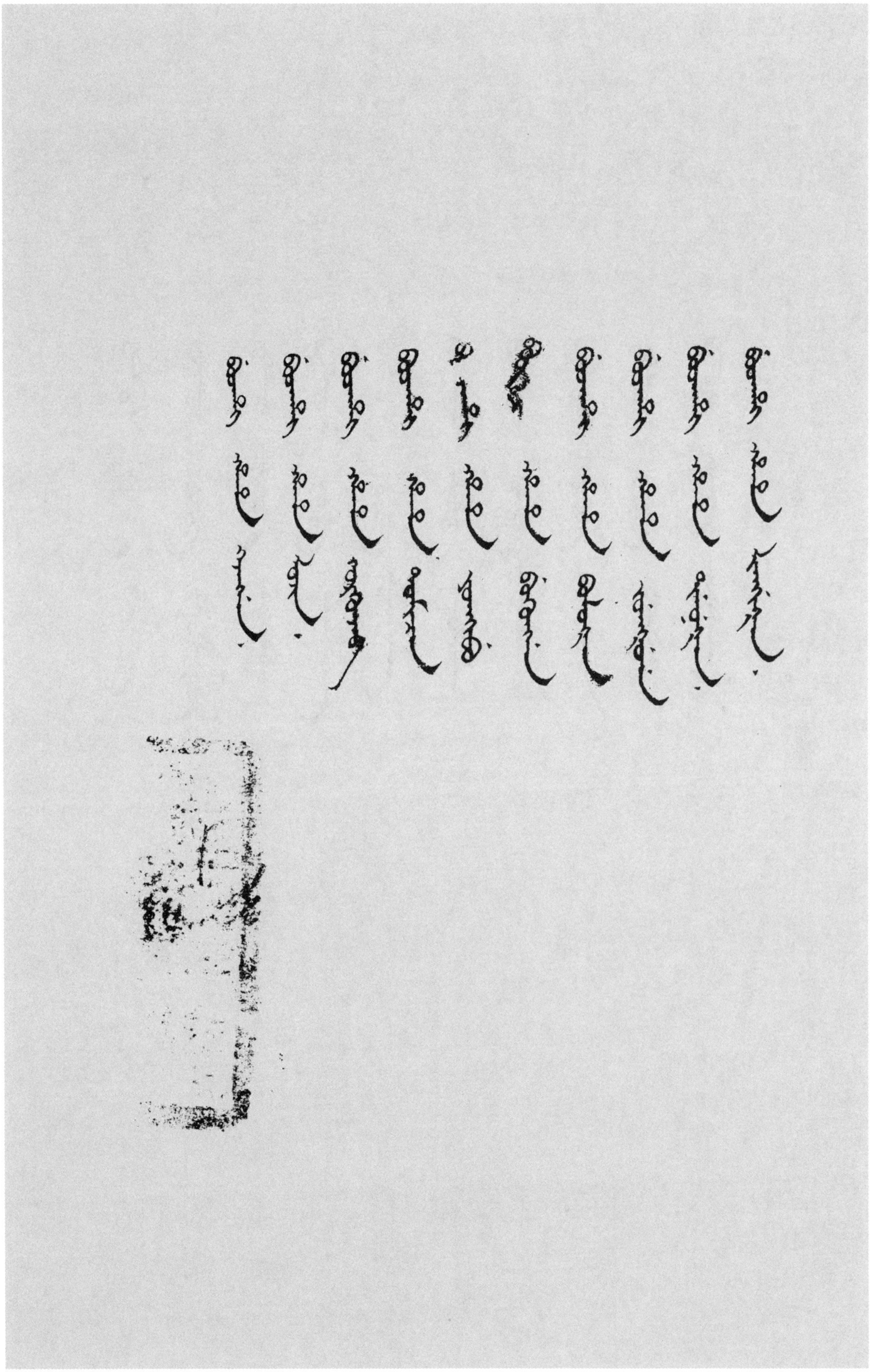

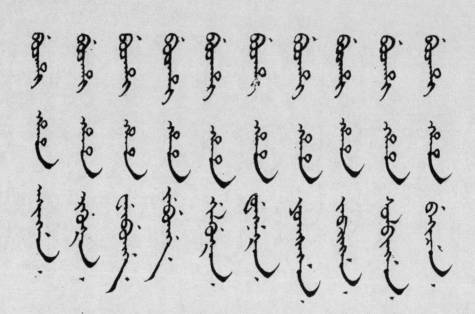

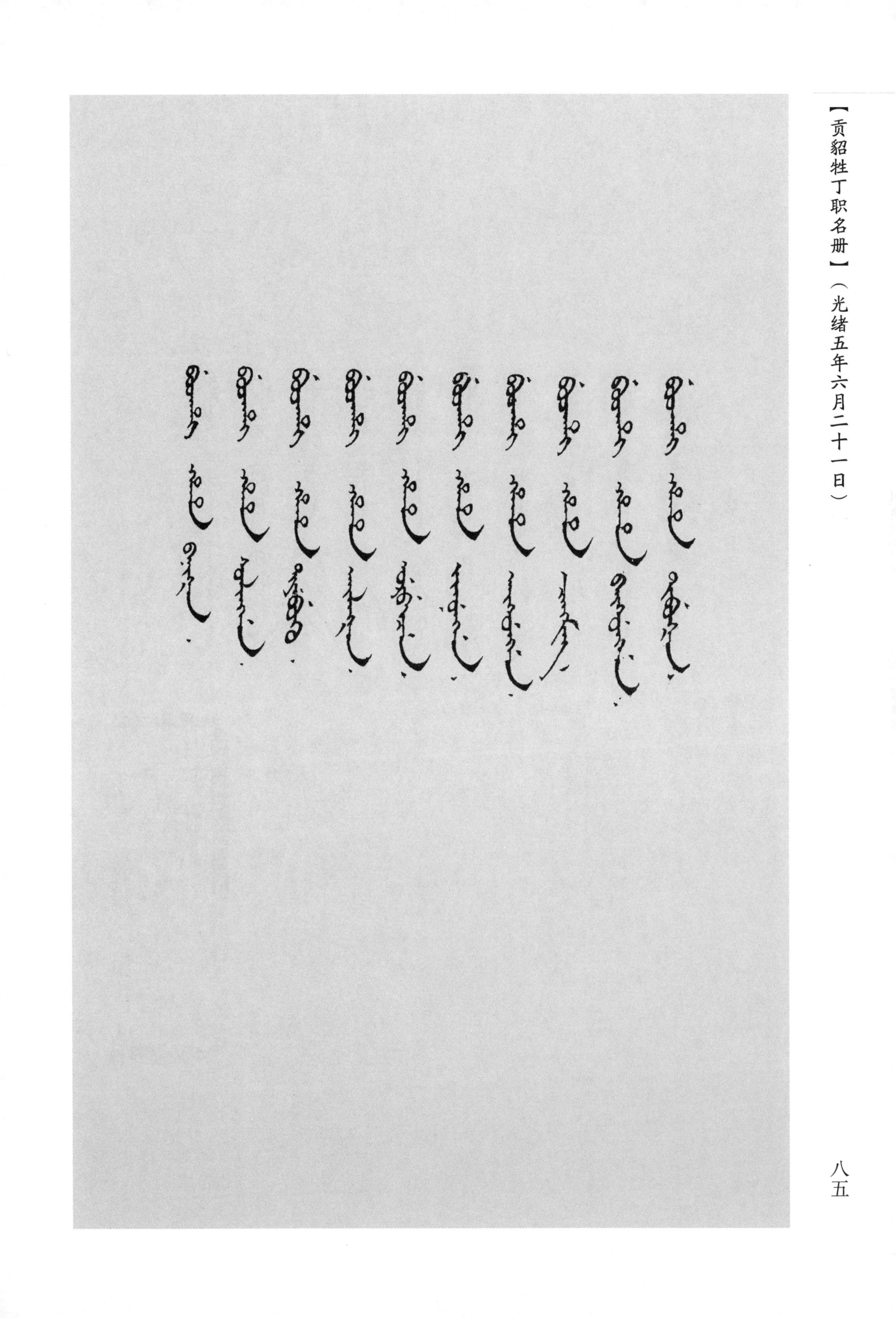

[illegible]
[illegible]
[illegible]
[illegible]
[illegible]
[illegible]
[illegible]
[illegible]
[illegible]
[illegible]

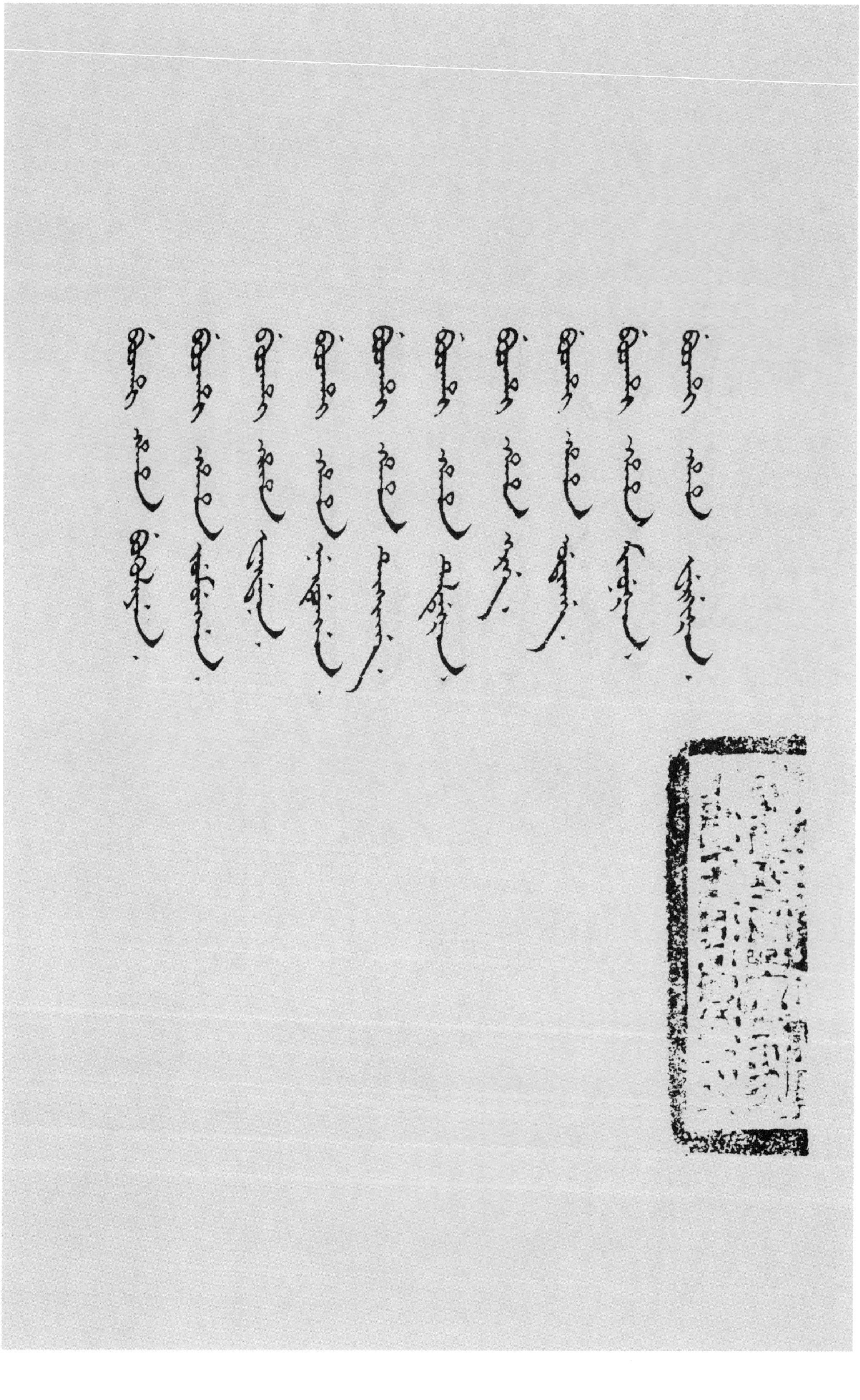

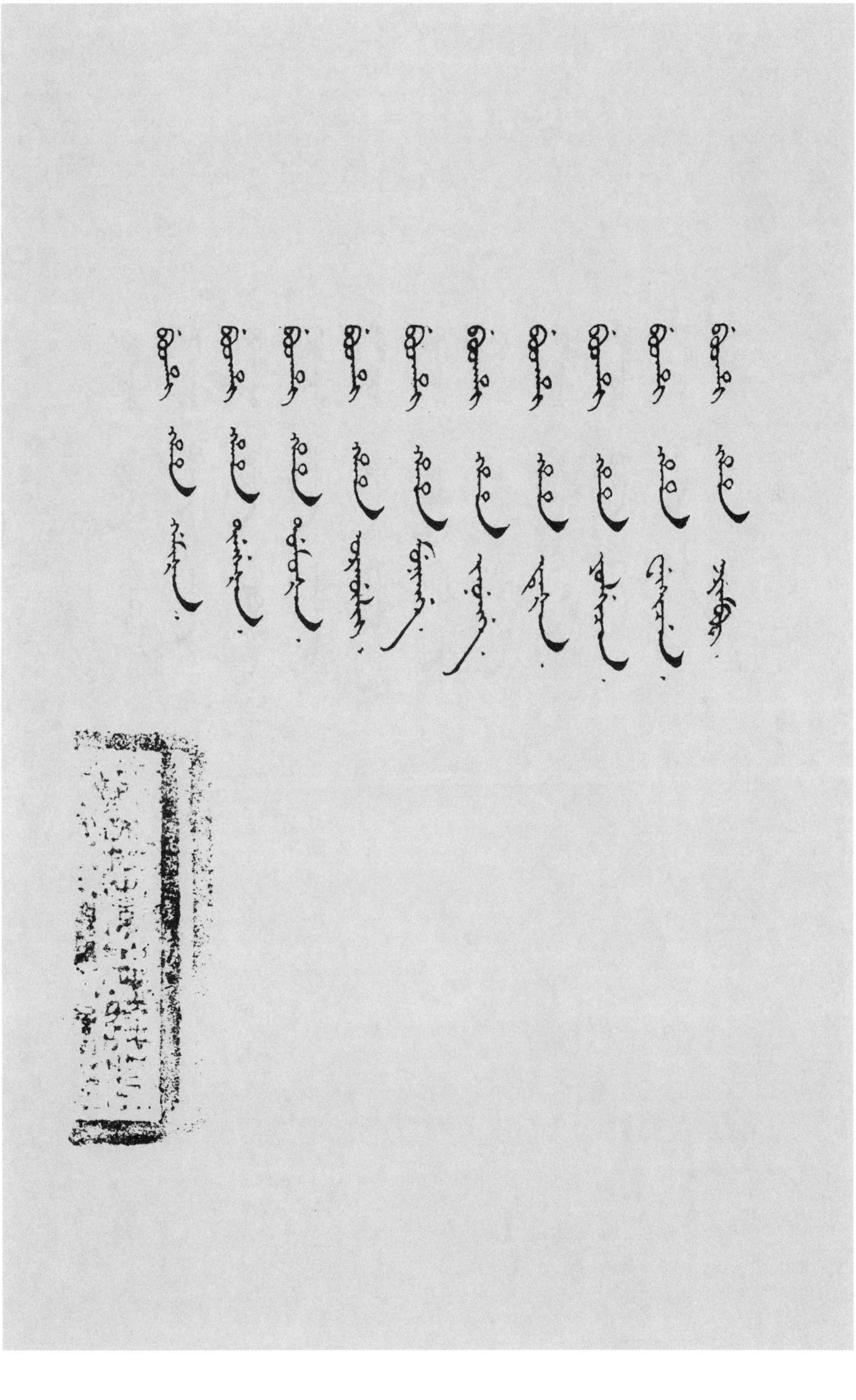

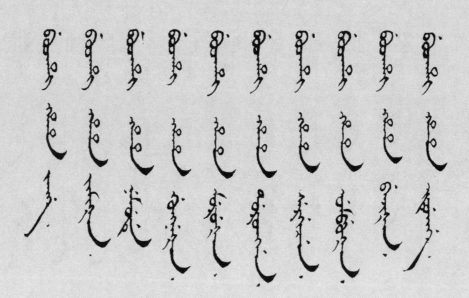

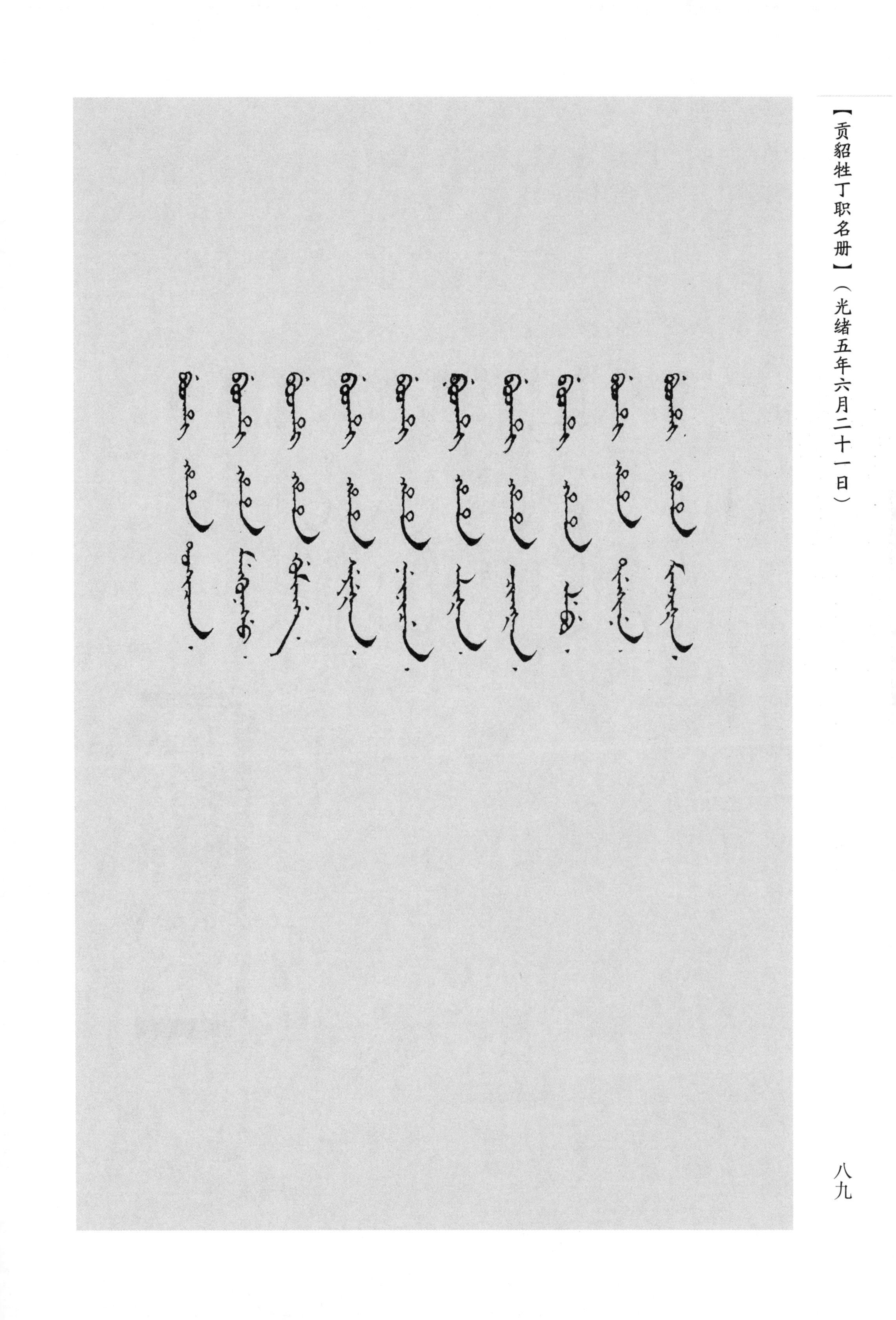

[illegible]

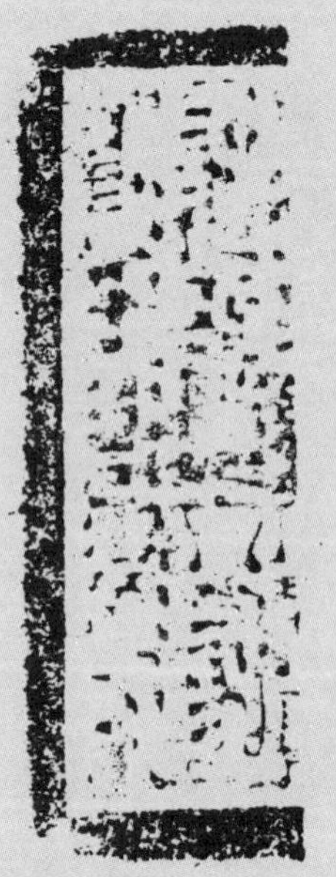

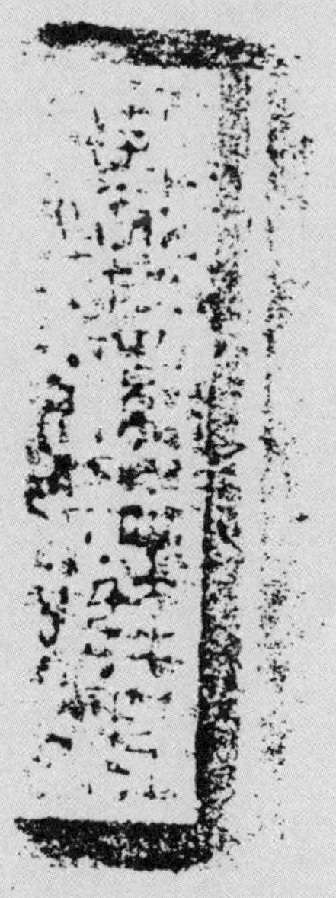

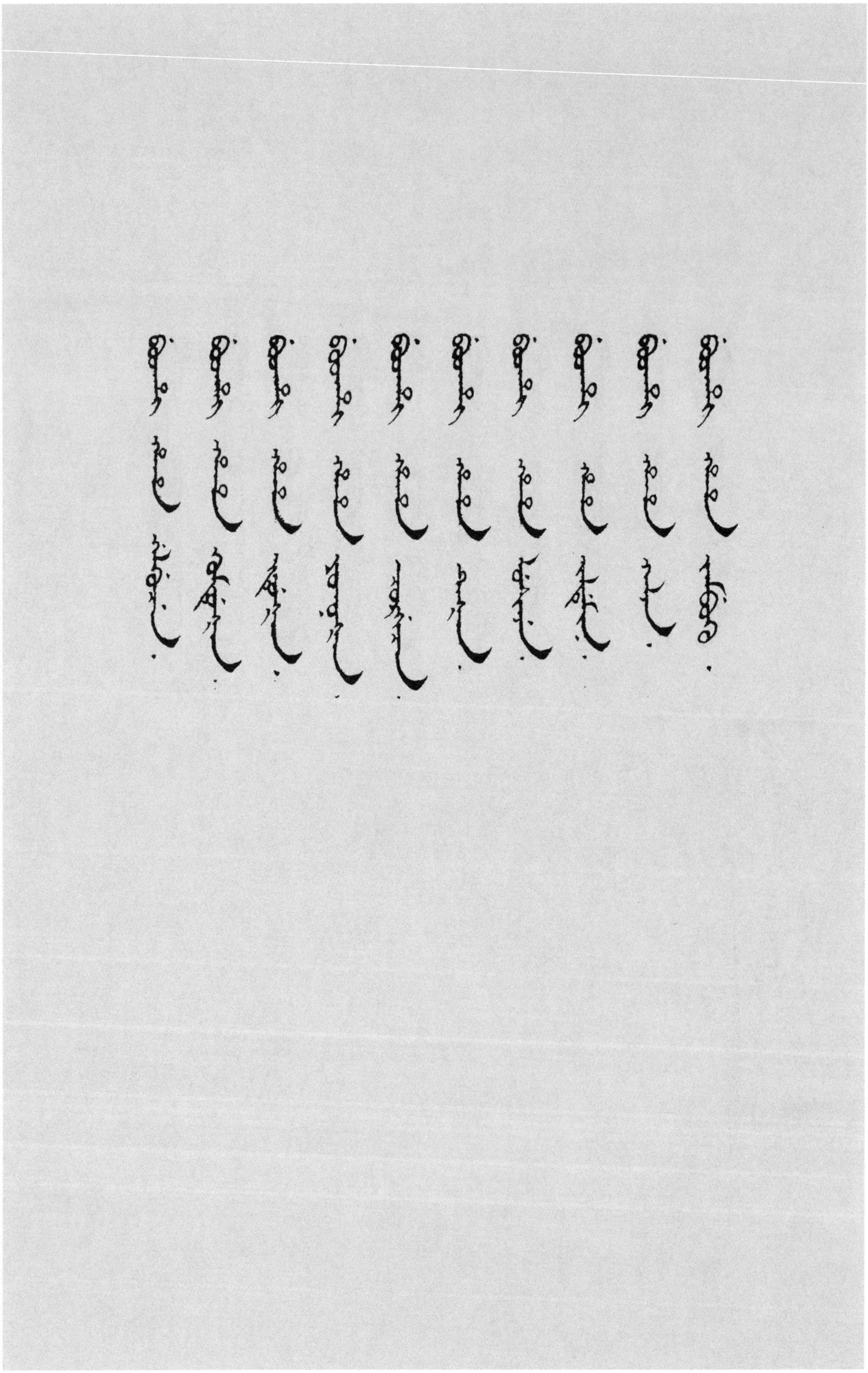

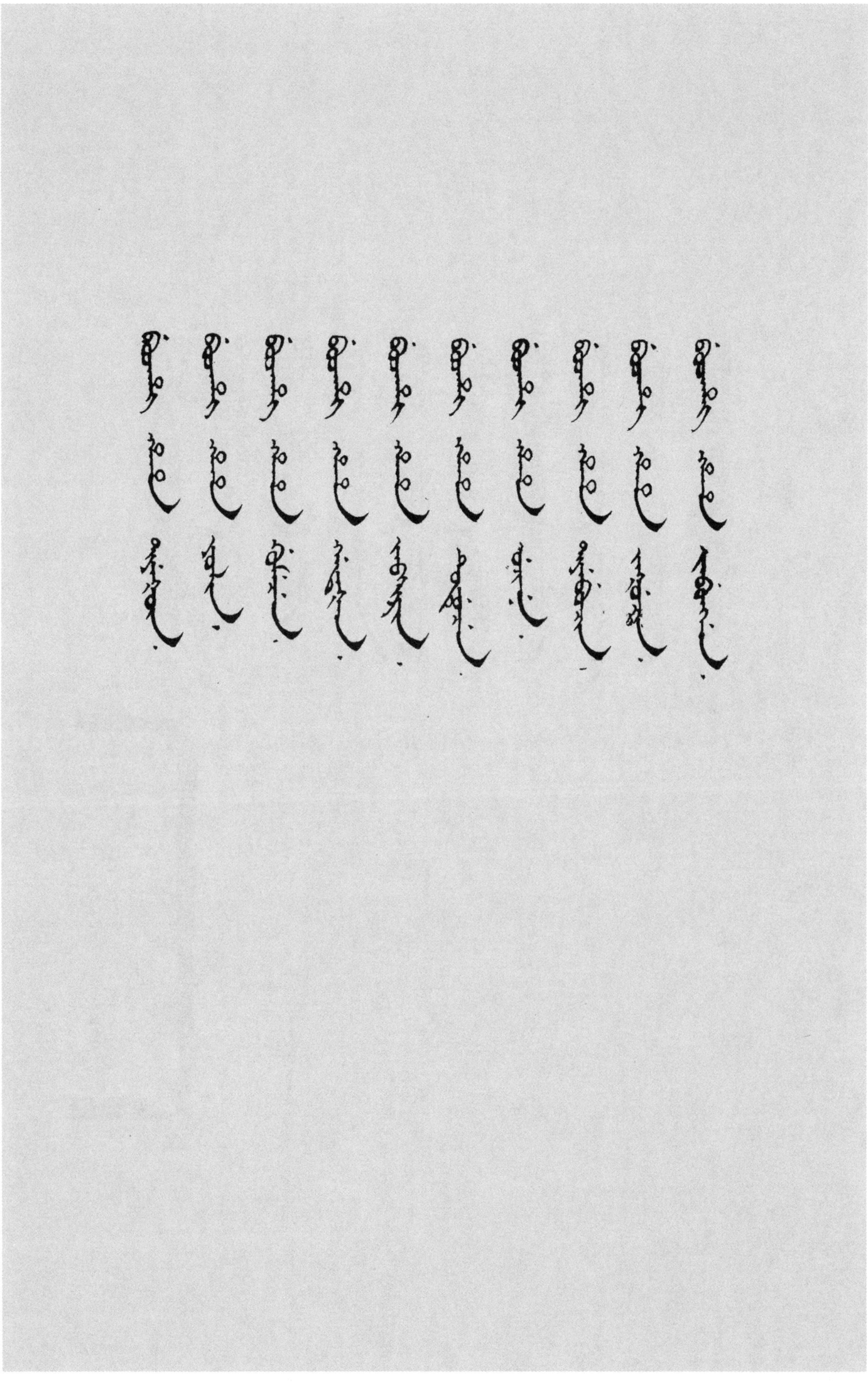

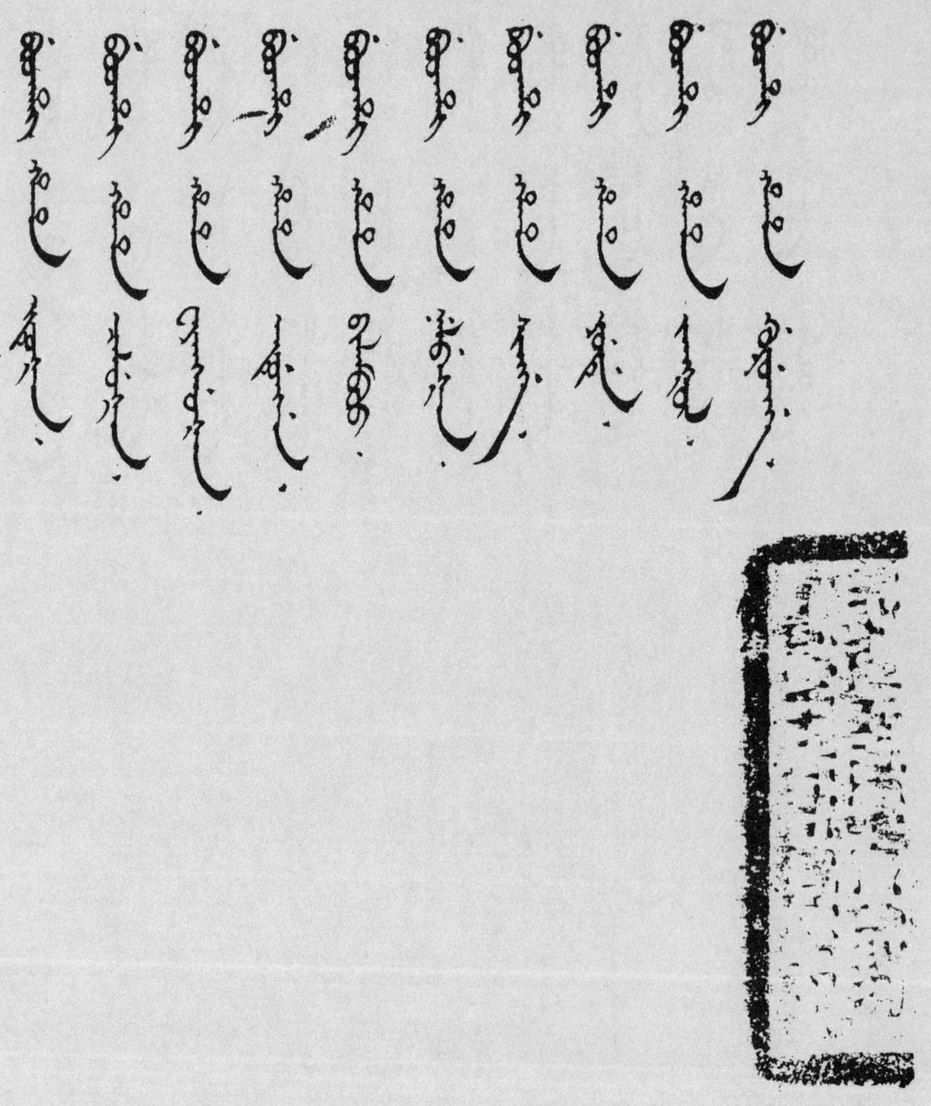

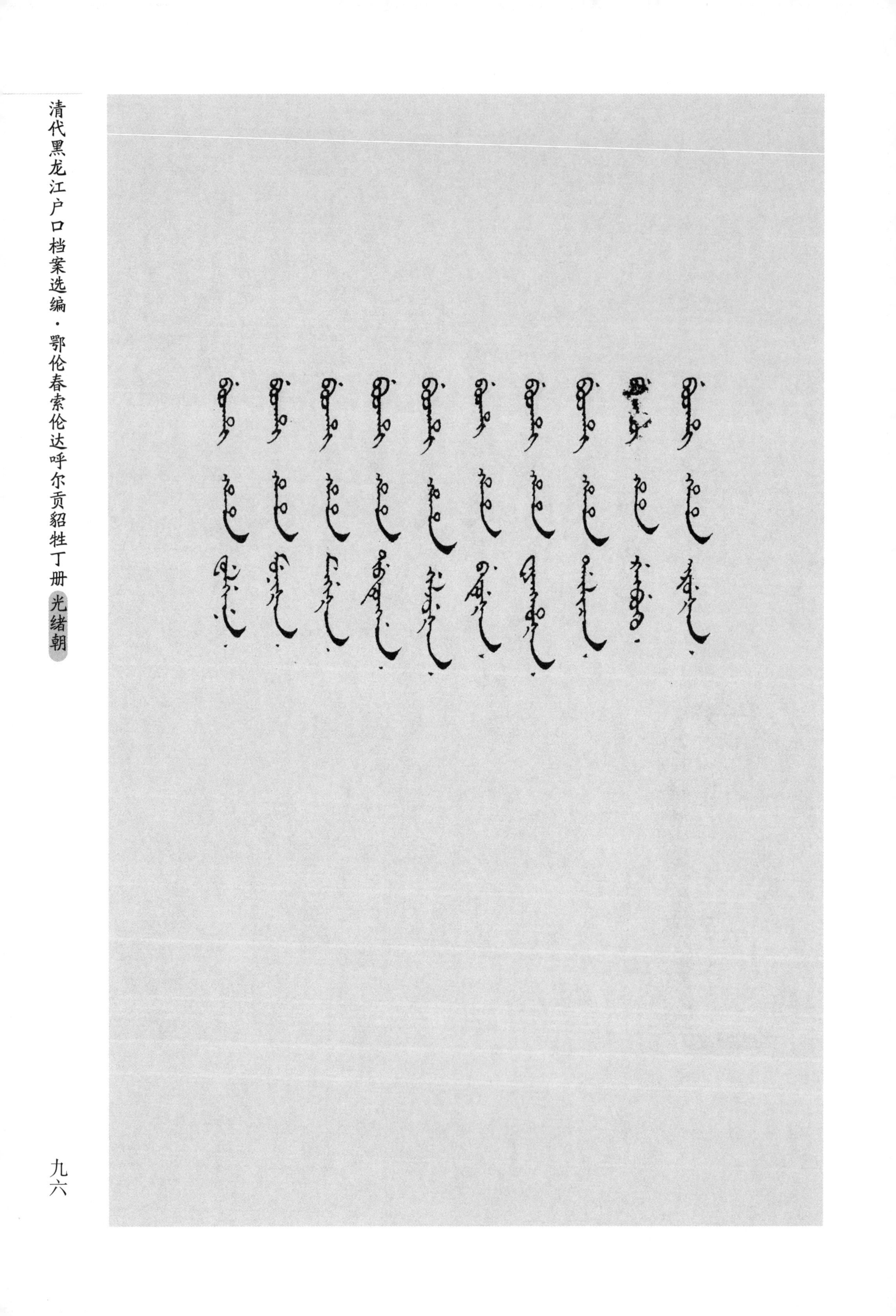

ᠪᠣᡧᠣᡴᡡ [illegible]

ᠪᠣᡧᠣᡴᡡ [illegible]

[illegible]

○ [illegible]

ᠪᠣᡳᡤᠣᠨ [illegible]

ᠪᠣᡳᡤᠣᠨ [illegible]

ᠪᠣᡳᡤᠣᠨ [illegible]

ᠪᠣᡳᡤᠣᠨ [illegible]

ᠪᠣᡳᡤᠣᠨ [illegible]

[illegible]

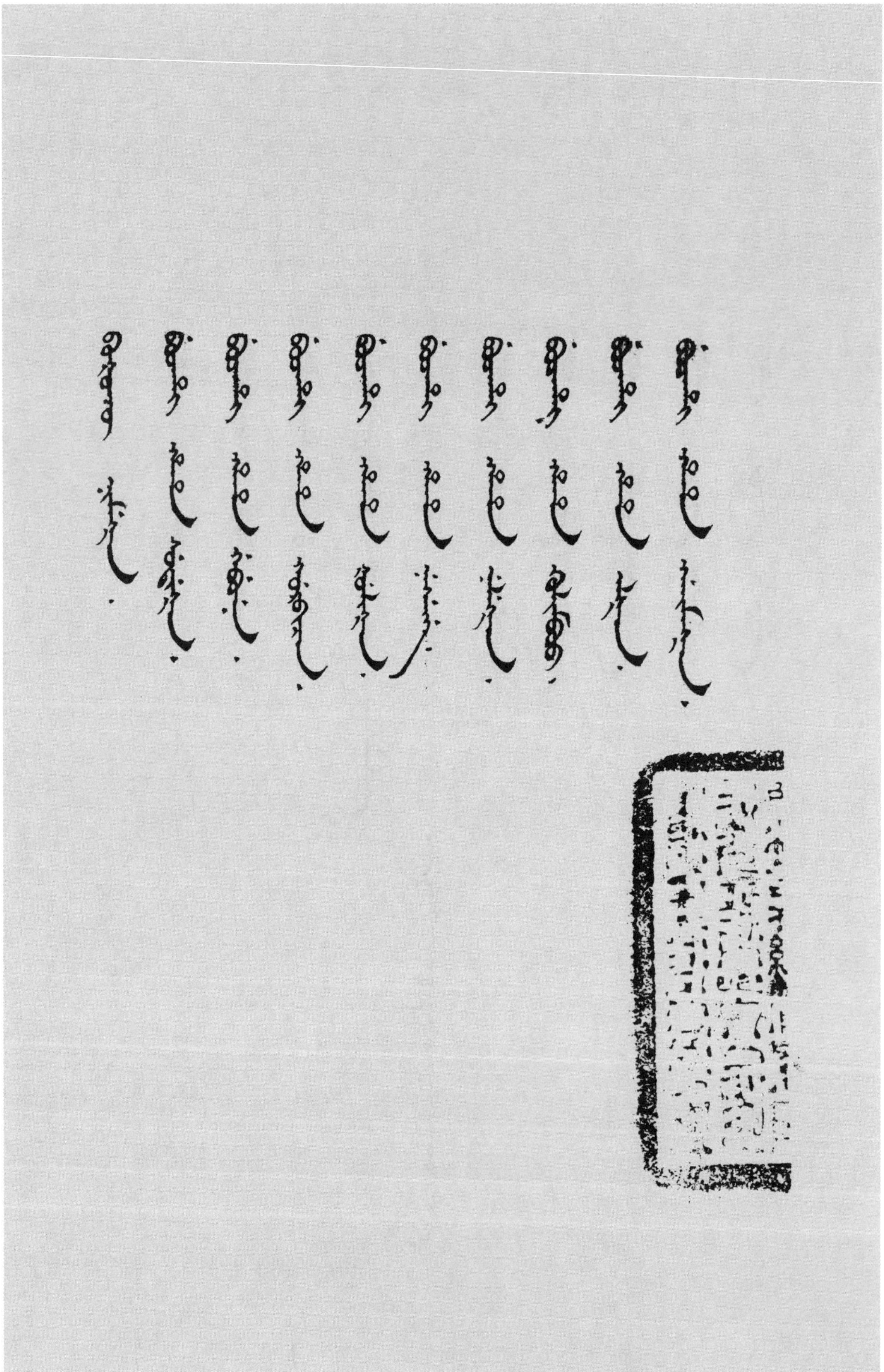

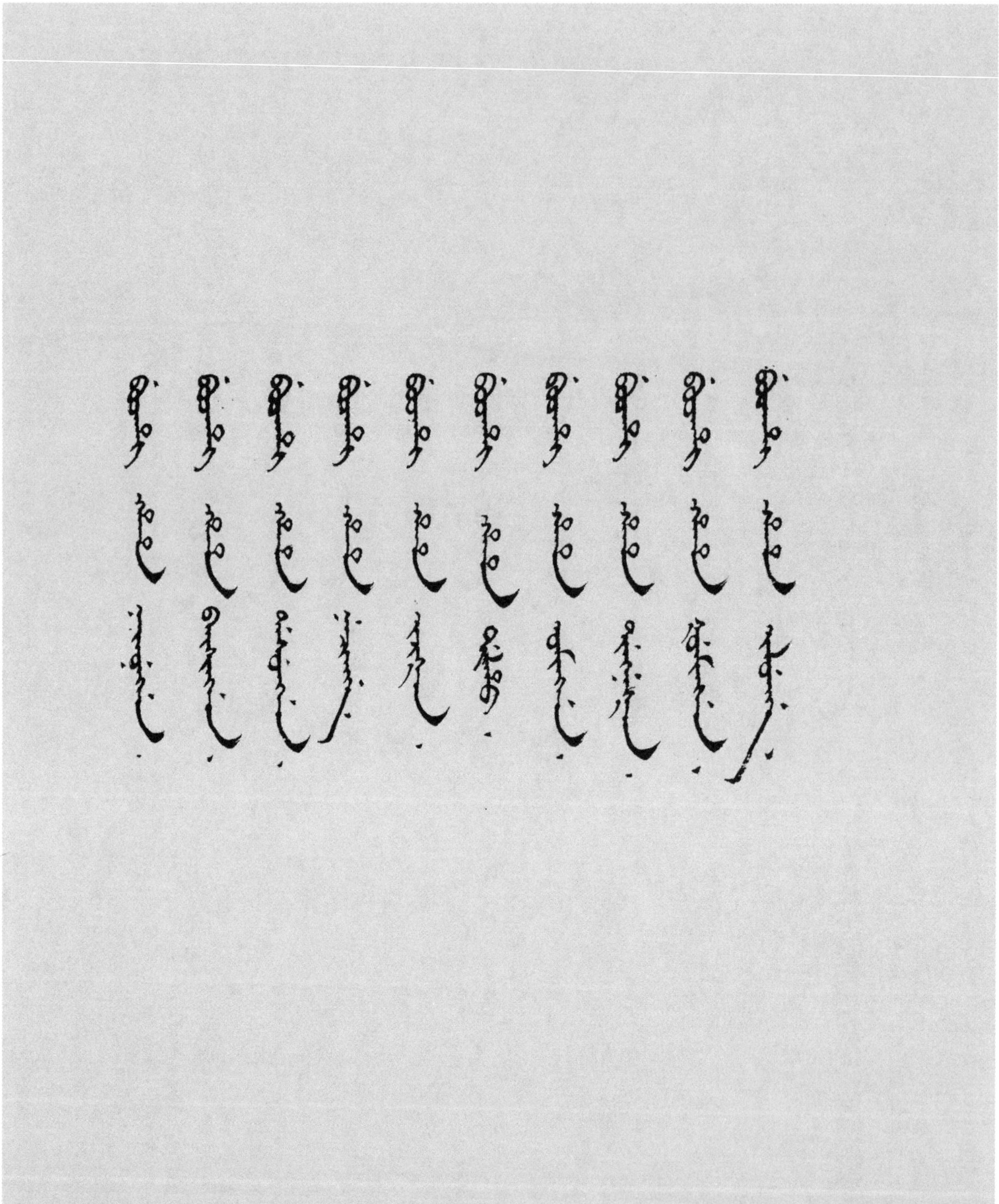

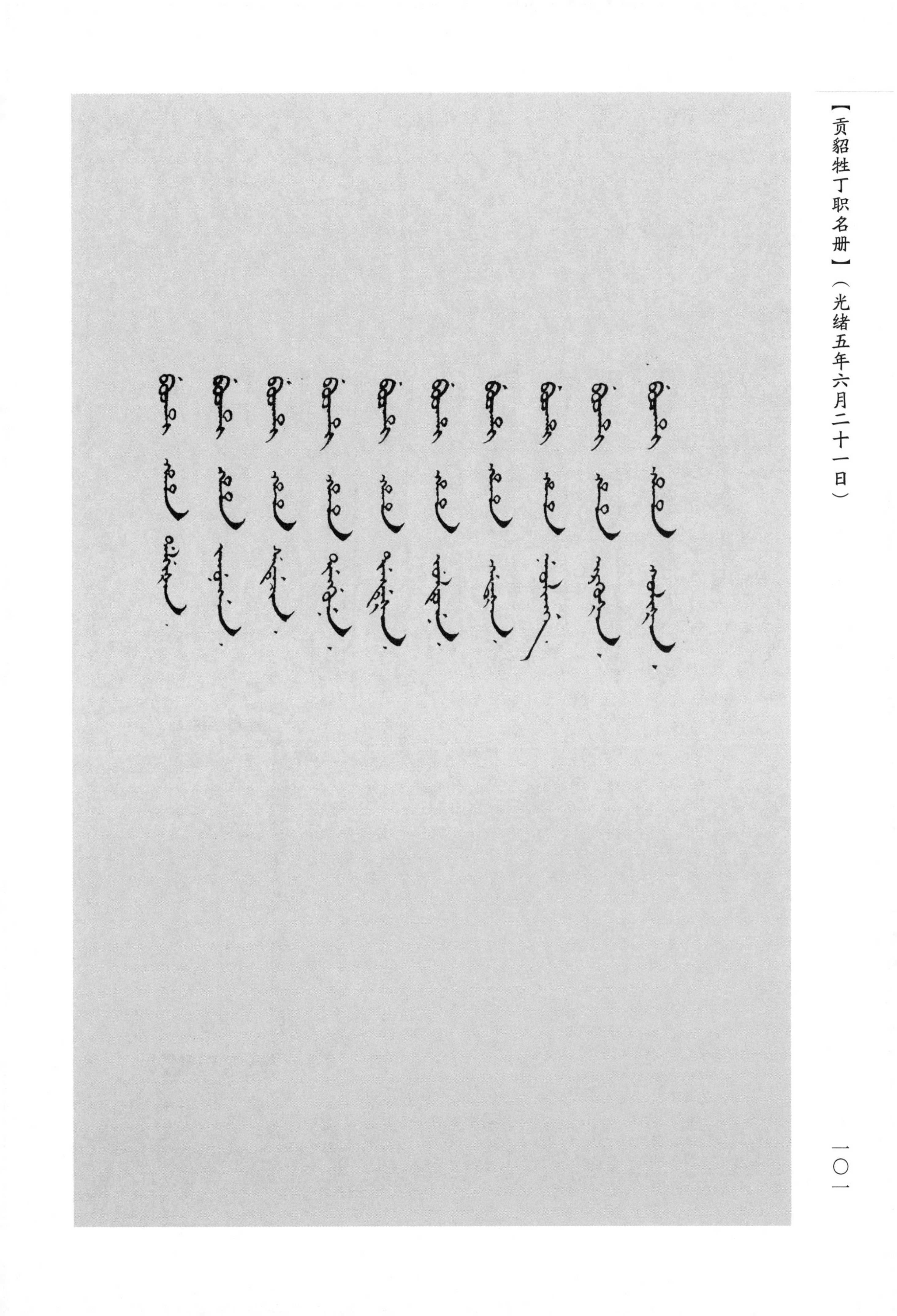

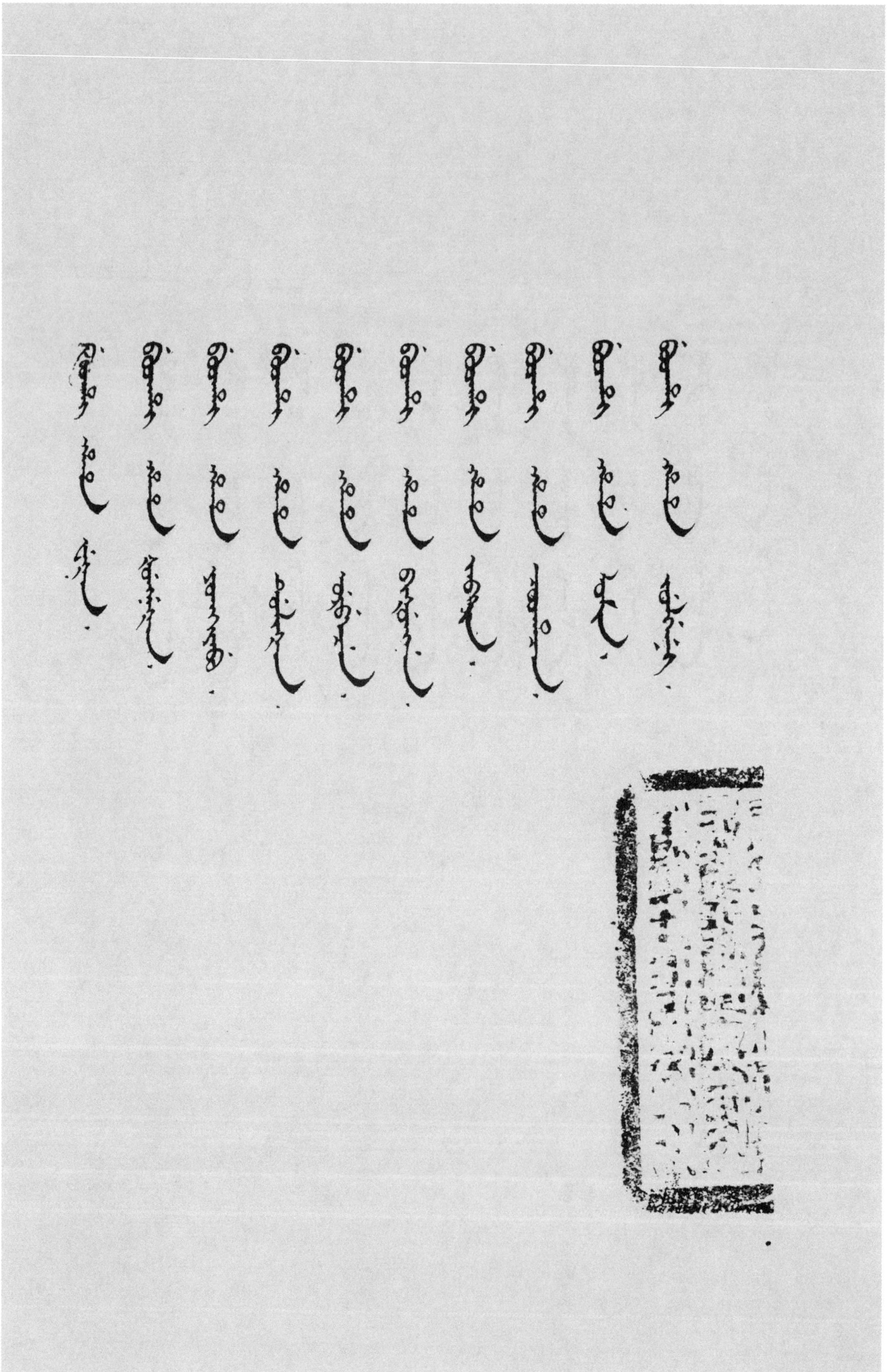

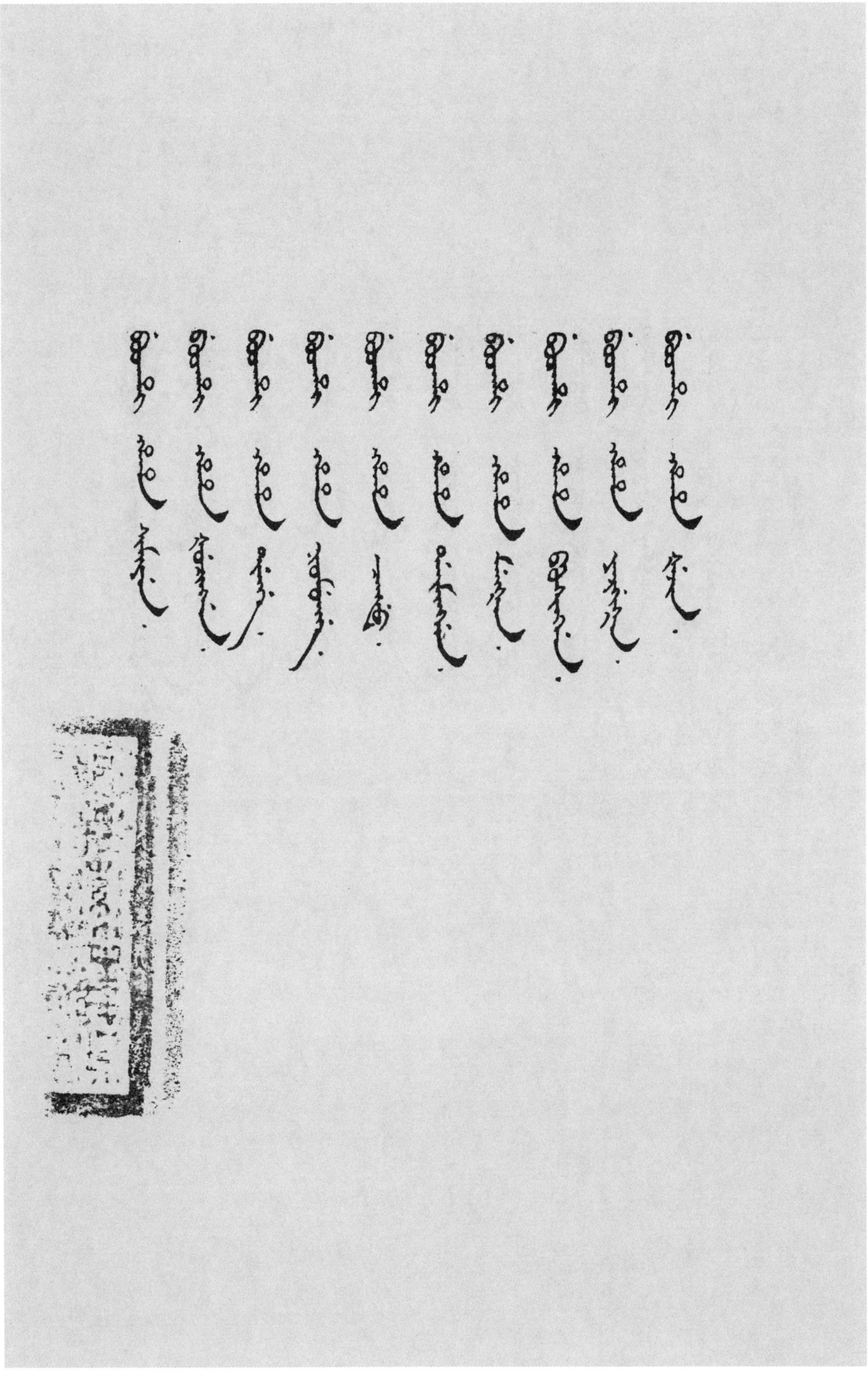

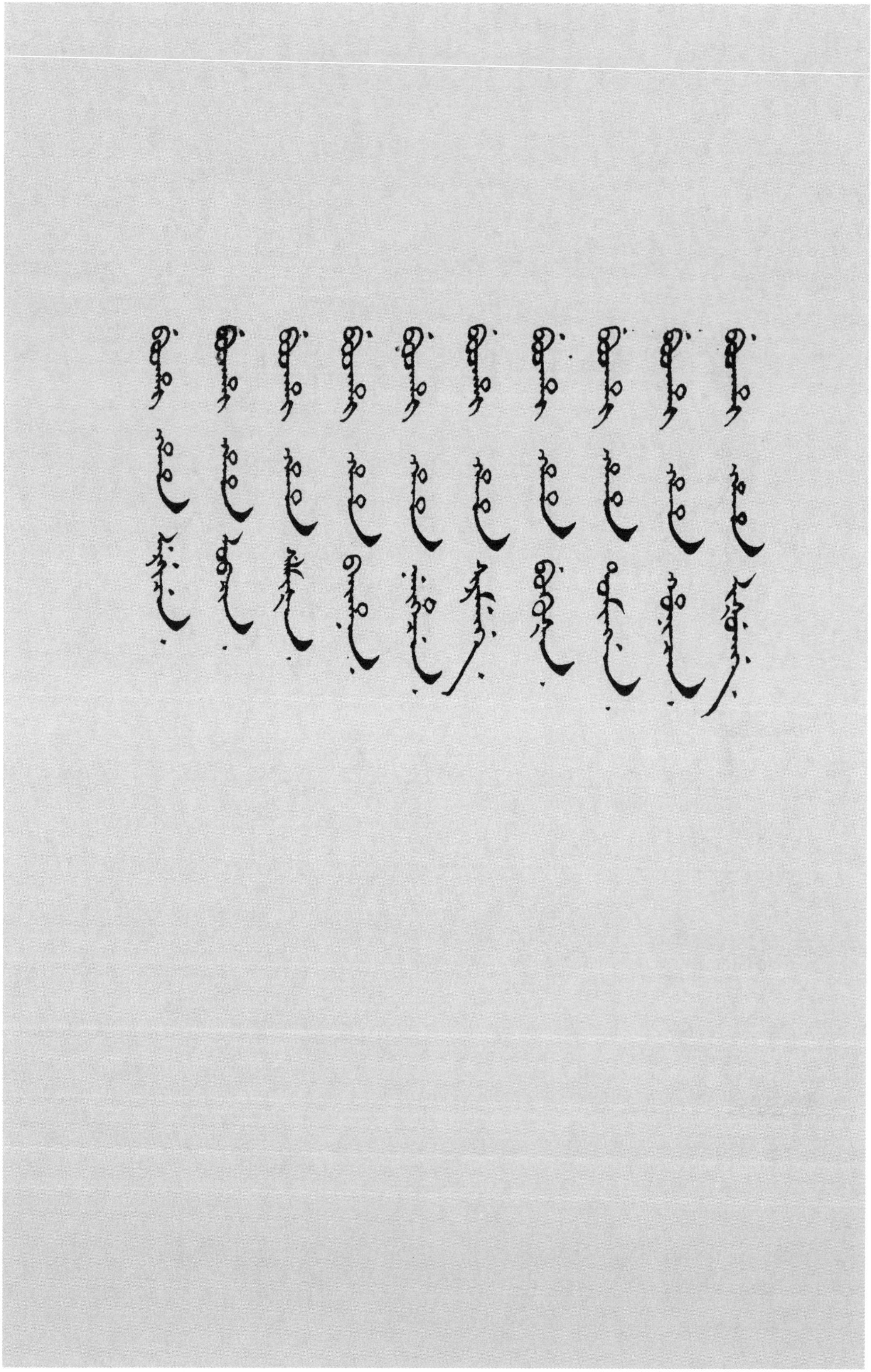

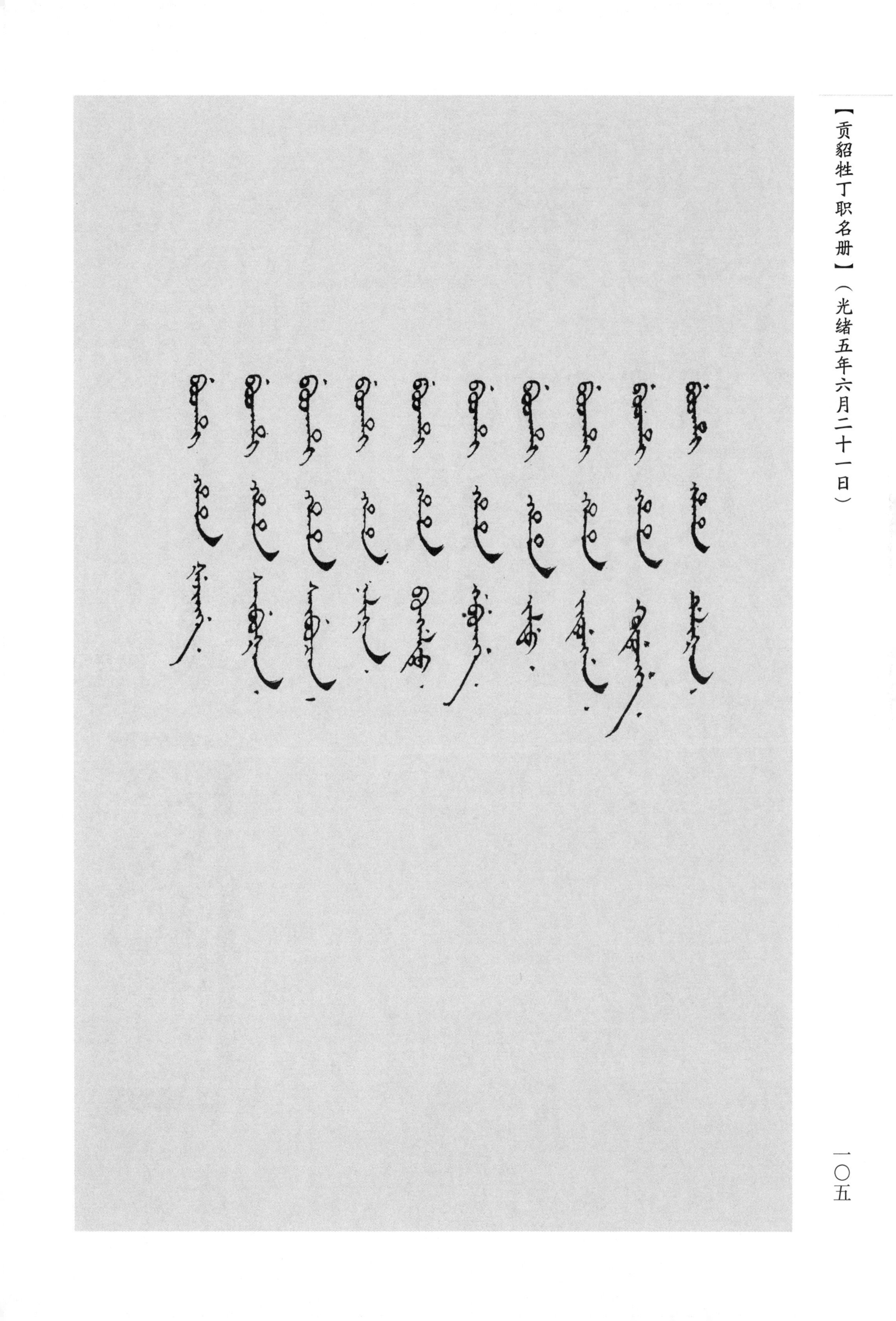

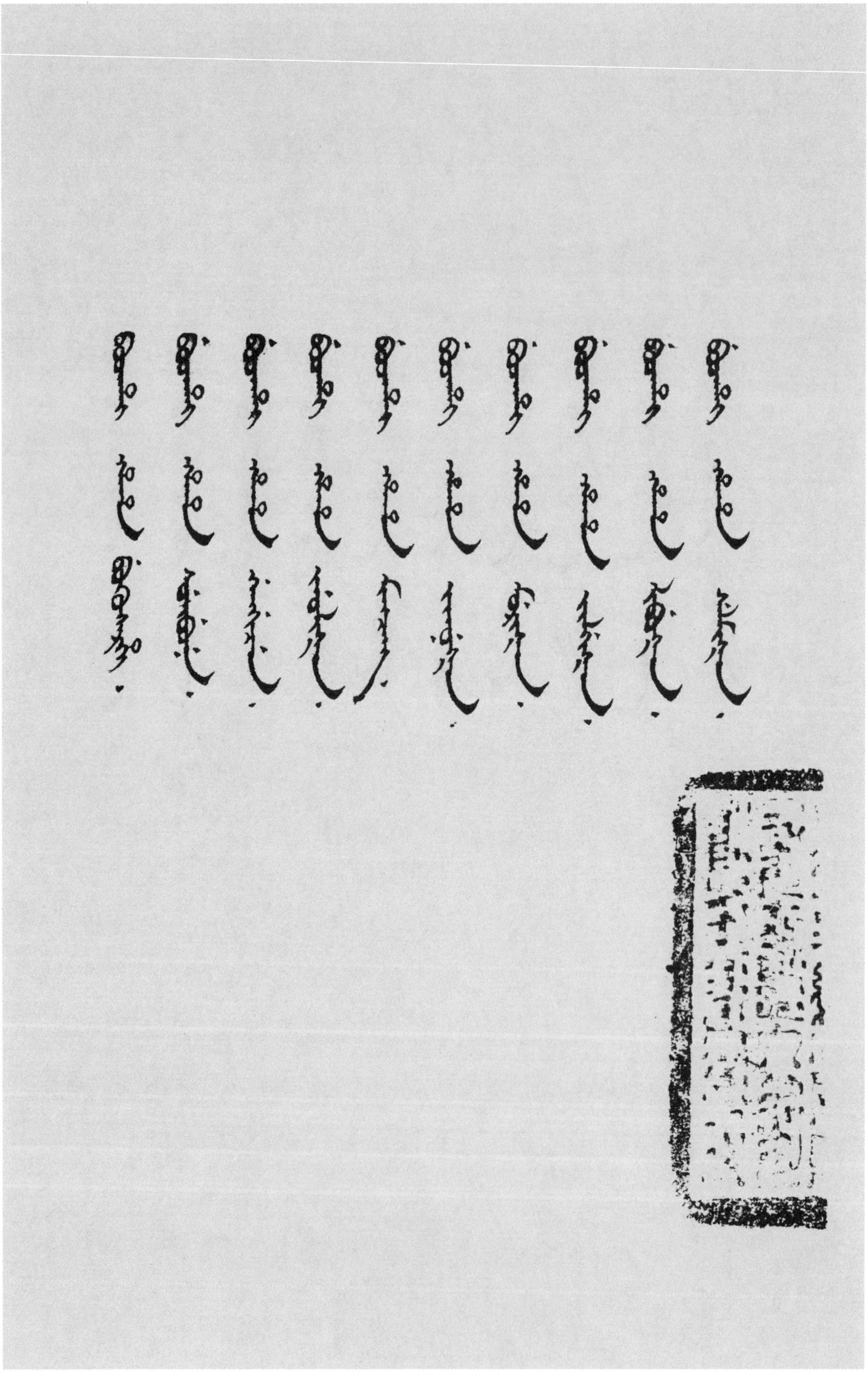

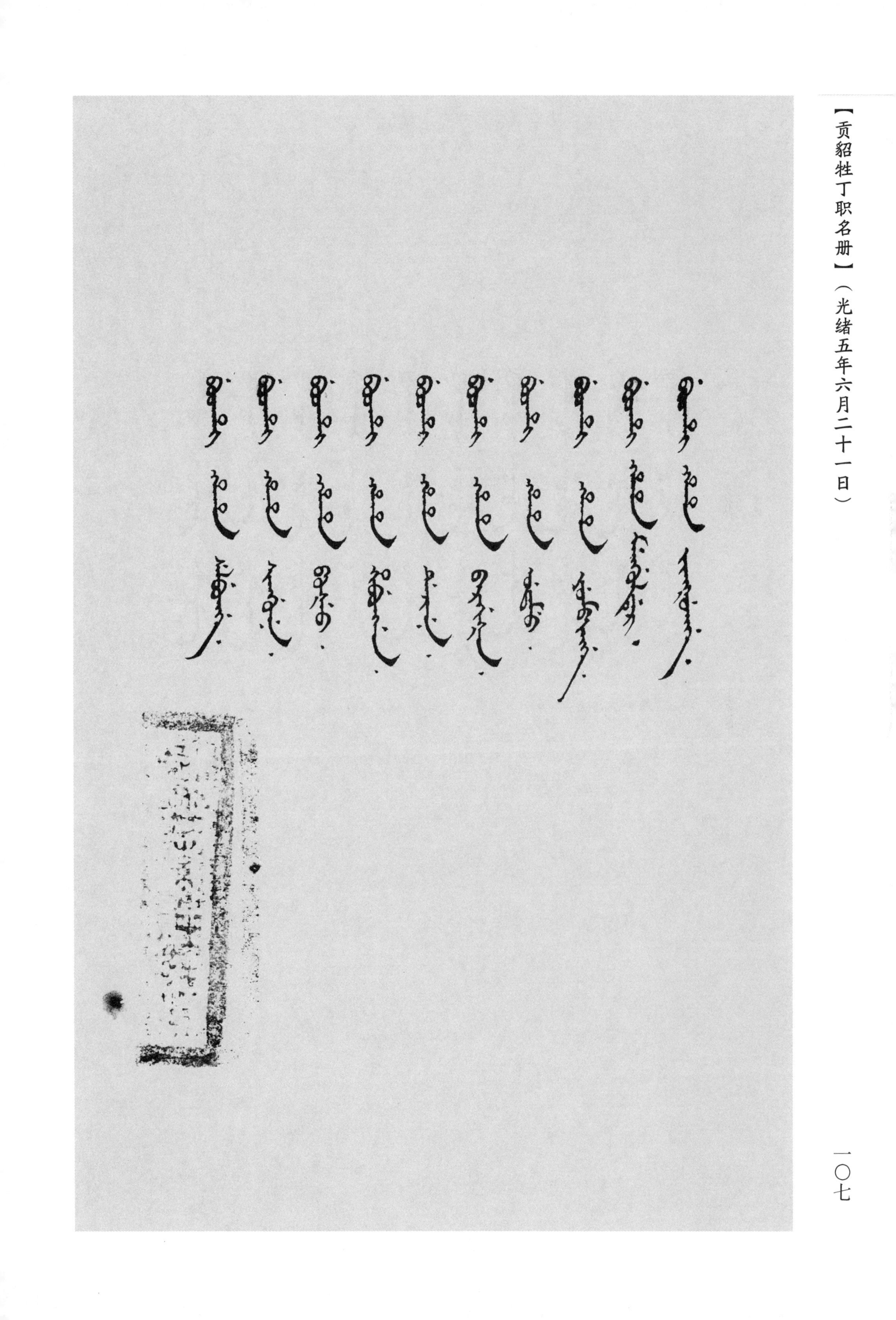

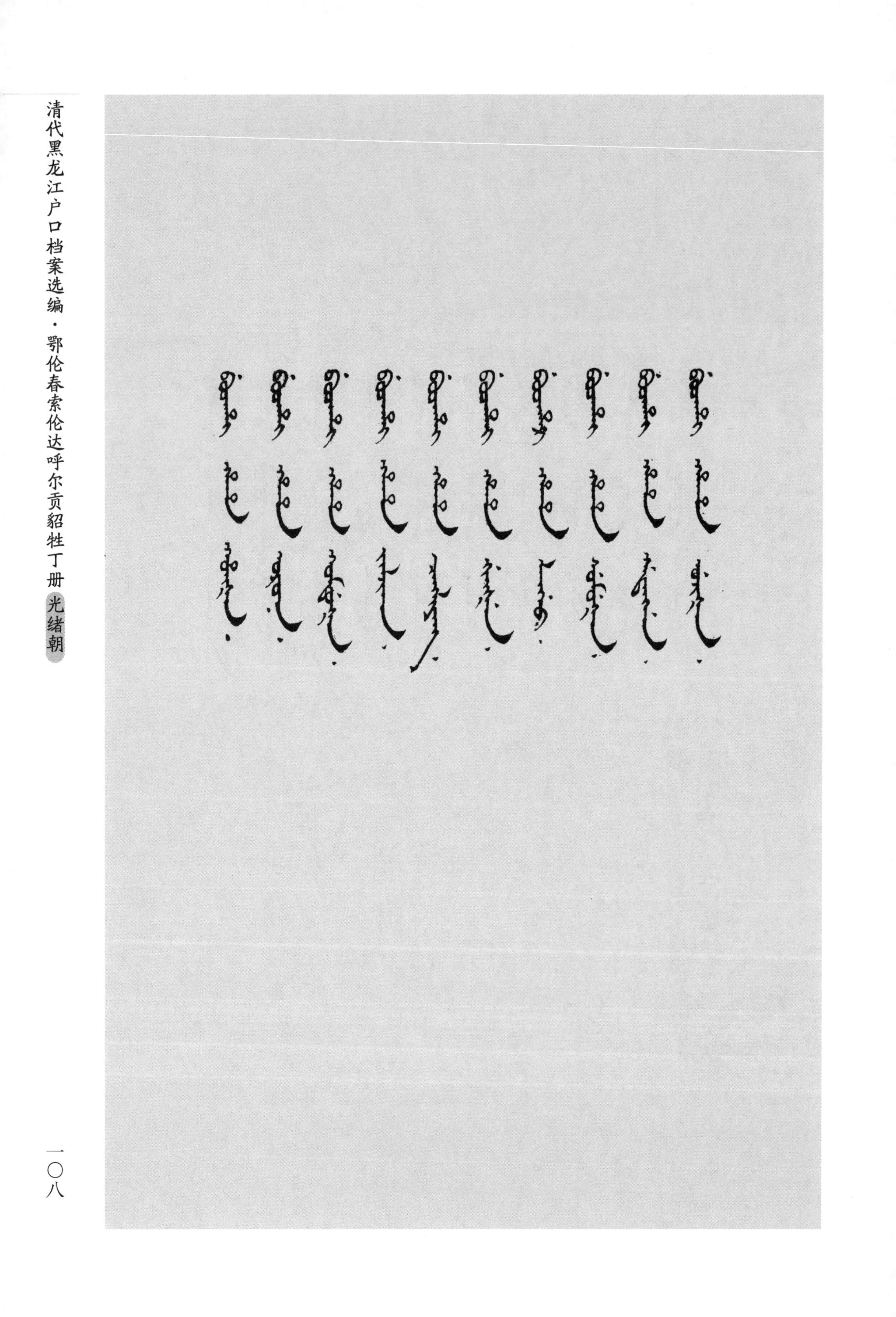

ᠪᠣᡧᠣᡴᡡ ᠪᡝᠯᡝ ᠰᡳᠪᠣᡥᠣ᠉

ᠪᠣᡧᠣᡴᡡ ᠪᡝᠯᡝ ᡩᡝᠪᠣᡥᠣ᠉

ᠪᠣᡧᠣᡴᡡ ᠪᡝᠯᡝ ᠰᠠᡳᠮᠪᡠ᠉

ᠪᠣᡧᠣᡴᡡ ᠪᡝᠯᡝ ᡤᡳᠩᡤᡠᠯᡝ᠉

ᠪᠣᡧᠣᡴᡡ ᠪᡝᠯᡝ ᡩᡝᡵᡤᡳ᠉

ᠪᠣᡧᠣᠮᠪᡠ ᠰᡳᠨᠵᡳᡵᡝ᠉

ᠪᠣᡧᠣᠮᠪᡠ ᡨᡠᠸᠠᠰᡳᡵᡝ᠉

○ ᡤᡳᠰᠠᡵᠠ ᡩᡝᡵᡤᡳ ᡩᡝᡵᡤᡳ ᡳᠯᡳᡵᡝ ᡤᡳᠰᠠᡵᠠ᠉

ᠪᠣᡧᠣᡴᡡ ᠪᡝᠯᡝ ᠪᠠᡳᡵᡝ᠉

ᡨᡝ ᡩᡝᡵᡤᡳ ᠪᡝᠯᡝ ᠪᠣᠣᡳᡥᠣᠨ ᠪᡝᡳᡤᡝ᠉

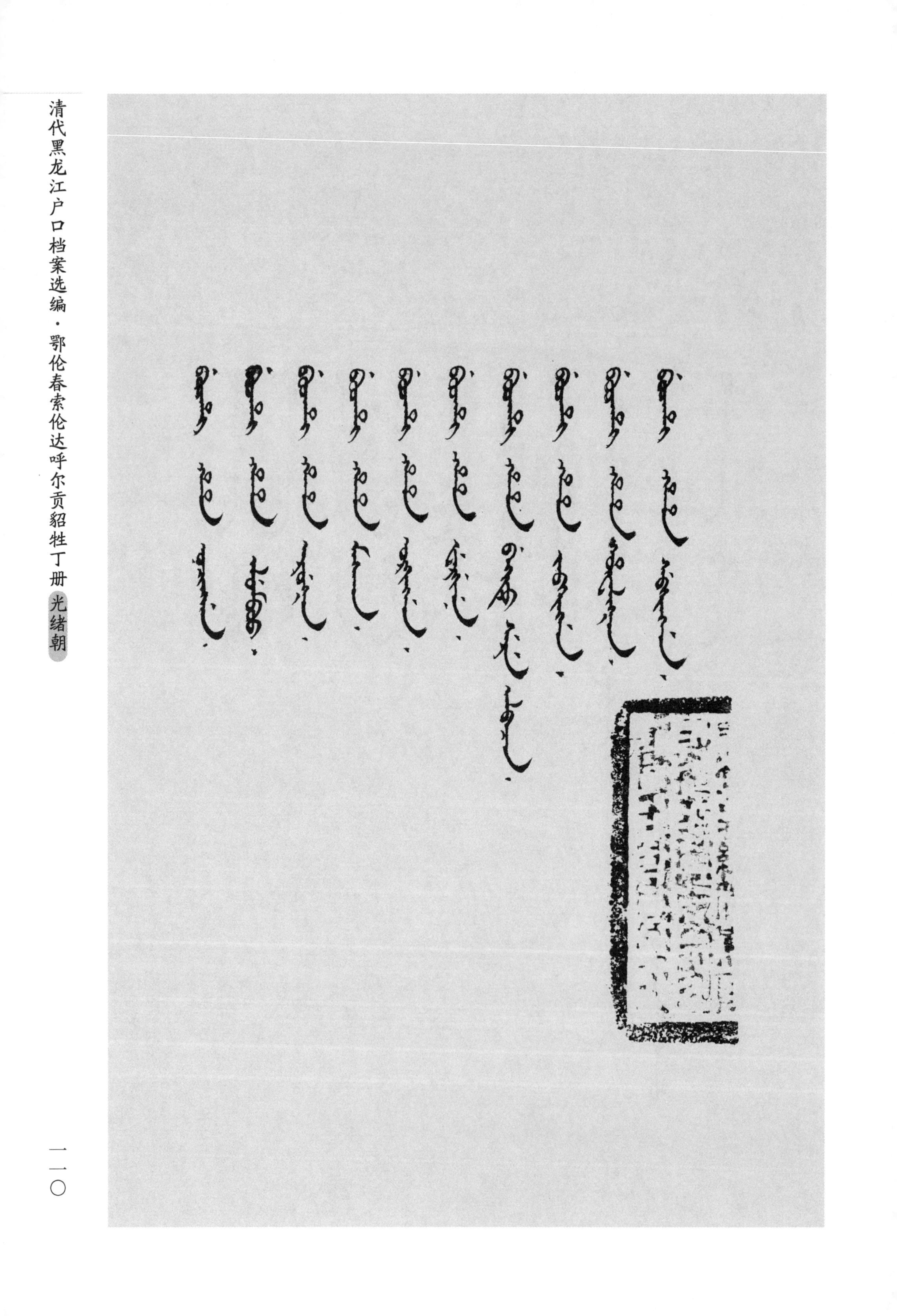

[illegible]
[illegible]
[illegible]
[illegible]
[illegible]
[illegible]
[illegible]
[illegible]
[illegible]
[illegible]

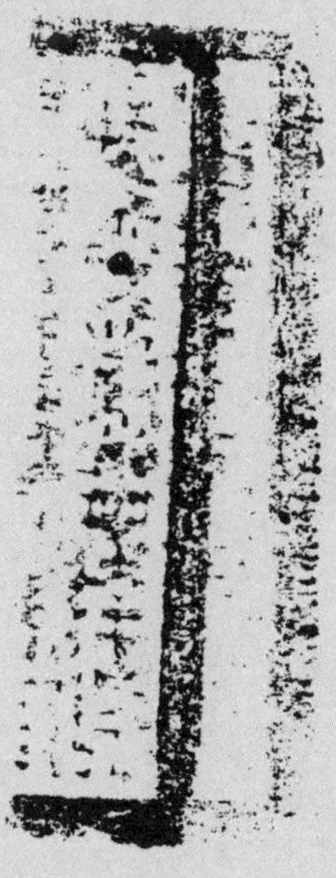

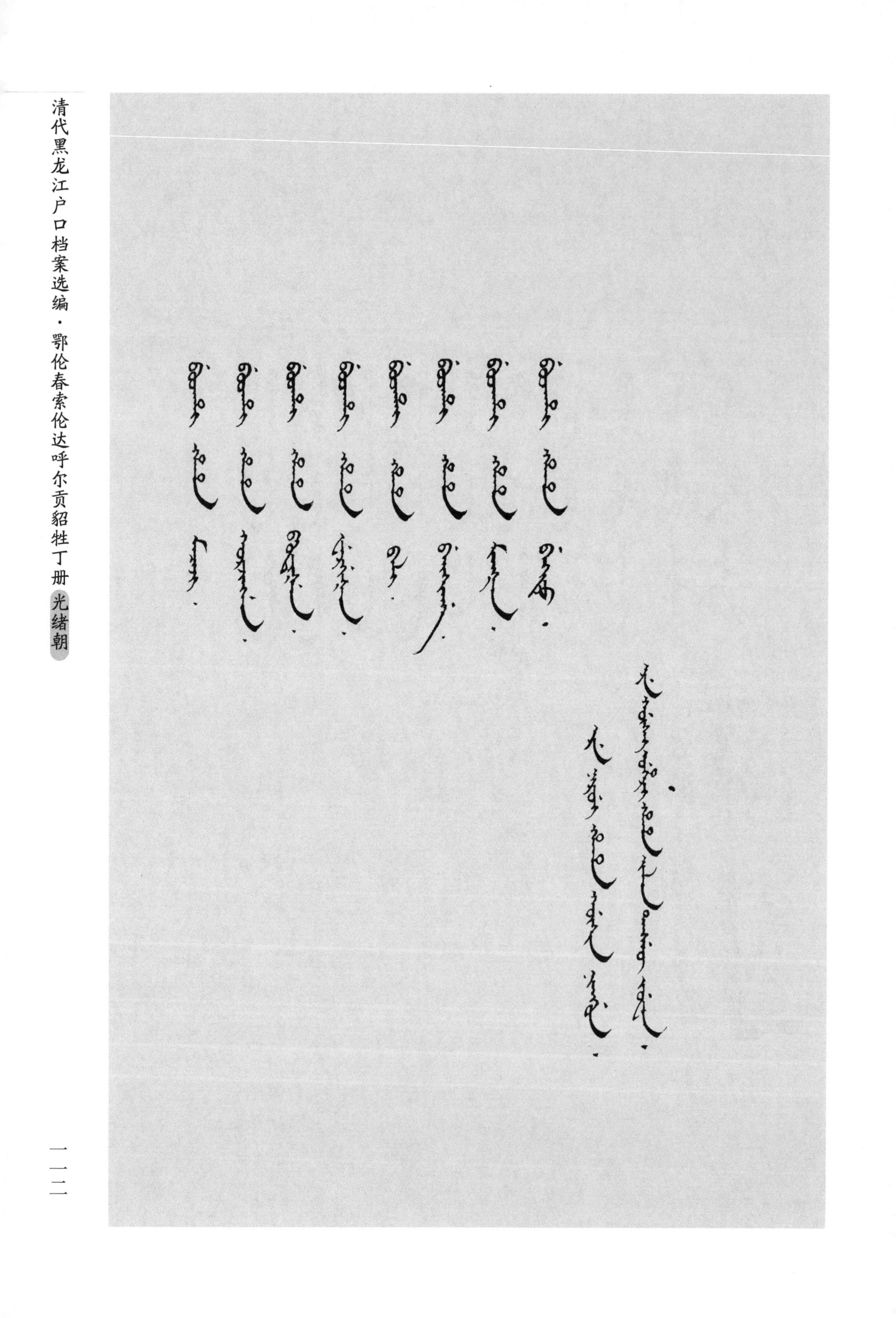

ᠪᠣᡧᠣᡴᡡ [illegible] [illegible]

ᠪᠣᡧᠣᡴᡡ [illegible] [illegible]

ᠪᠣᡧᠣᡴᡡ [illegible] [illegible]

ᠪᠣᡧᠣᡴᡡ [illegible] [illegible]

ᠪᠣᡧᠣᡴᡡ [illegible] [illegible]

ᠪᡳᡨᡥᡝᠰᡳ [illegible]

ᠪᡳᡨᡥᡝᠰᡳ [illegible]

ᠪᡳᡨᡥᡝᠰᡳ [illegible]

○ [illegible] [illegible] [illegible] ᠪᡳᡨᡥᡝᠰᡳ [illegible]

[illegible] [illegible] [illegible]

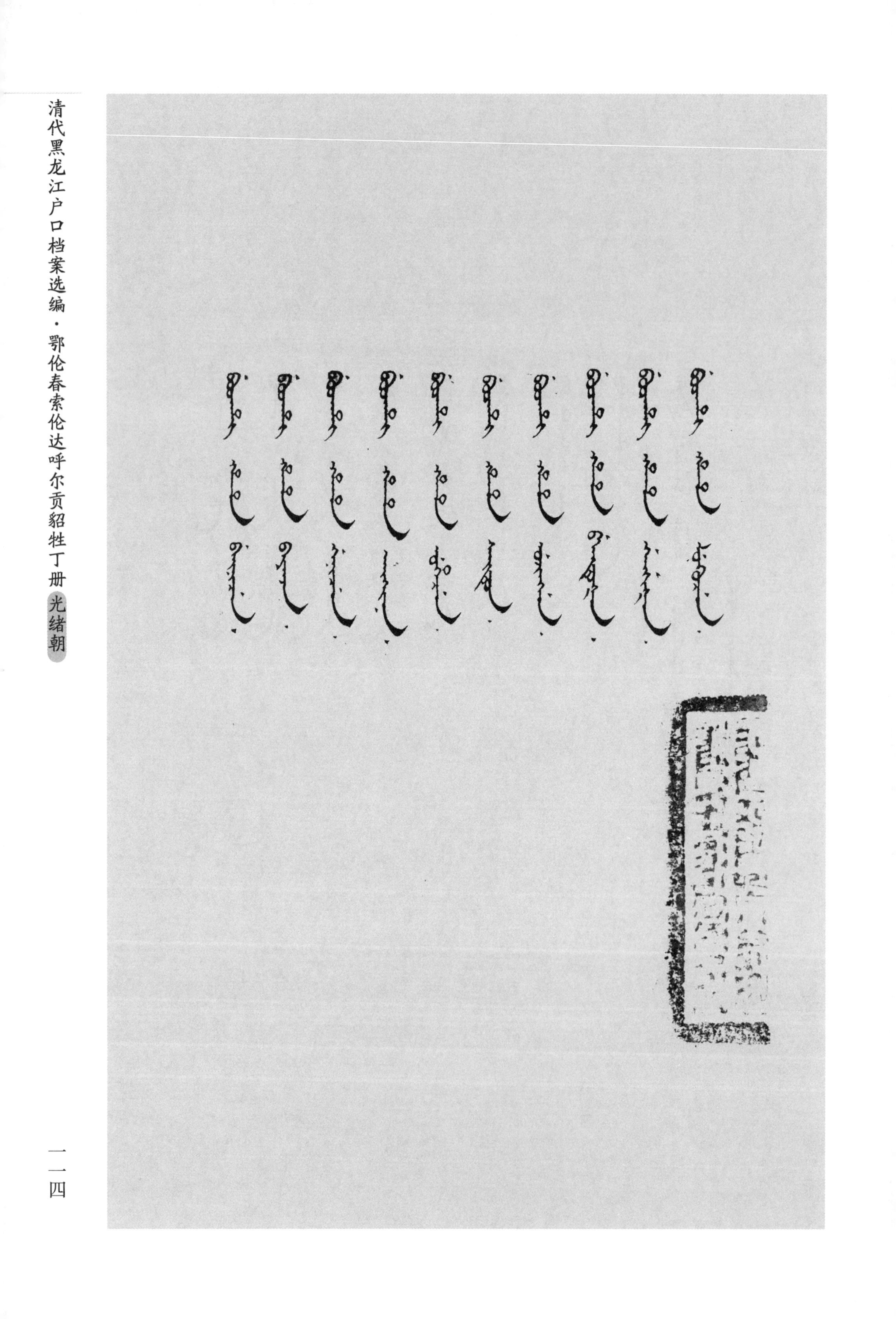

[illegible]
[illegible]
[illegible]
[illegible]
[illegible]
[illegible]
[illegible]
[illegible]
[illegible]
[illegible]

[illegible]

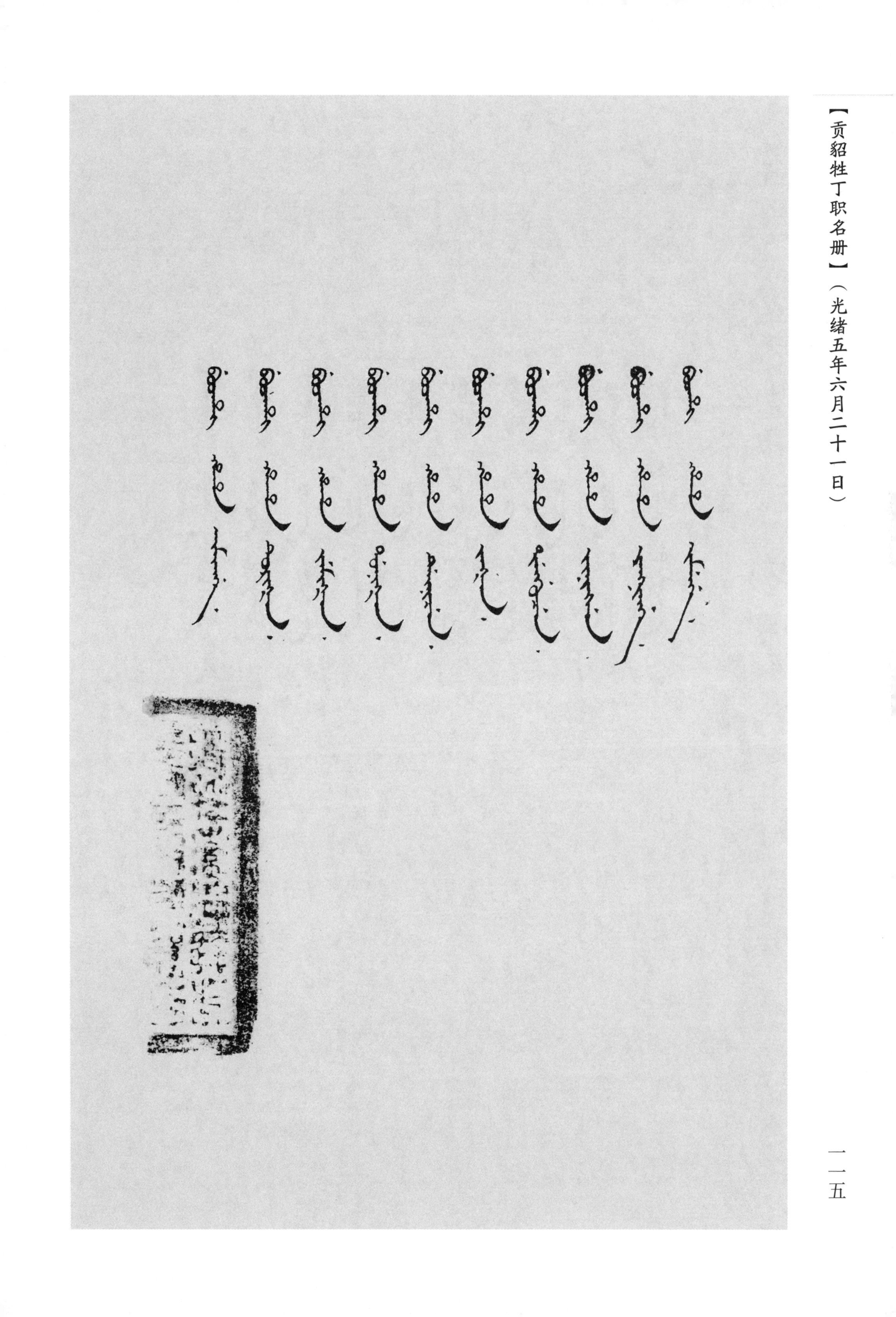

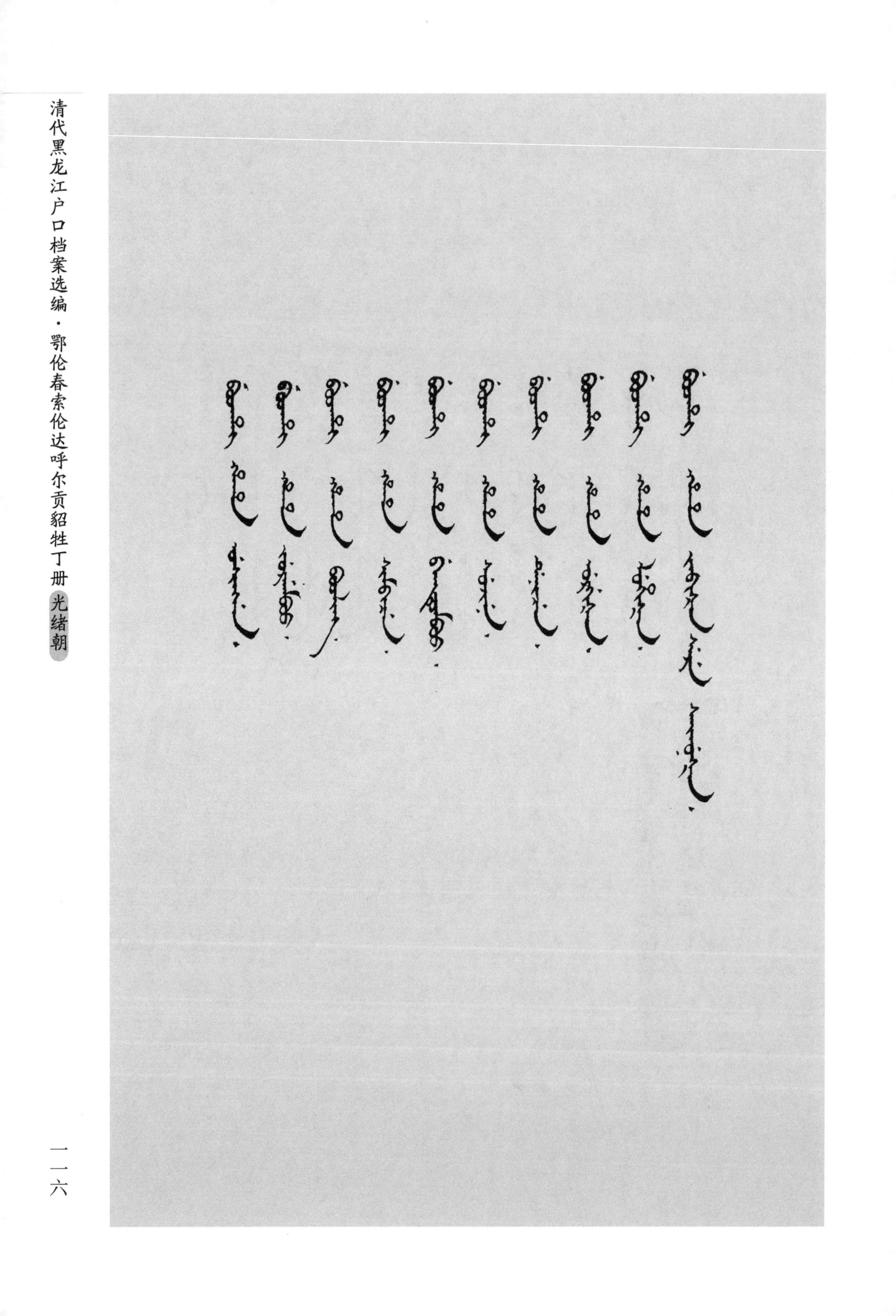

ᠪᠣᡧᠣᡴᡡ ᡥᠣᠪᡳ ᠠᠯᡠᠨ

ᠪᠣᡧᠣᡴᡡ ᡥᠣᠪᡳ ᠰᡳᠨᡨᡳ

ᠪᠣᡧᠣᡴᡡ ᡥᠣᠪᡳ ᡳᠯᡳᠨ

ᠪᠣᡧᠣᡴᡡ ᡥᠣᠪᡳ ᡩᡝᠯᡳᠨ

ᠪᠣᡧᠣᡴᡡ ᡥᠣᠪᡳ ᡤᠣᠯᡳᠨ

ᠪᠣᡧᠣᡴᡡ ᡥᠣᠪᡳ ᡨᡝᠨ

ᠠᡳ ᡤᡡᠰᠠ ᡥᠣᠪᡳ ᡩᡠᠯᡳᠨ ᠰᡳᠯᡳᠨ

○ ᡩᡝᡴᠰᡳᠨ ᡤᡡᠰᠠ ᡤᡡᠰᠠ ᡳᠯᡳᠨ ᡩᡝᡴᠰᡳᠨ

ᠠᠯᡳᠨ ᠪᠣᡧᠣᡴᡡ ᡩᡝᡴᠰᡳᠨ

ᠪᠣᡧᠣᡴᡡ ᡥᠣᠪᡳᠨ

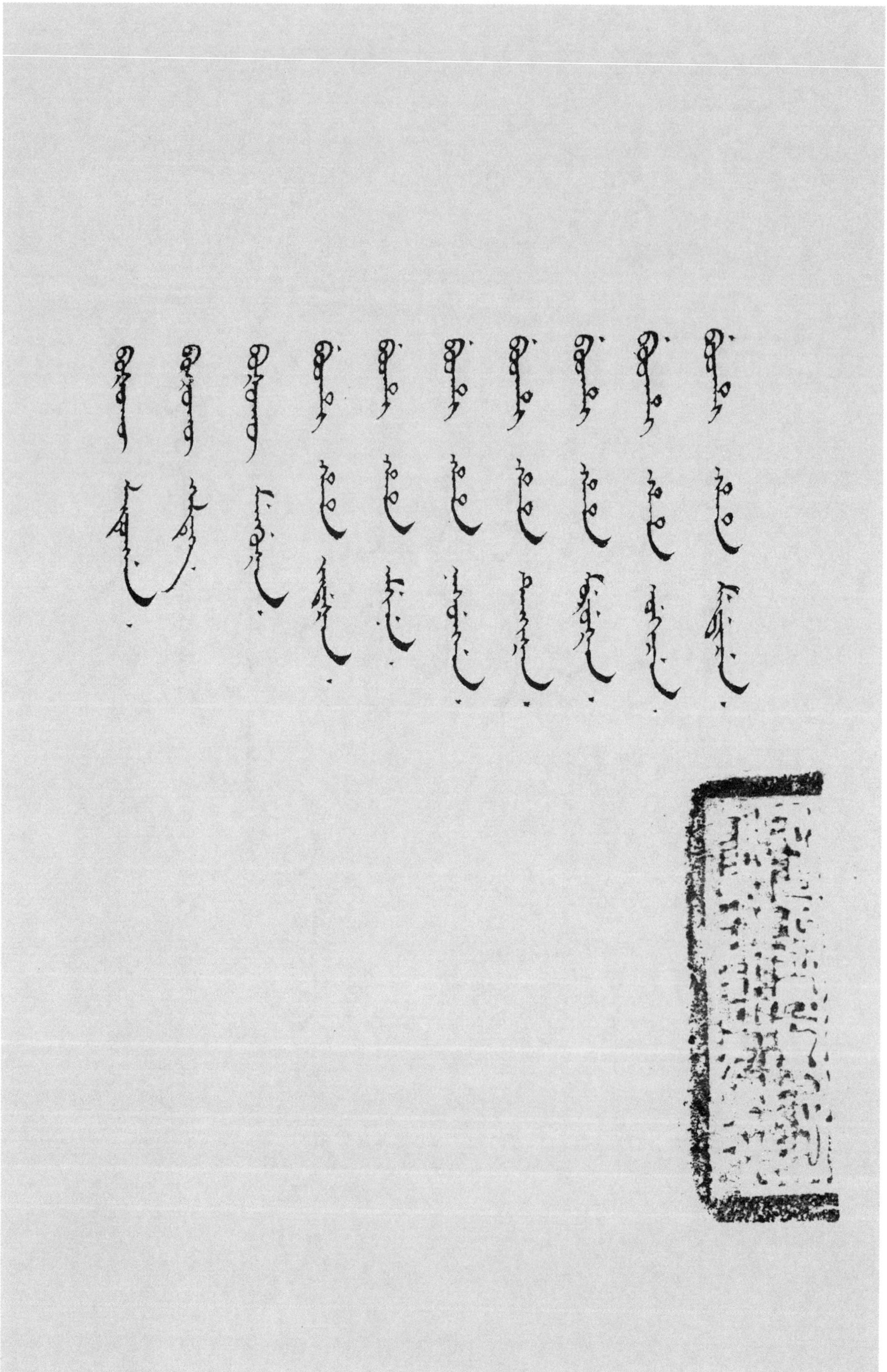

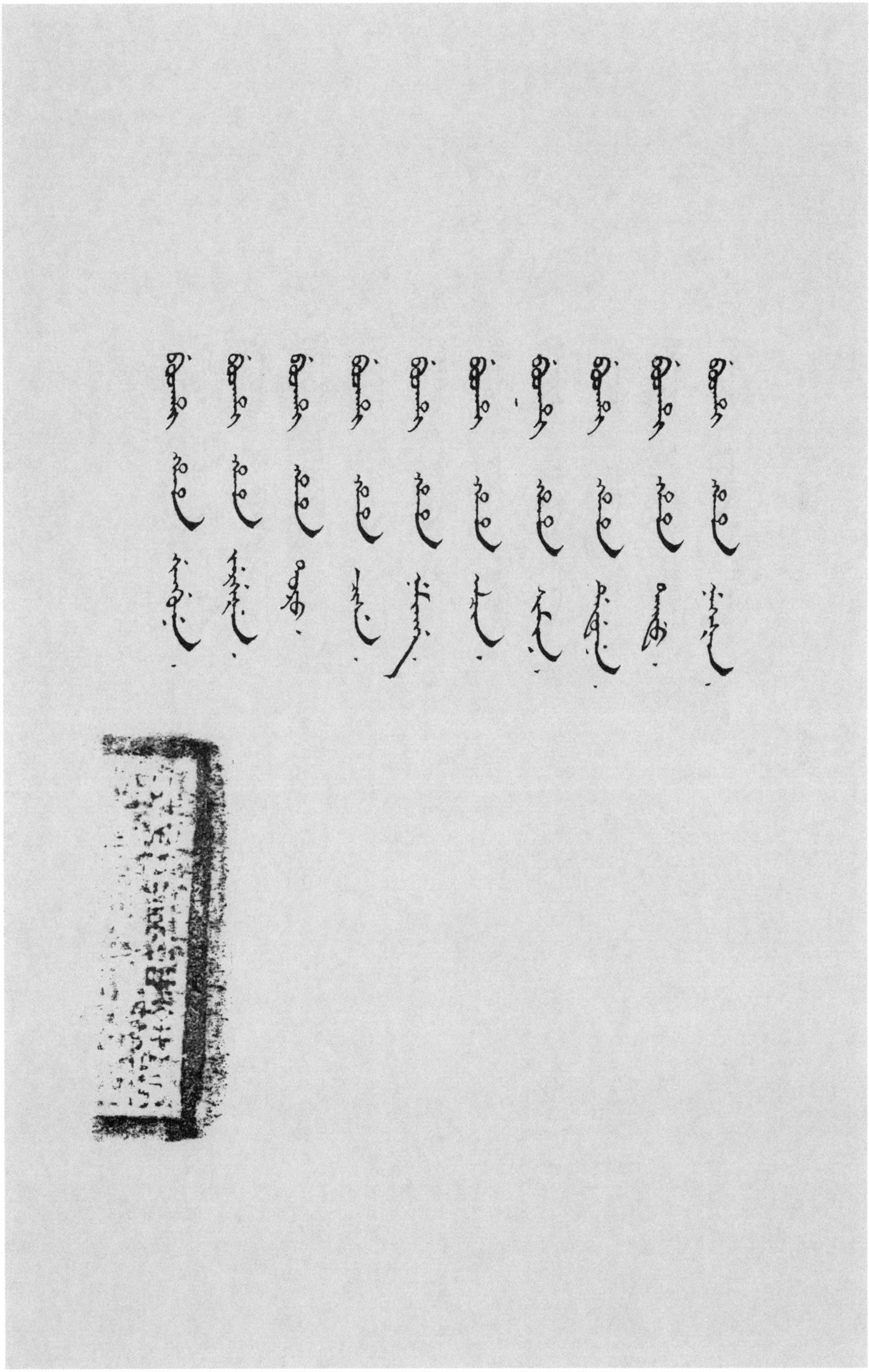

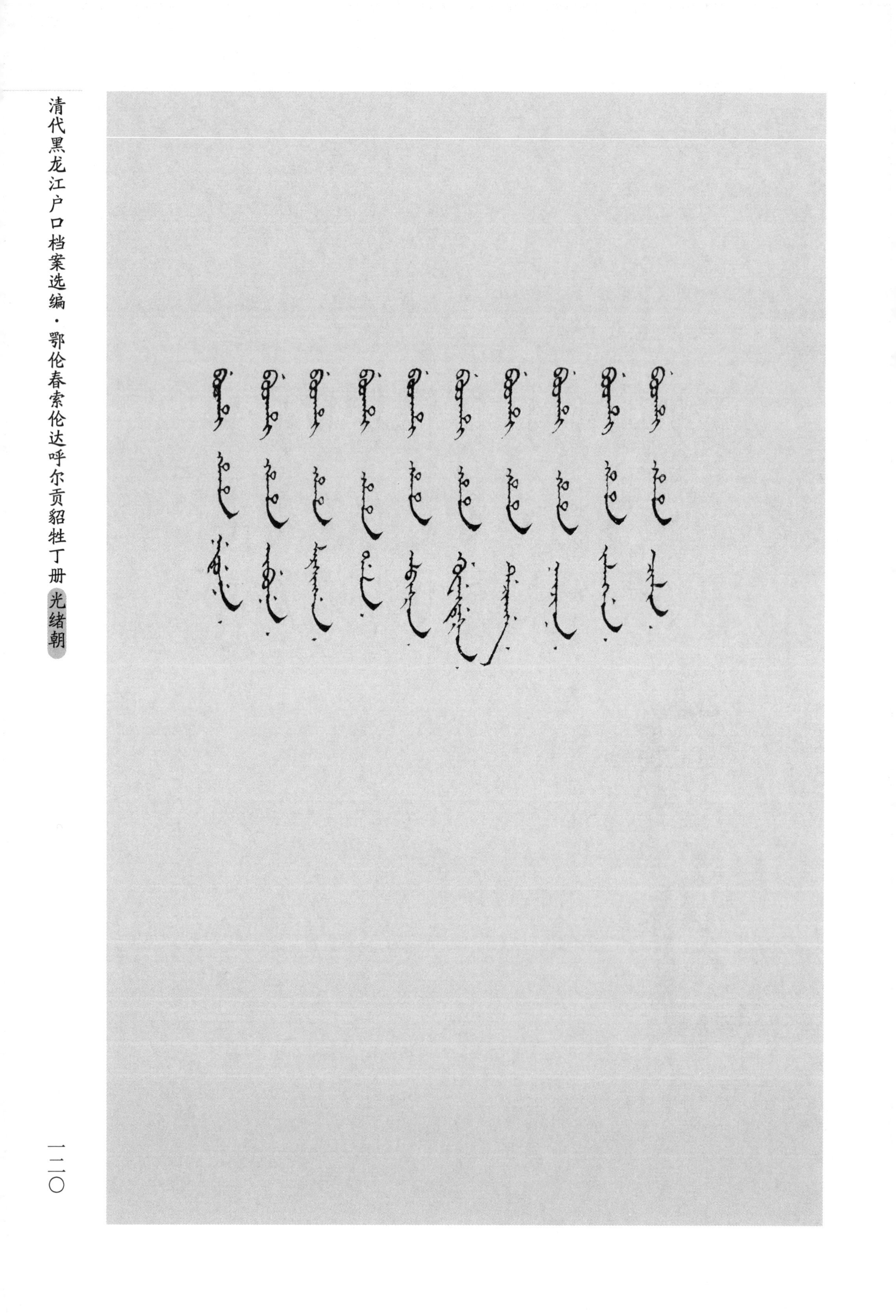

[illegible]

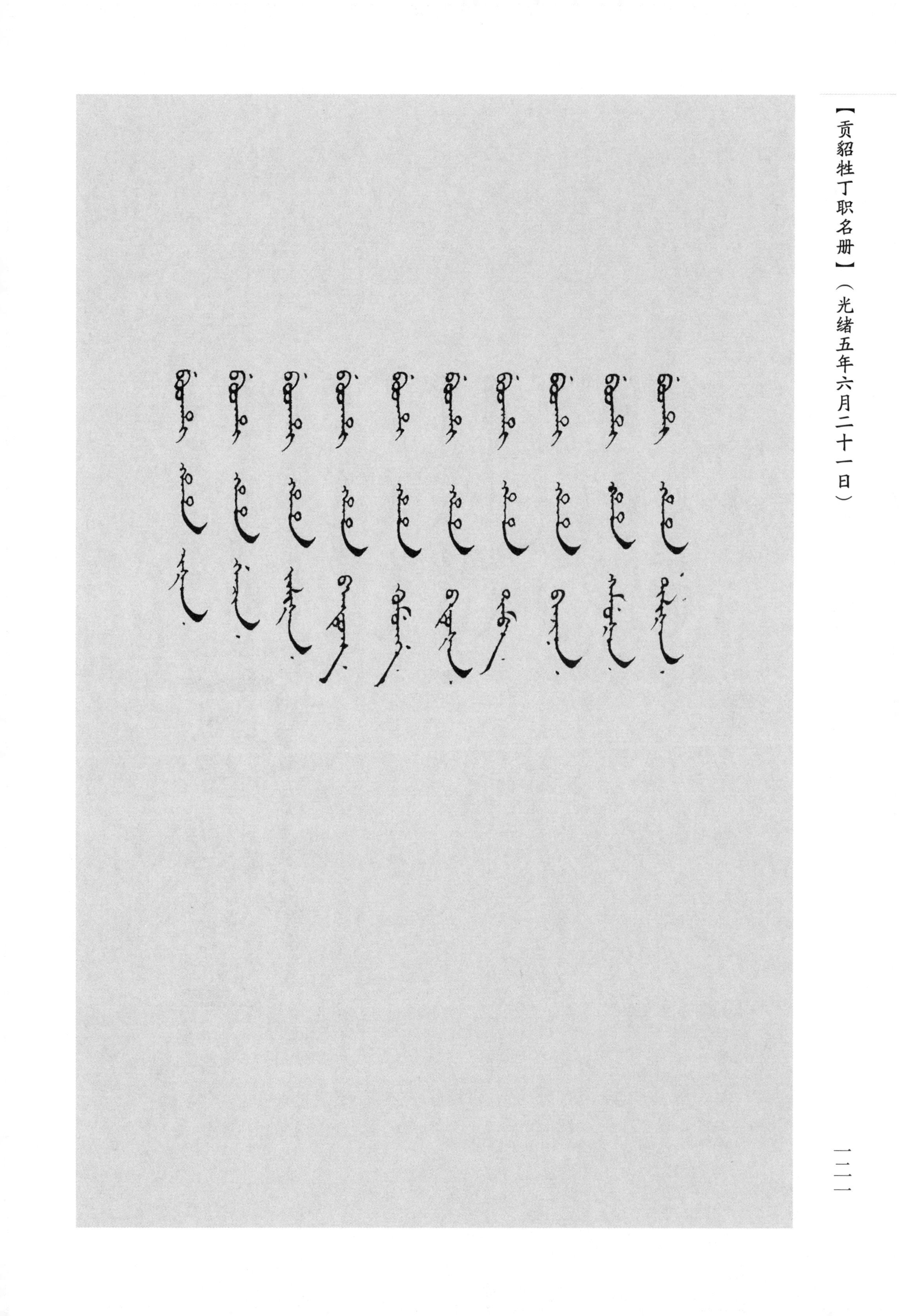

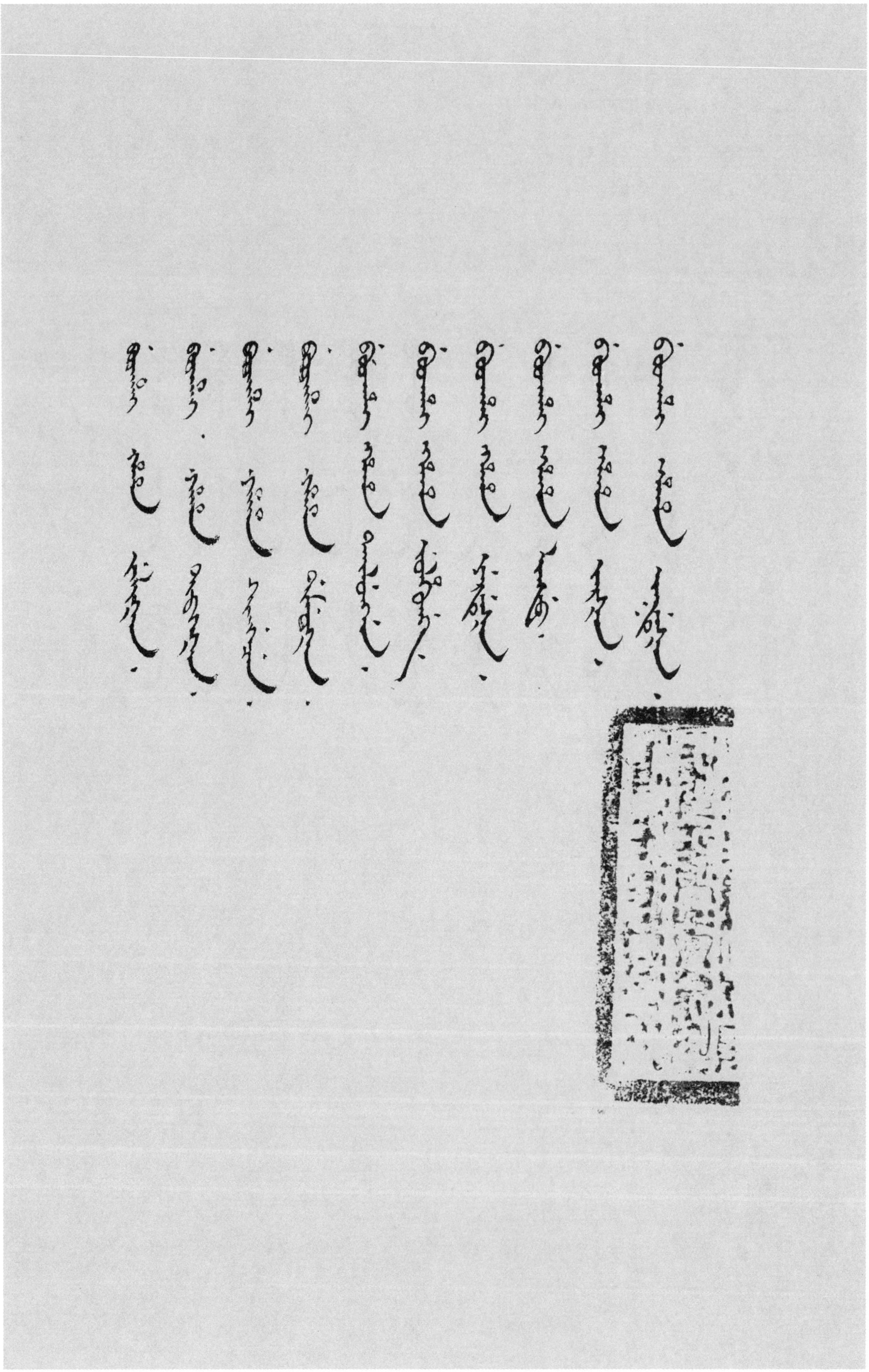

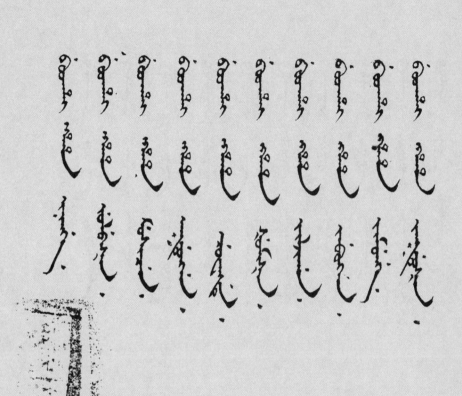

ᠪᠣᡧᠣᡴᡡ [illegible] [illegible]
ᠪᠣᡧᠣᡴᡡ [illegible] [illegible]
ᠪᠣᡧᠣᡴᡡ [illegible] [illegible]
ᠪᠣᡧᠣᡴᡡ [illegible] [illegible]
ᠪᠣᡧᠣᡴᡡ [illegible] [illegible]
ᠪᠣᡧᠣᡴᡡ [illegible] [illegible]
ᠪᠣᡧᠣᡴᡡ [illegible] [illegible]
ᠪᠣᡧᠣᡴᡡ [illegible] [illegible]
ᠪᠣᡧᠣᡴᡡ [illegible] [illegible]
ᠪᠣᡧᠣᡴᡡ [illegible] [illegible]

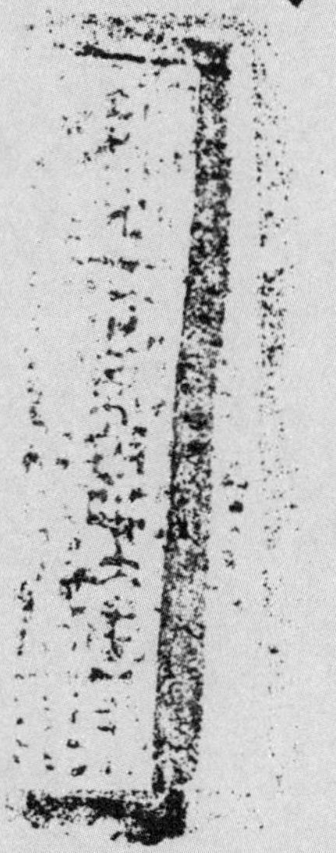

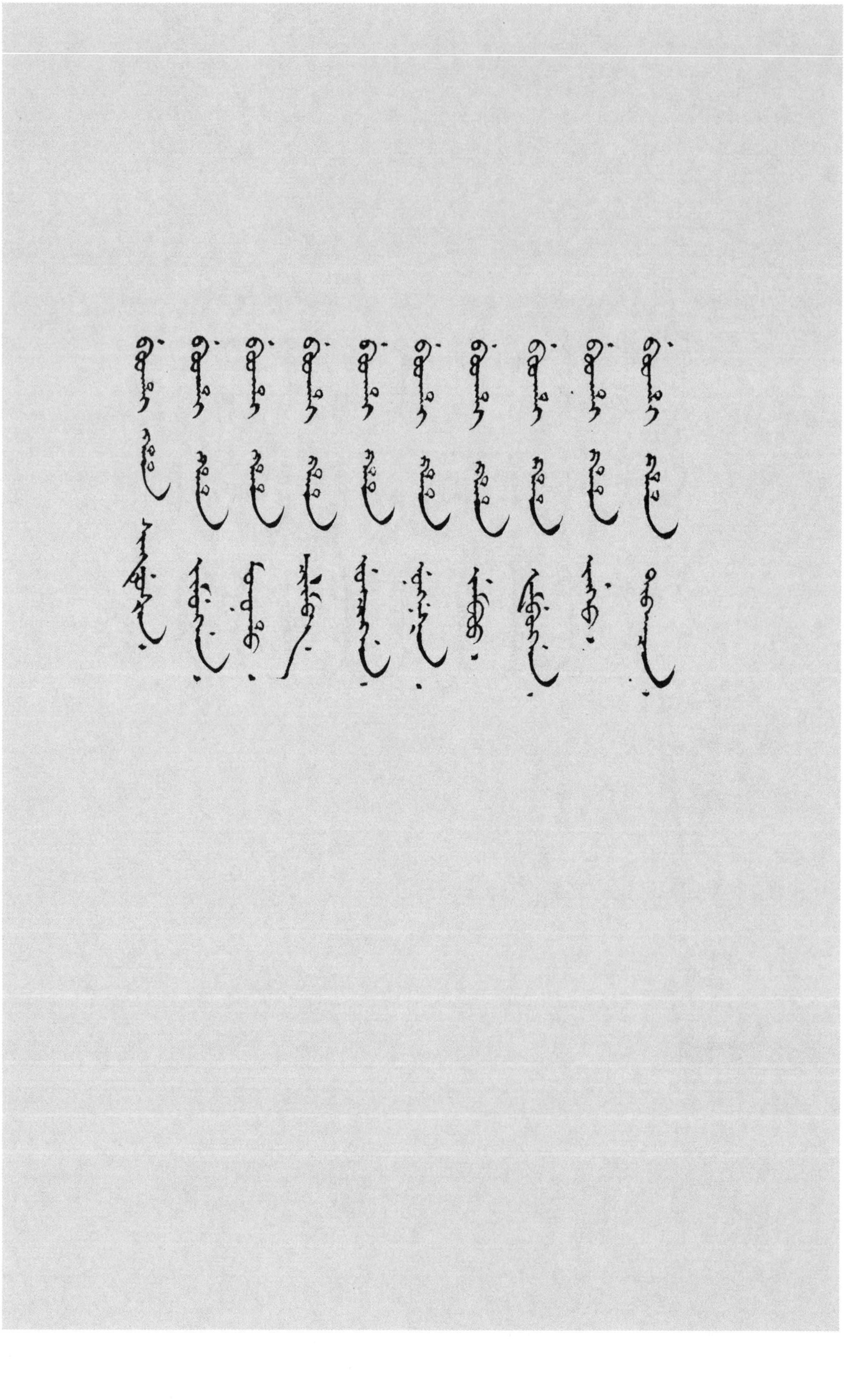

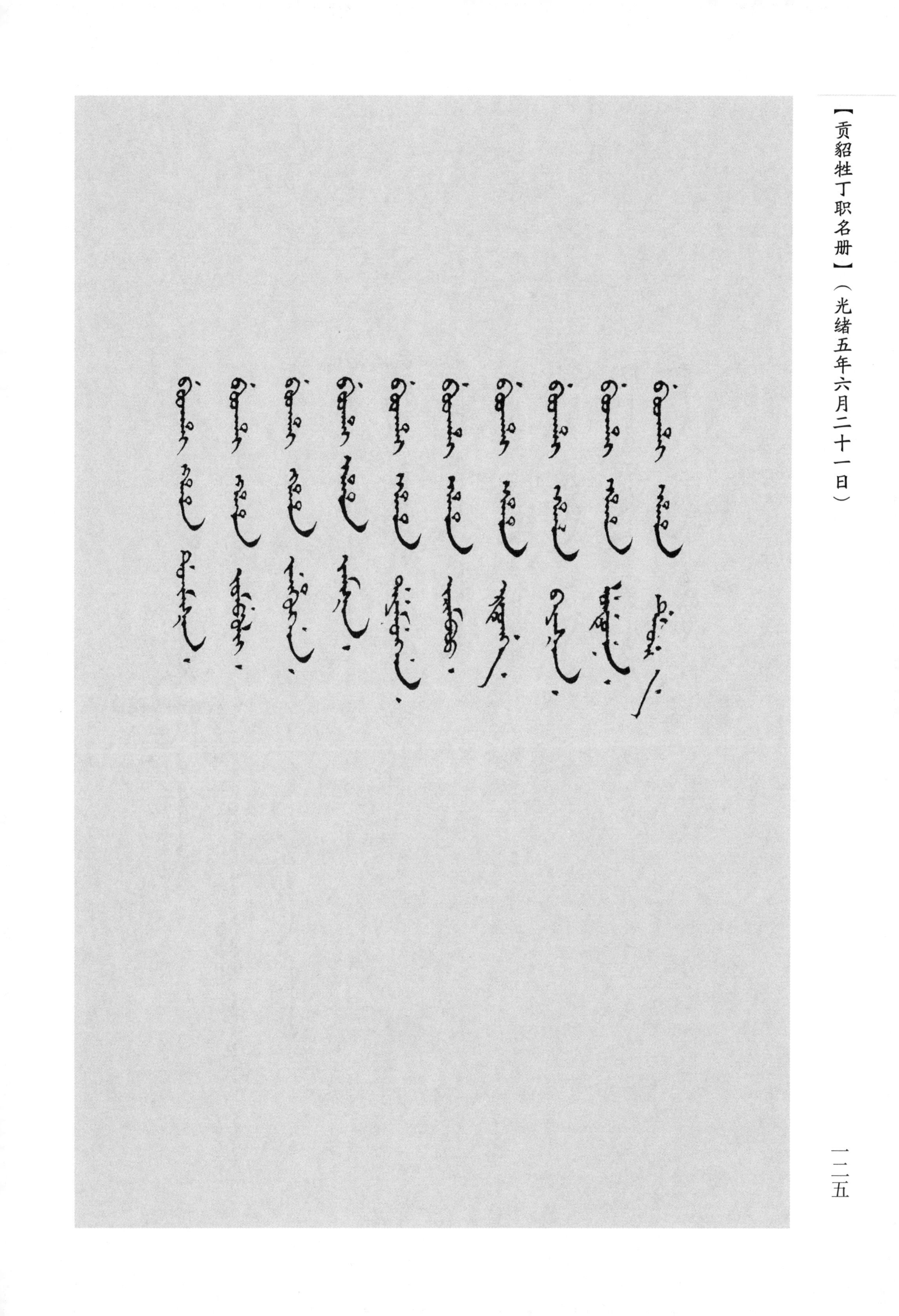

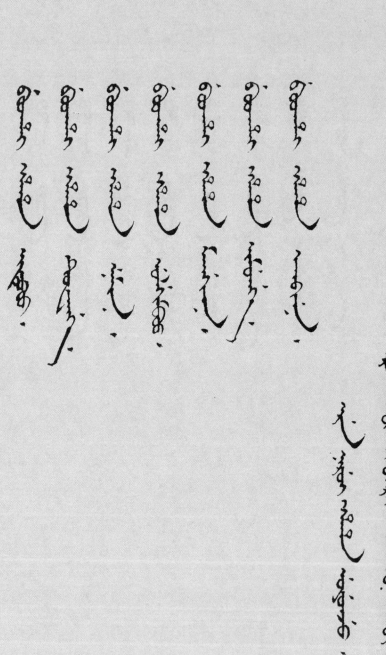

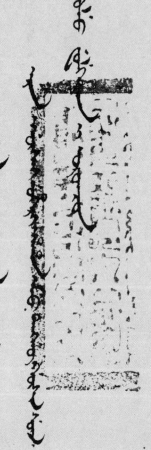

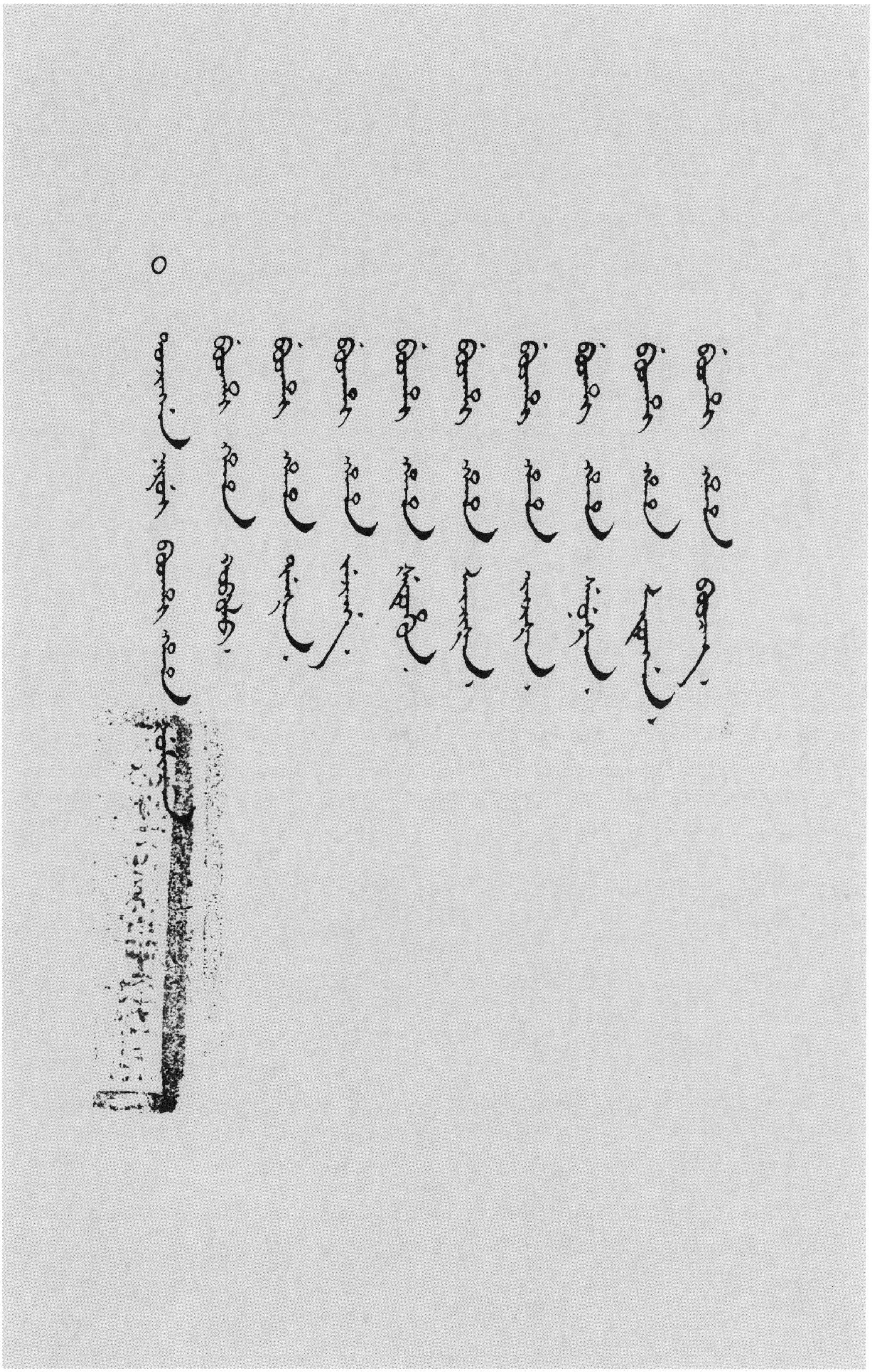

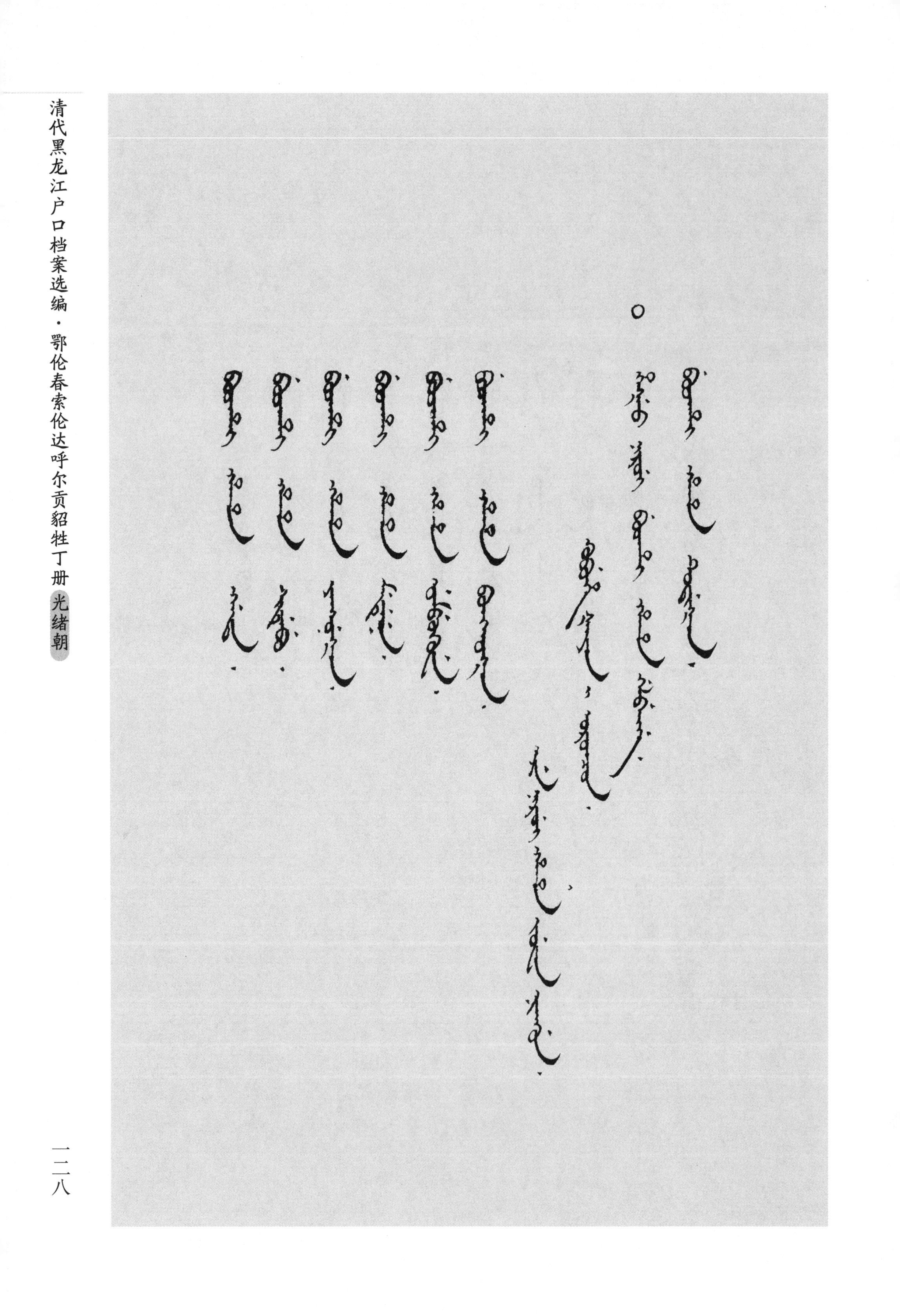

bošokū [illegible] [illegible]

○ [illegible] [illegible] bošokū [illegible] [illegible]

[illegible] [illegible]

[illegible] [illegible] [illegible] [illegible] [illegible]

bošokū [illegible] [illegible]

bošokū [illegible] [illegible]

bošokū [illegible] [illegible]

bošokū [illegible] [illegible]

bošokū [illegible] [illegible]

bošokū [illegible] [illegible]

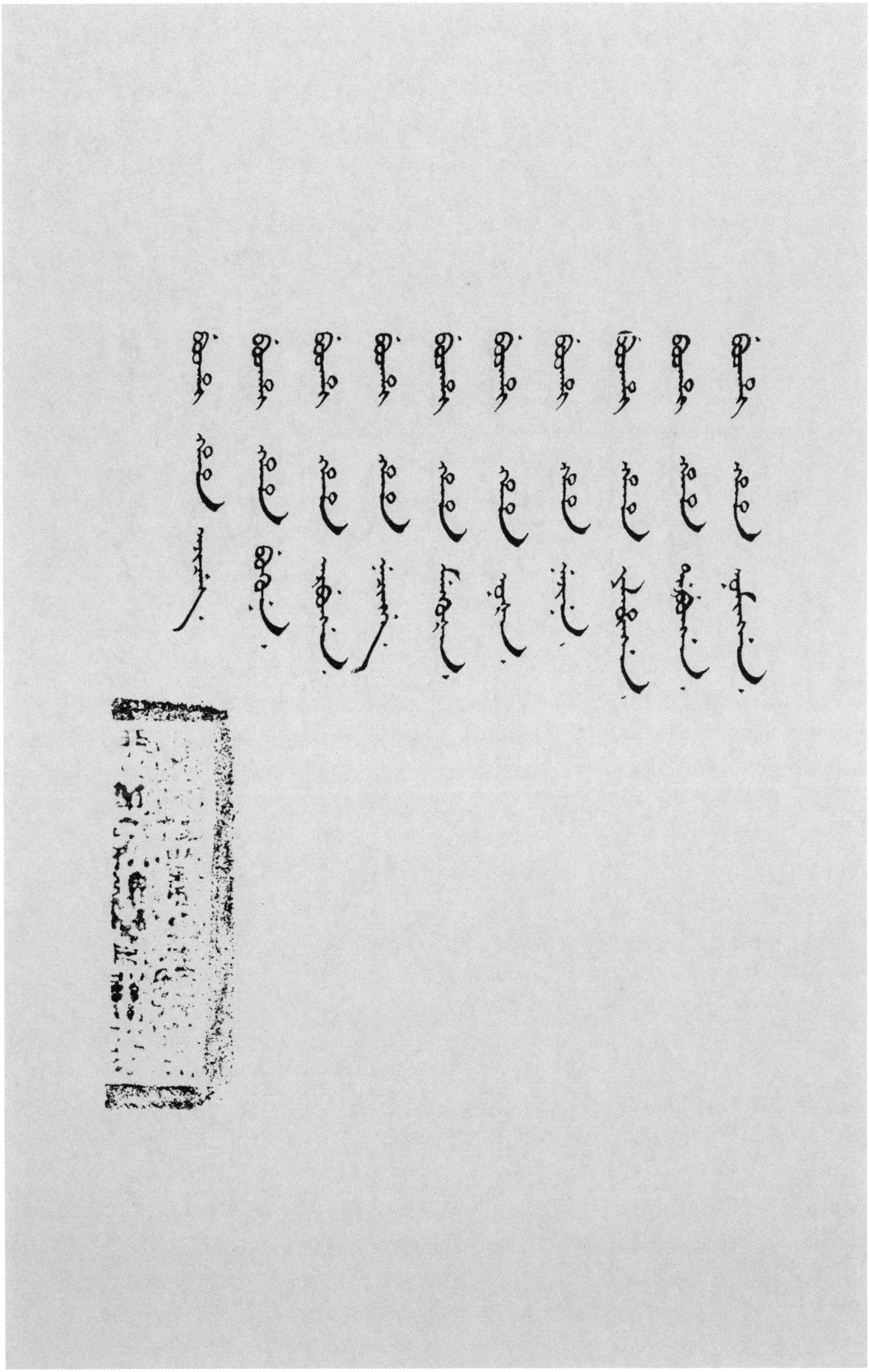

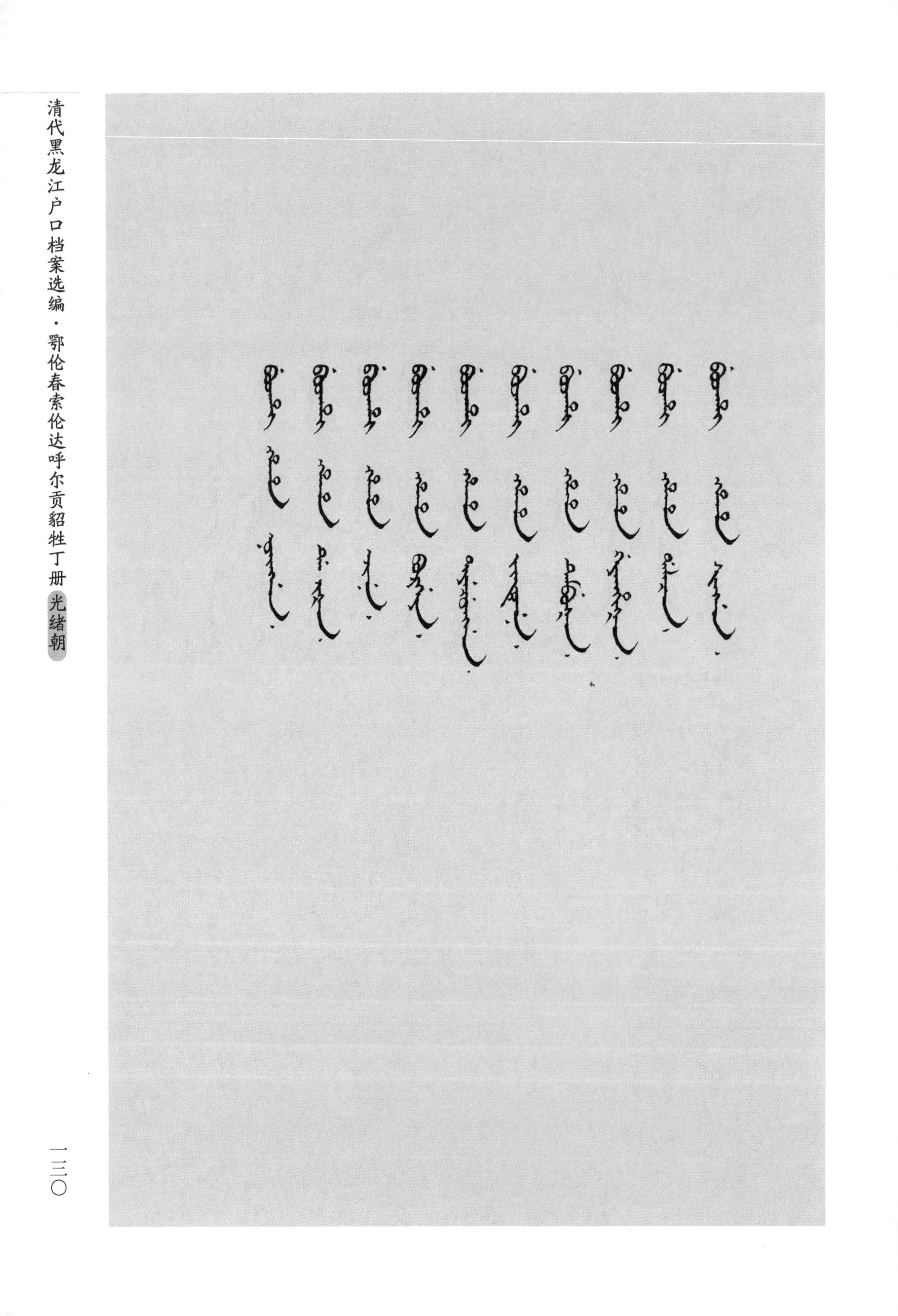

[illegible]

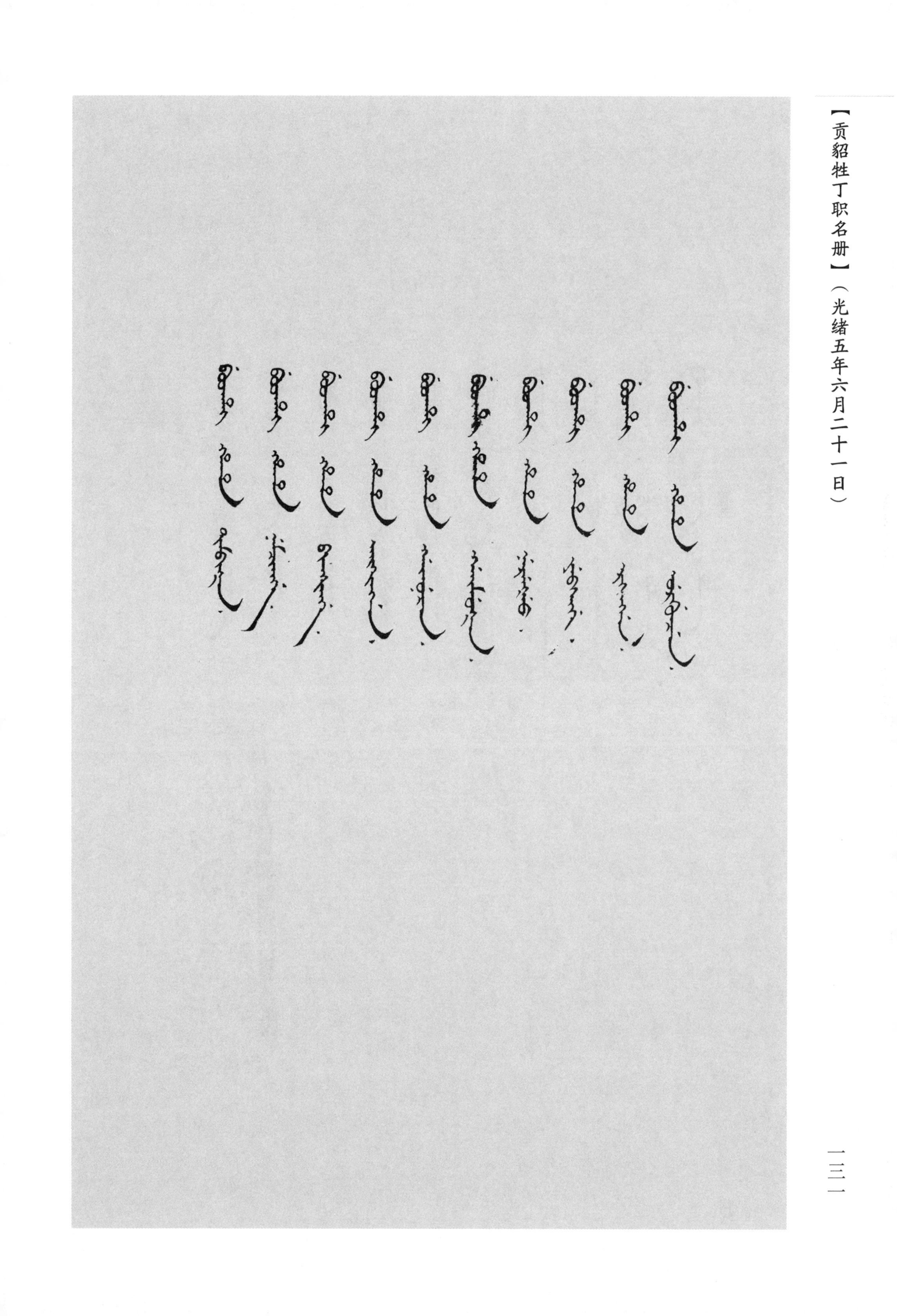

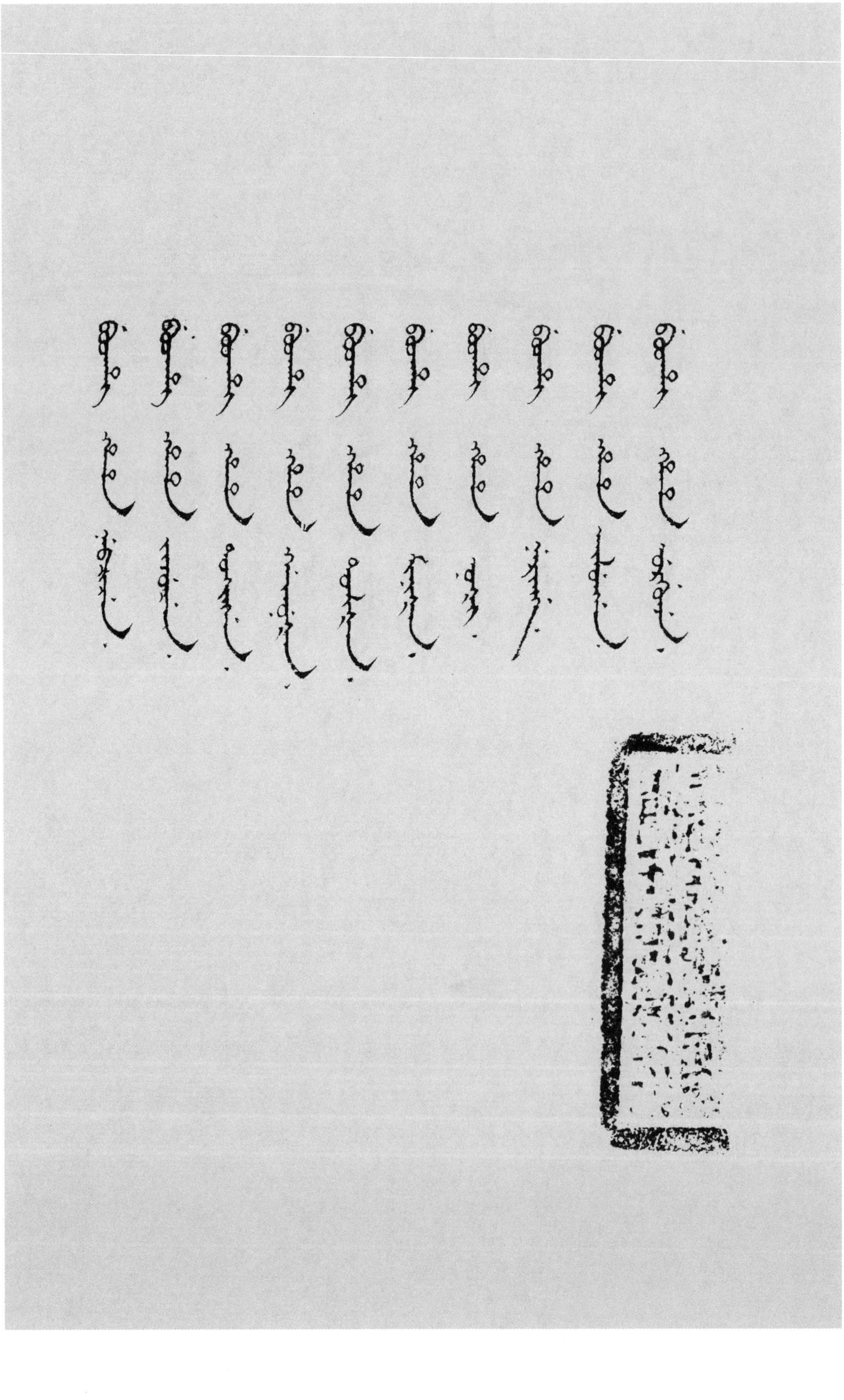

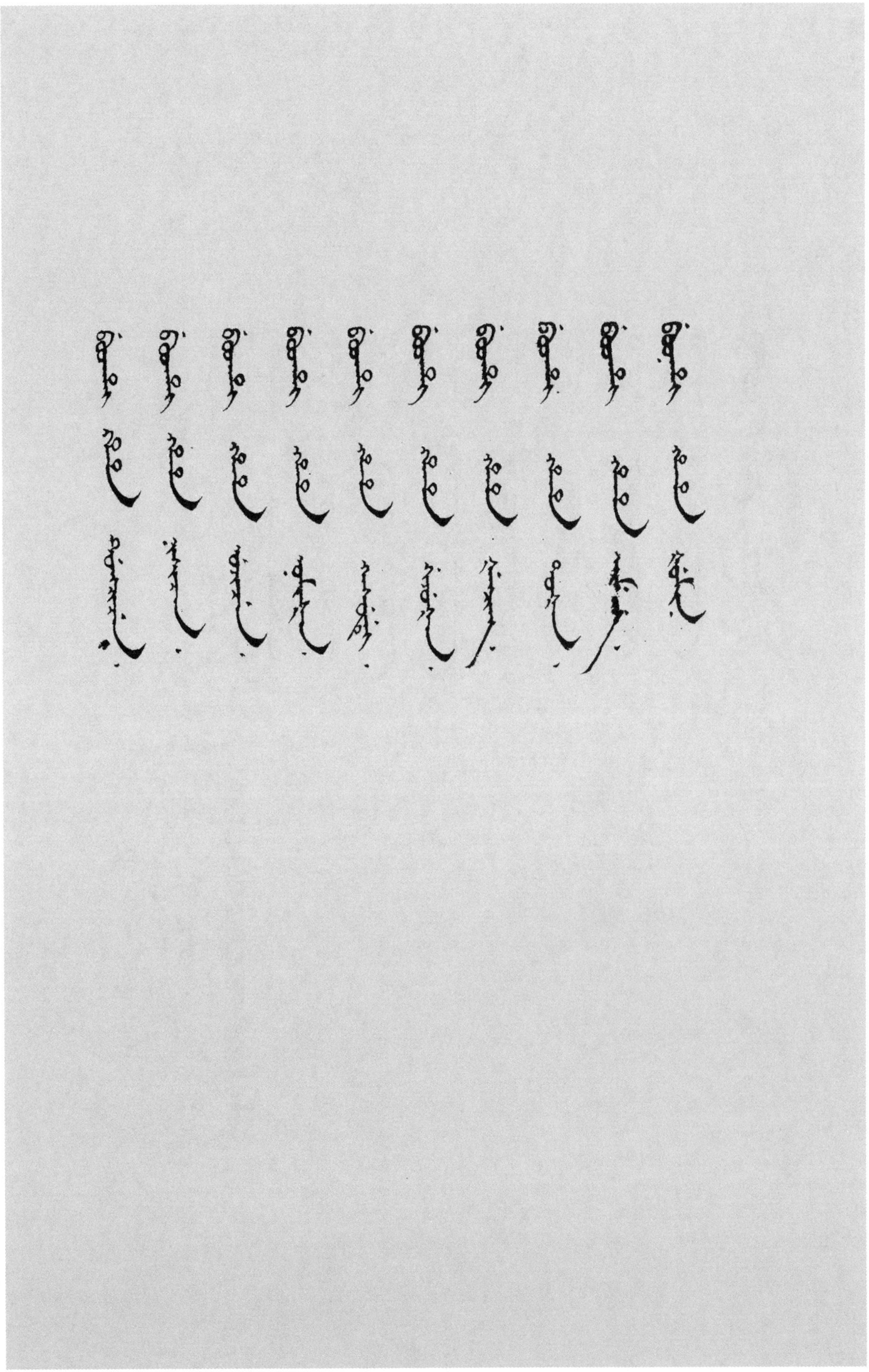

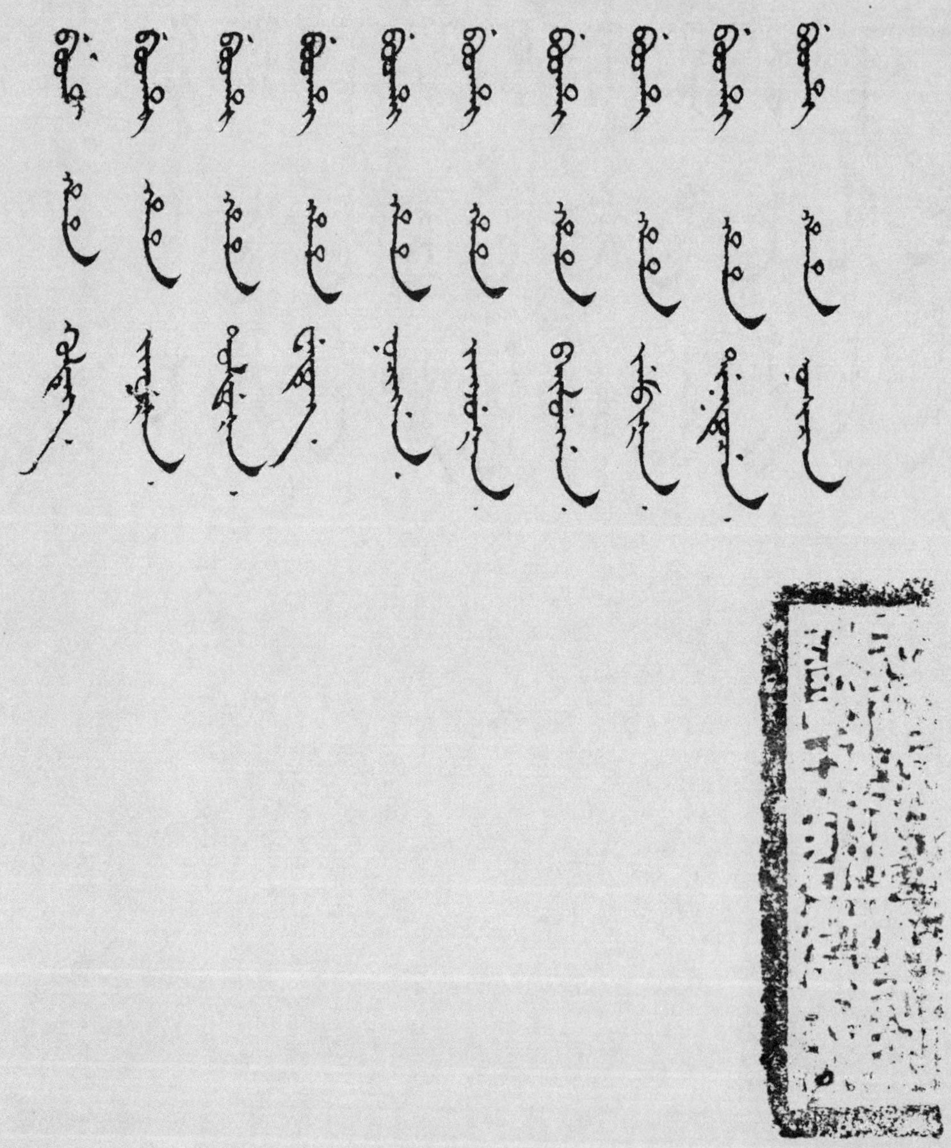

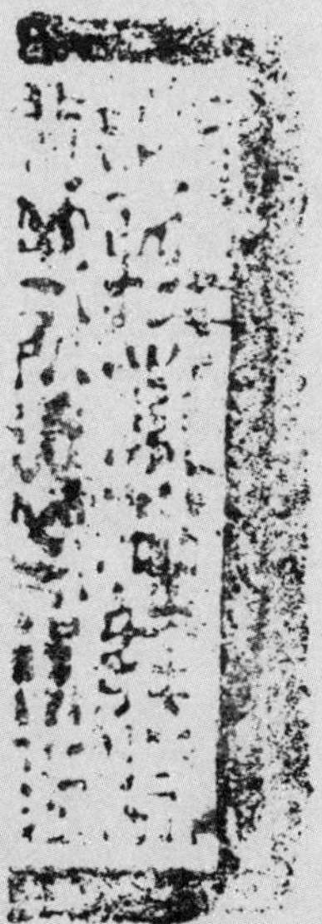

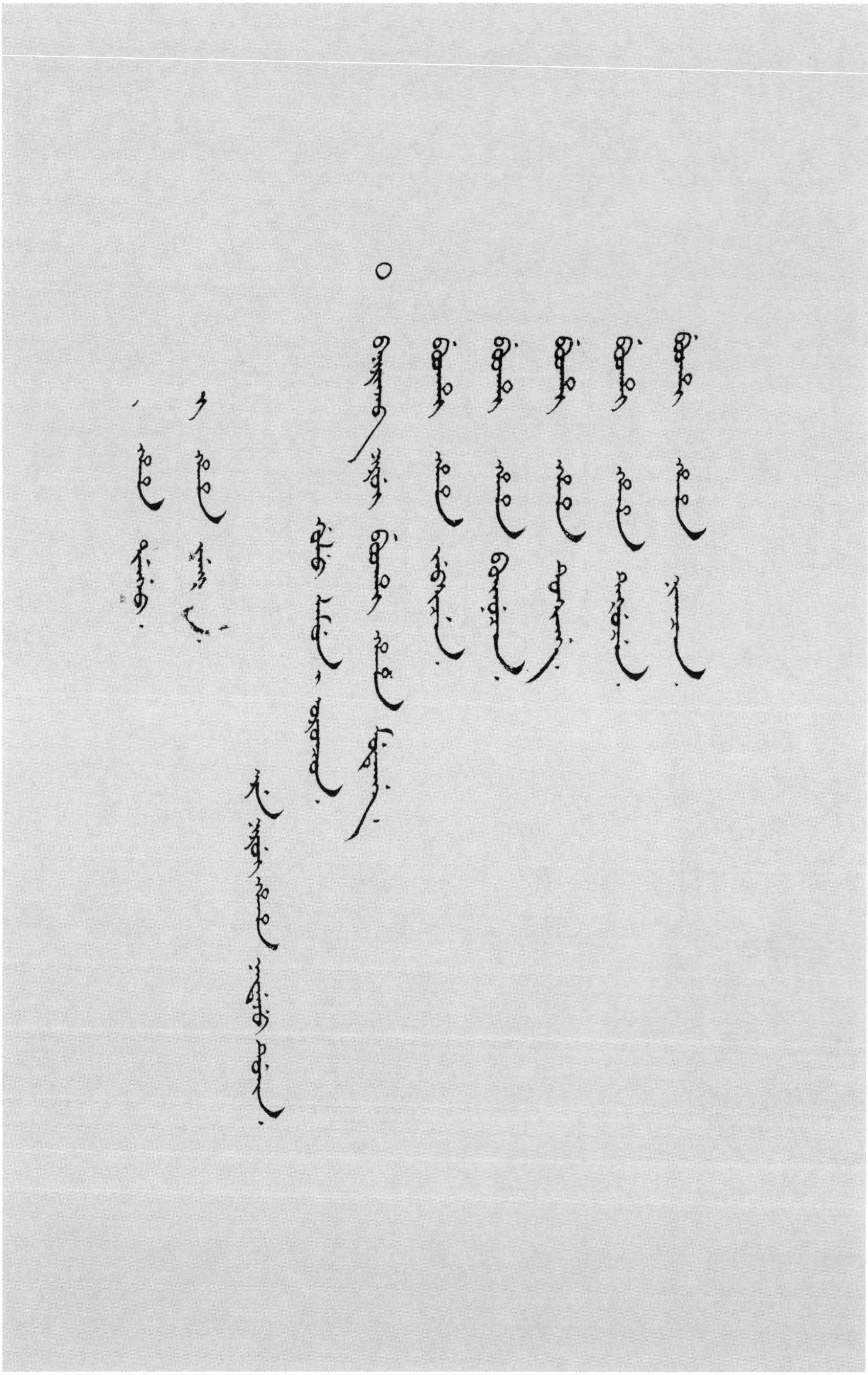

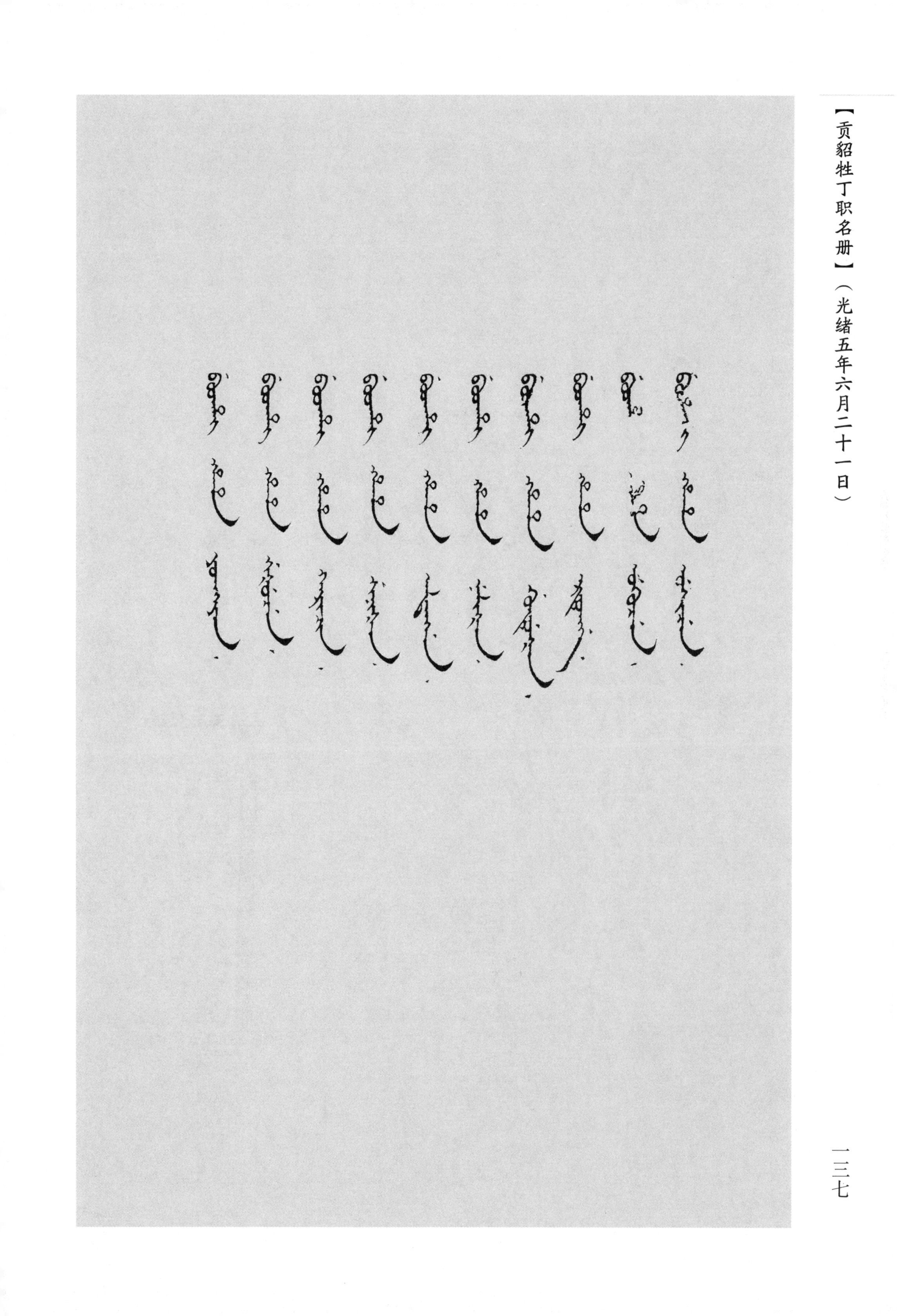

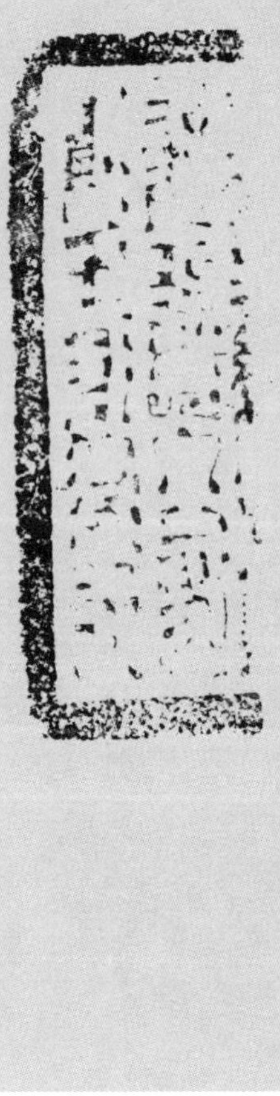

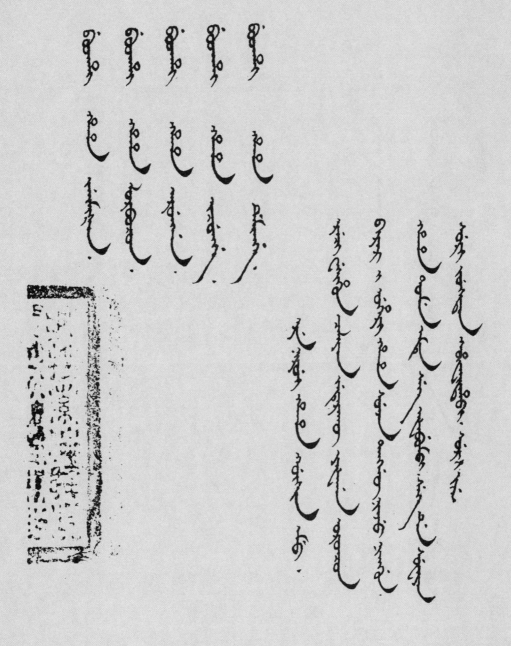

[illegible]

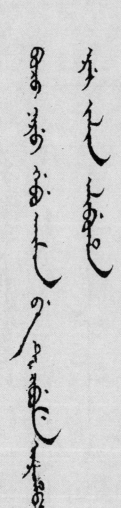

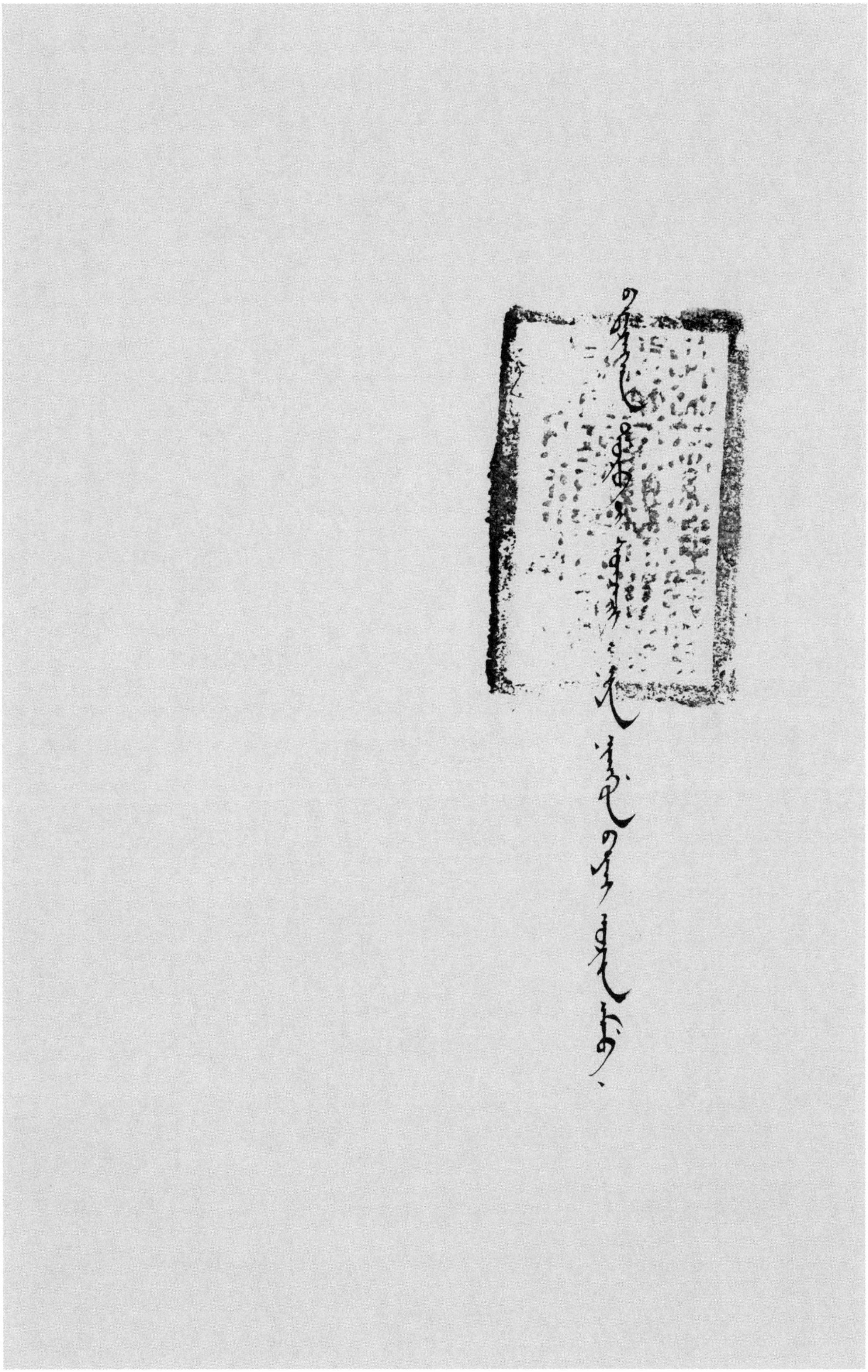

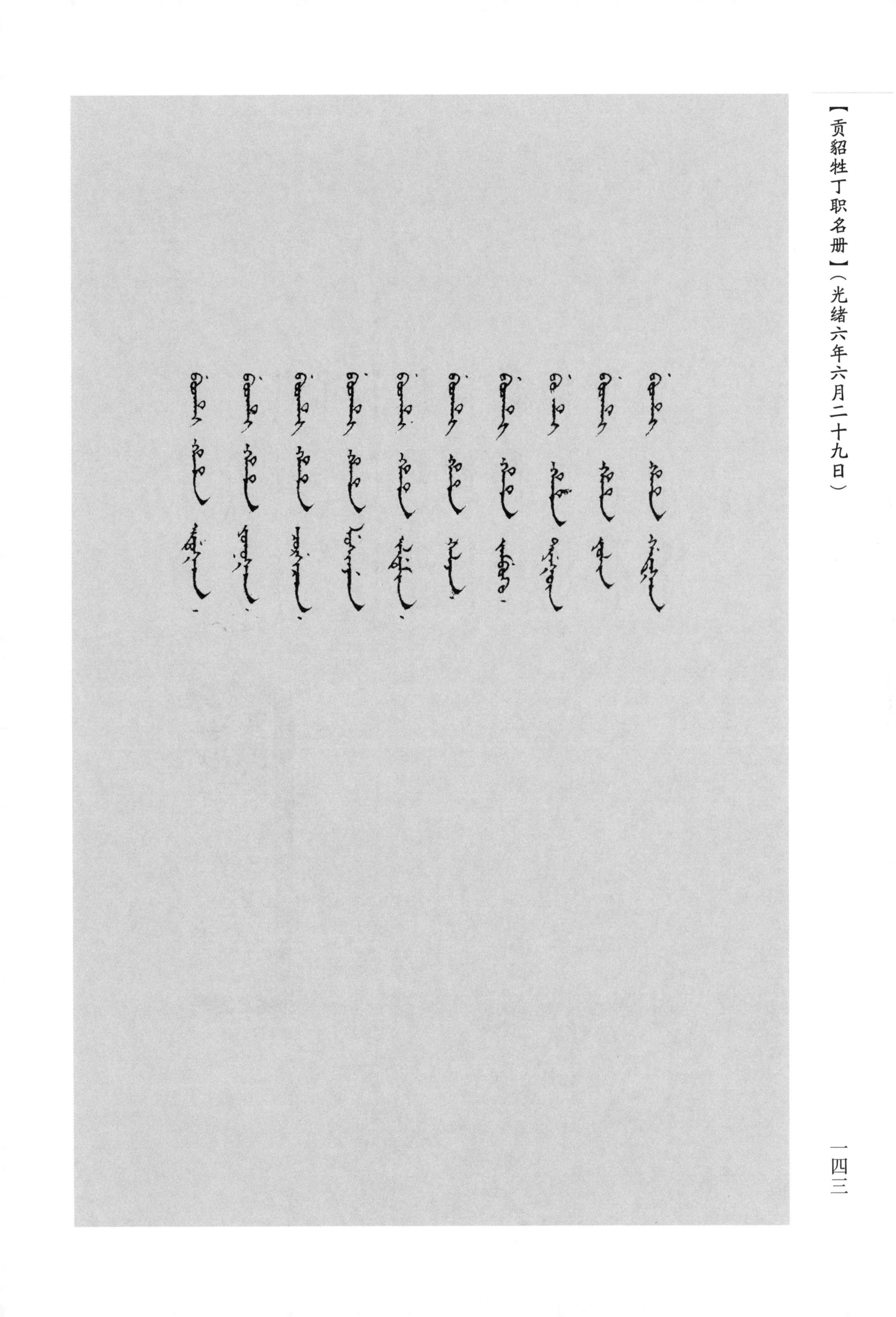

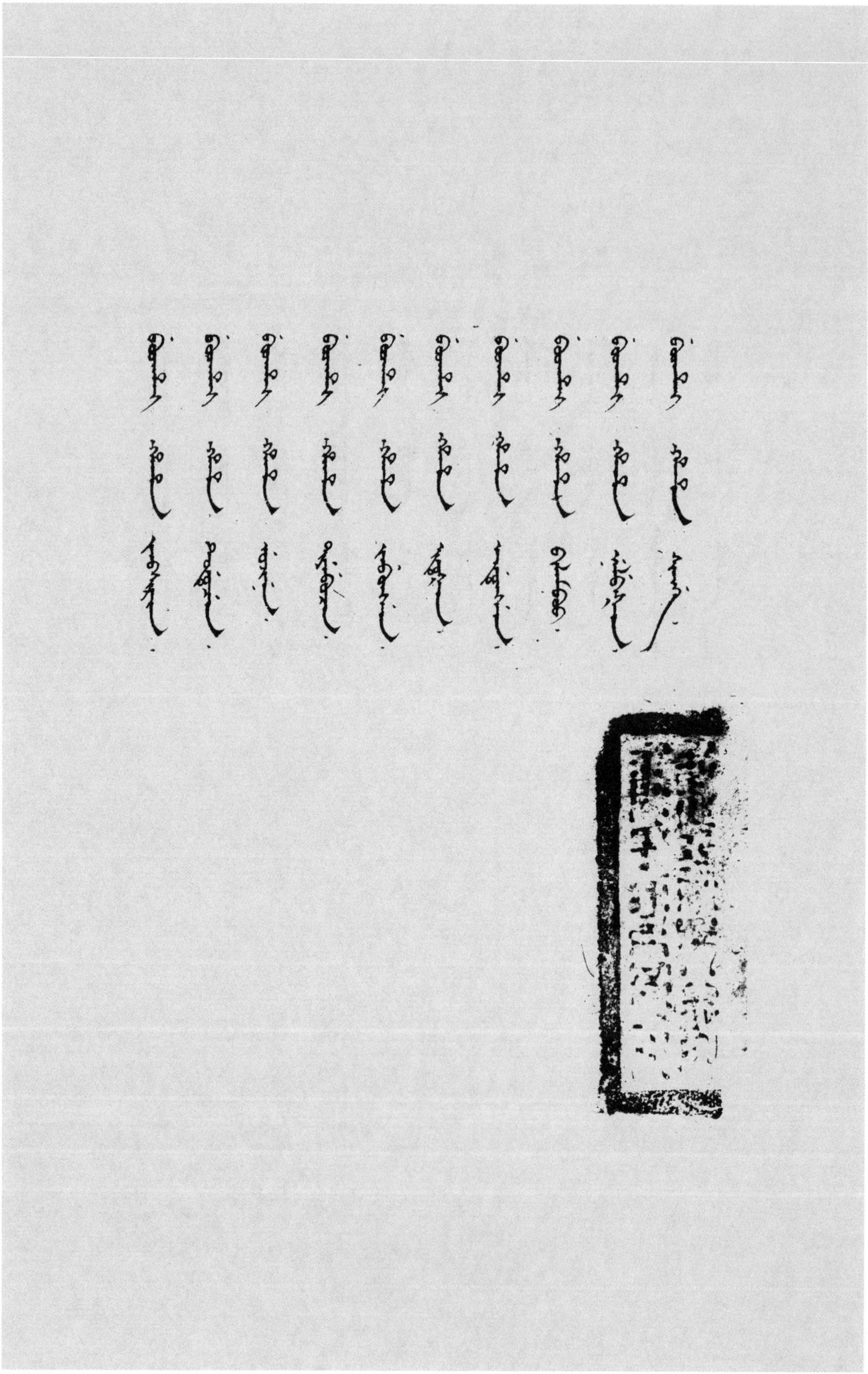

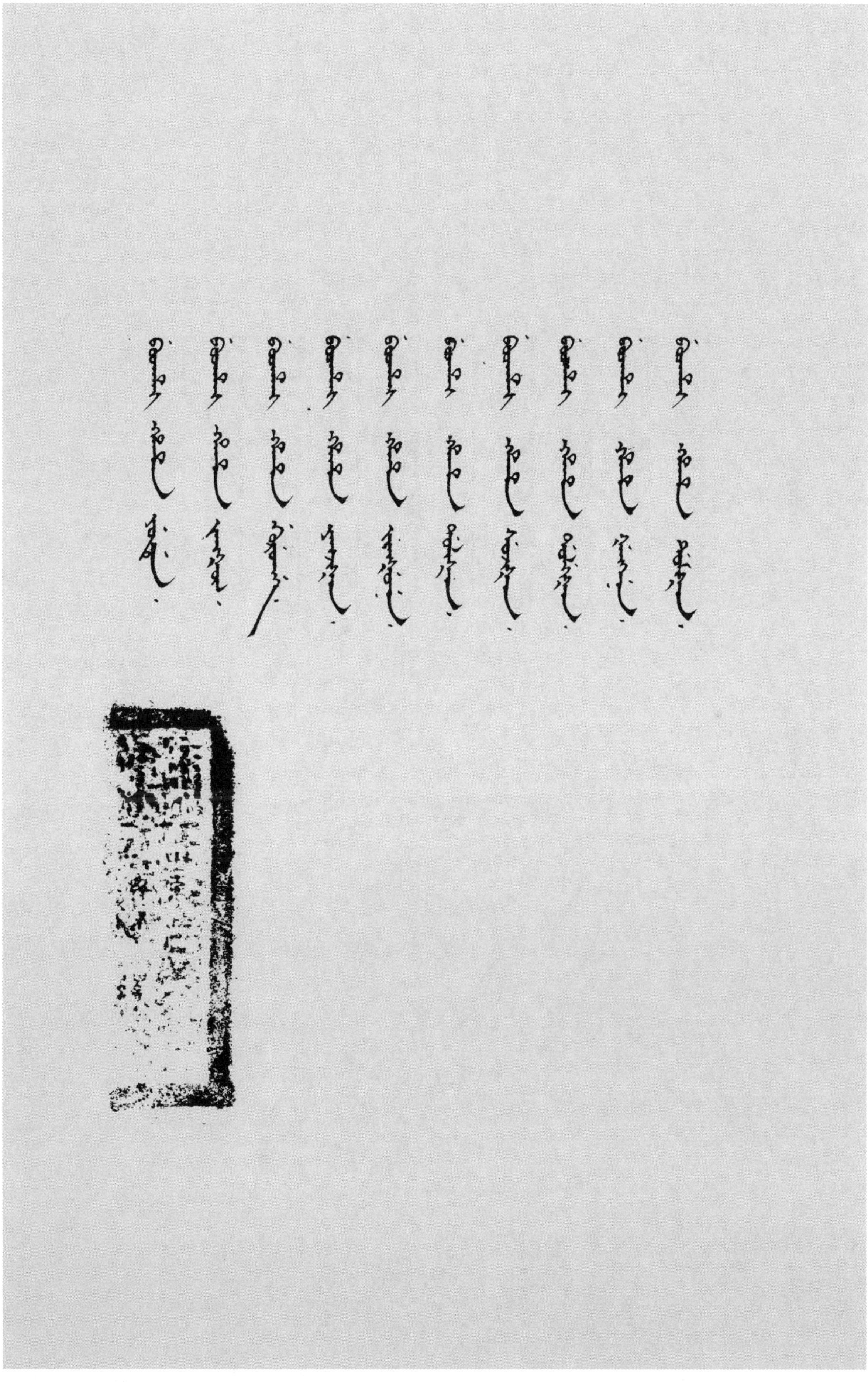

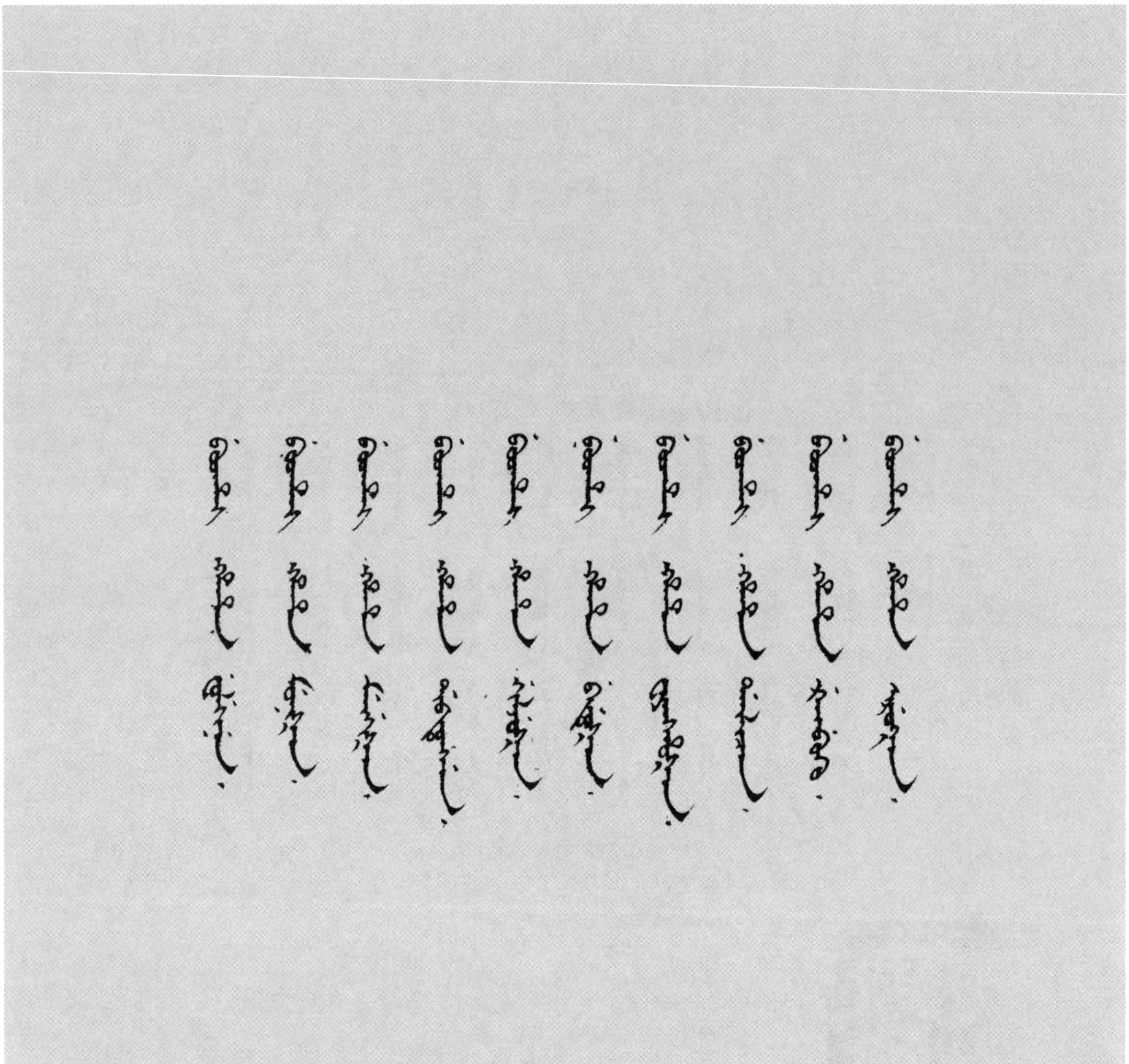

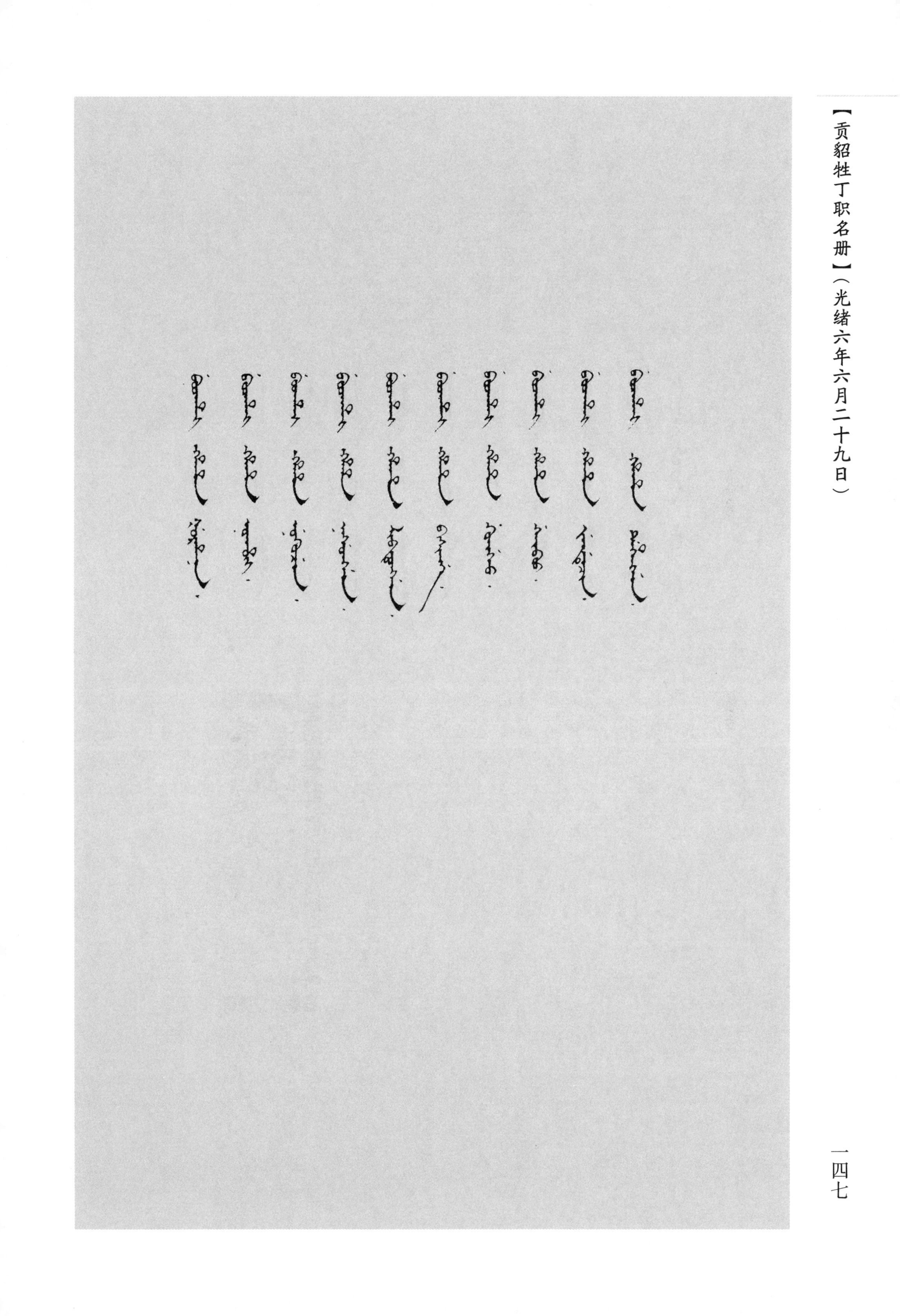

[illegible]

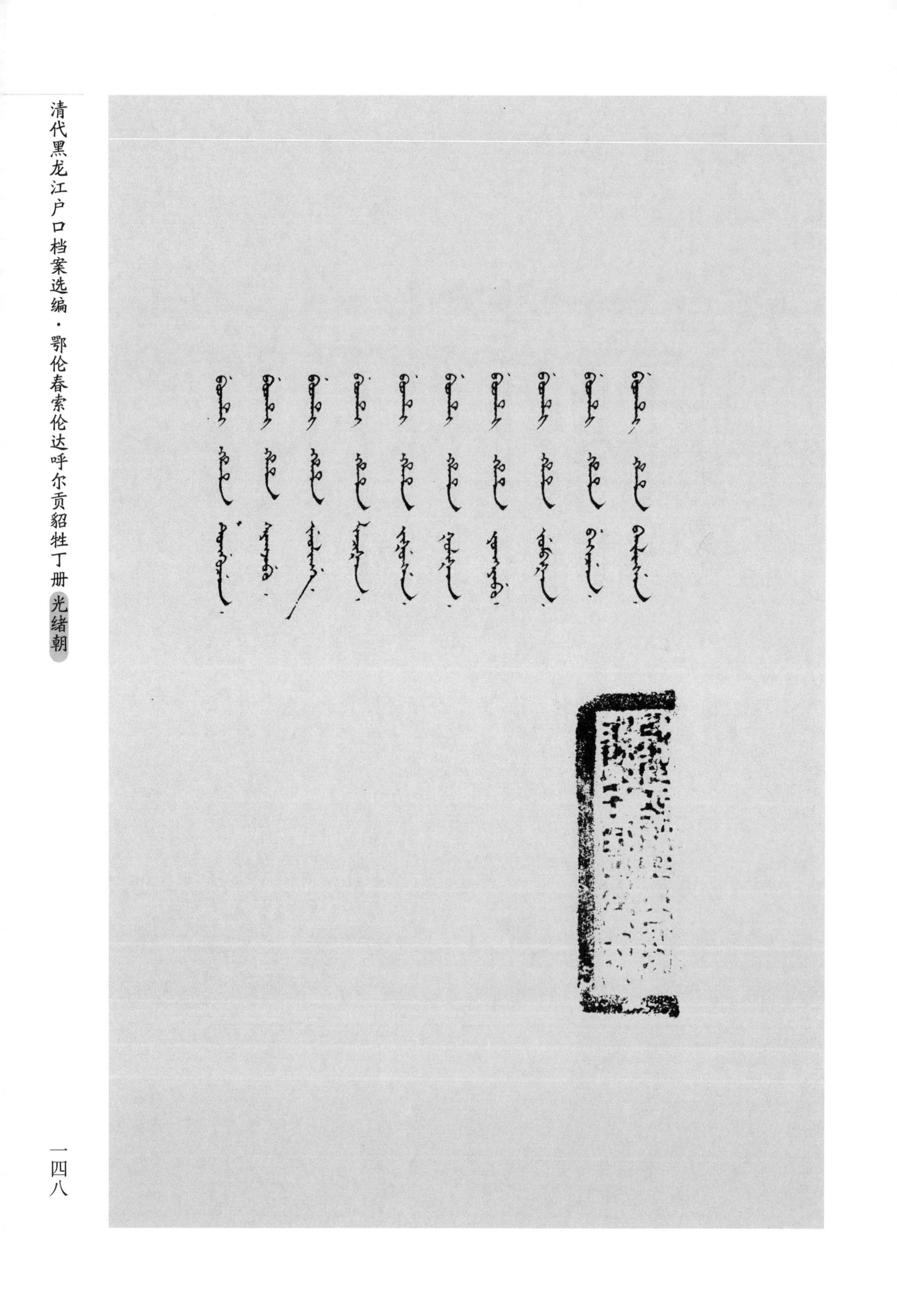

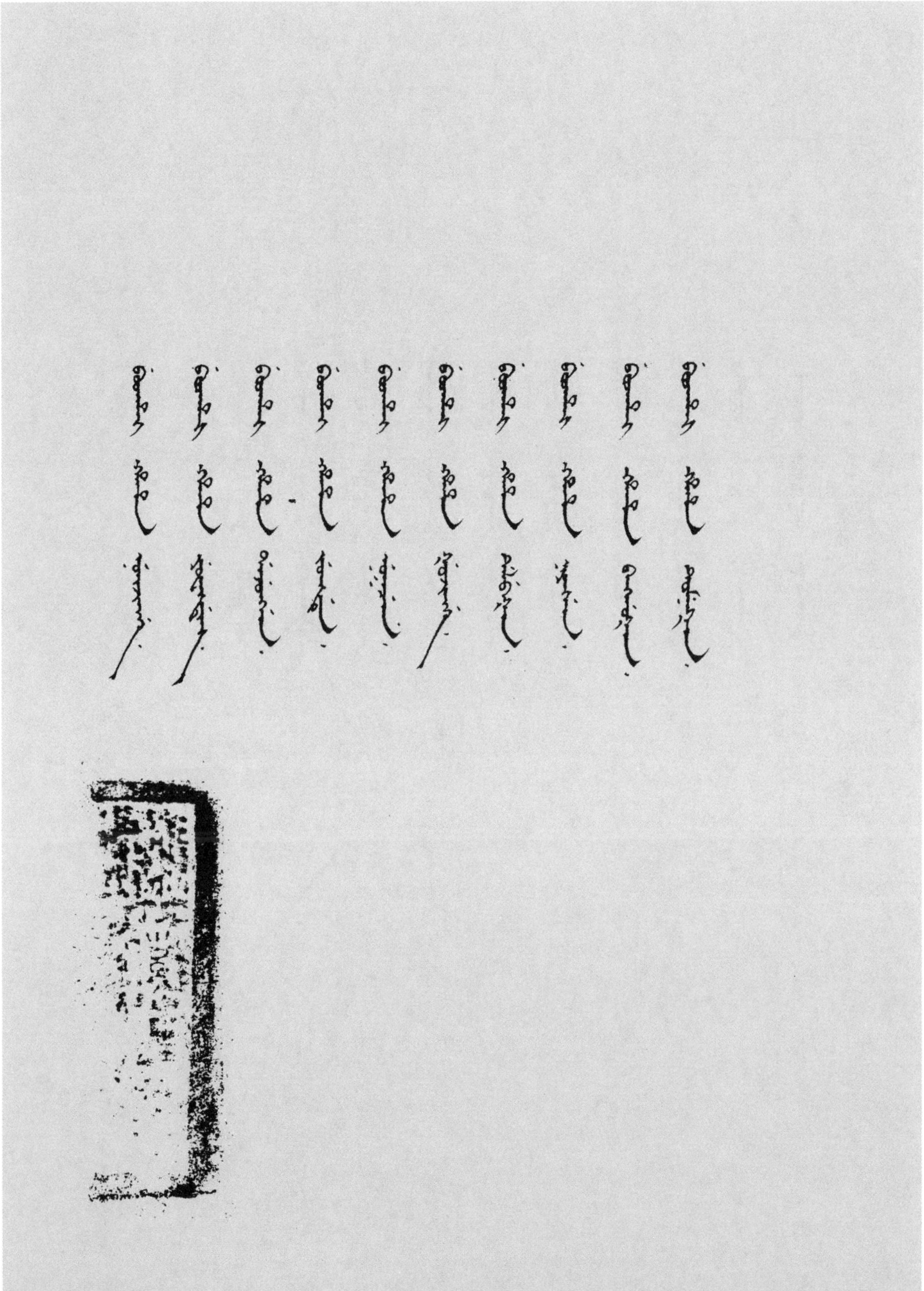

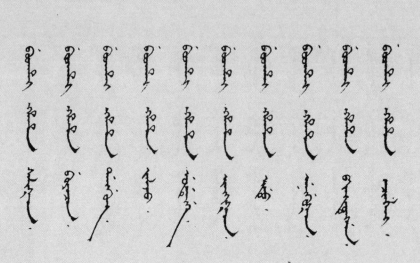

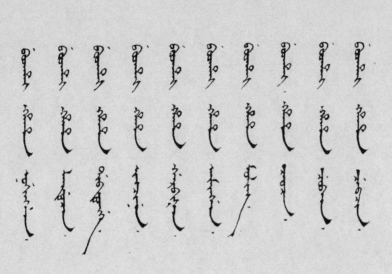

[illegible]

[illegible]

[illegible]

[illegible]

[illegible]

[illegible]

[illegible]

[illegible]

[illegible]

[illegible]

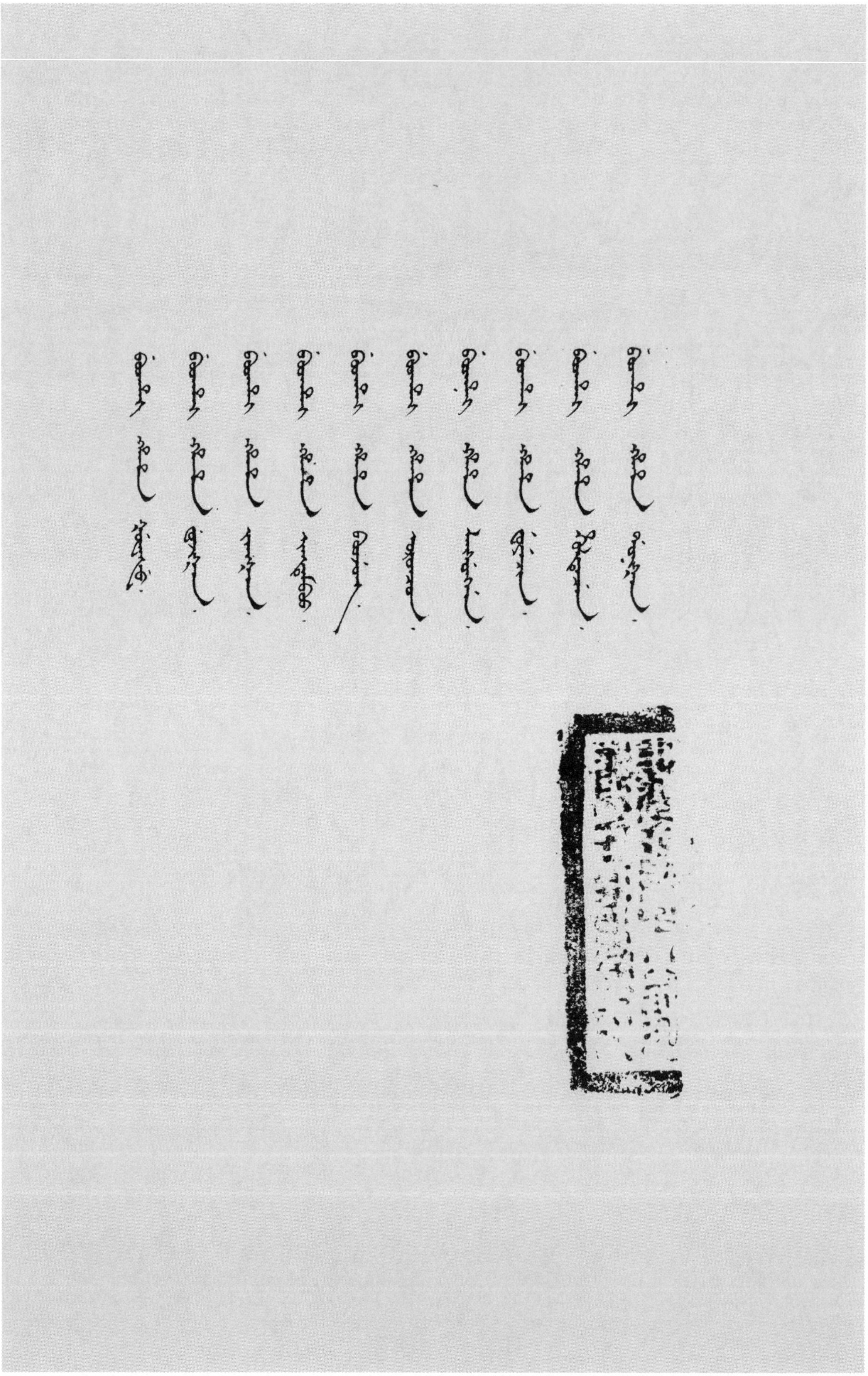

[illegible]

[illegible]

[illegible]

[illegible]

[illegible]

[illegible]

[illegible]

[illegible]

[illegible]

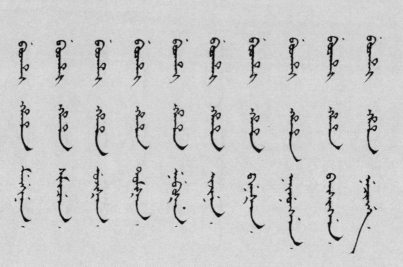

ᠪᠣᡧᠣᡴᡡ ᡤᡝᠪᡠ [illegible]
ᠪᠣᡧᠣᡴᡡ ᡤᡝᠪᡠ [illegible]
ᠪᠣᡧᠣᡴᡡ ᡤᡝᠪᡠ [illegible]
ᠪᠣᡧᠣᡴᡡ ᡤᡝᠪᡠ [illegible]
ᠪᠣᡧᠣᡴᡡ ᡤᡝᠪᡠ [illegible]
ᠪᠣᡧᠣᡴᡡ ᡤᡝᠪᡠ [illegible]
ᠪᠣᡧᠣᡴᡡ ᡤᡝᠪᡠ [illegible]
ᠪᠣᡧᠣᡴᡡ ᡤᡝᠪᡠ [illegible]
ᠪᠣᡧᠣᡴᡡ ᡤᡝᠪᡠ [illegible]
ᠪᠣᡧᠣᡴᡡ ᡤᡝᠪᡠ [illegible]

ᠪᠣᡧᠣᡴᡡ [illegible] [illegible]

ᠪᠣᡧᠣᡴᡡ [illegible] [illegible]

ᠪᠣᡧᠣᡴᡡ [illegible] [illegible]

ᠪᠣᡧᠣᡴᡡ [illegible] [illegible]

ᠪᠣᡧᠣᡴᡡ [illegible] [illegible]

ᠪᠣᡧᠣᡴᡡ [illegible] [illegible]

ᠪᠣᡧᠣᡴᡡ [illegible] [illegible]

ᠪᠣᡧᠣᡴᡡ [illegible] [illegible]

ᠪᠣᡧᠣᡴᡡ [illegible] [illegible]

ᠪᠣᡧᠣᡴᡡ [illegible] [illegible]

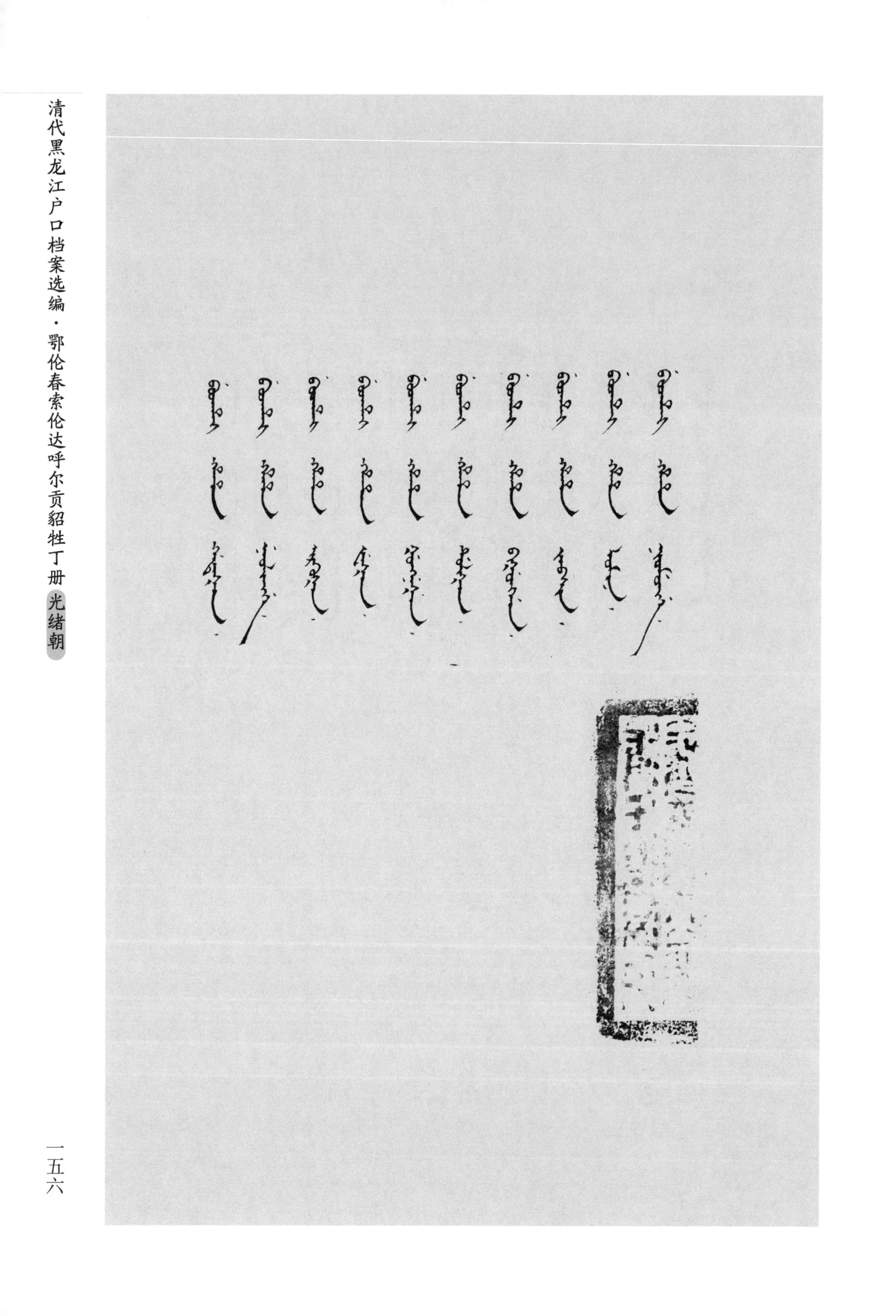

[illegible]
[illegible]
[illegible]
[illegible]
[illegible]
[illegible]
[illegible]
[illegible]
[illegible]
[illegible]

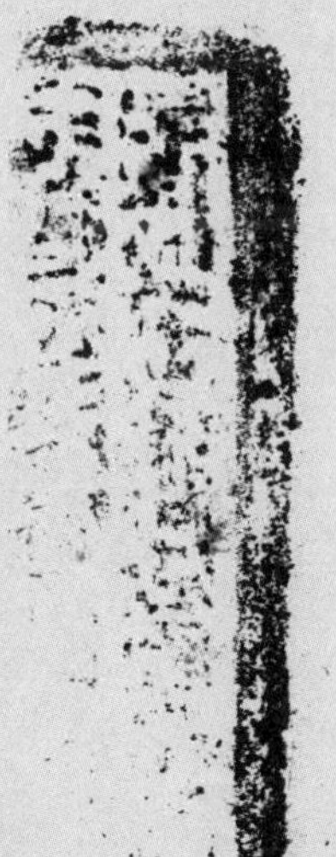

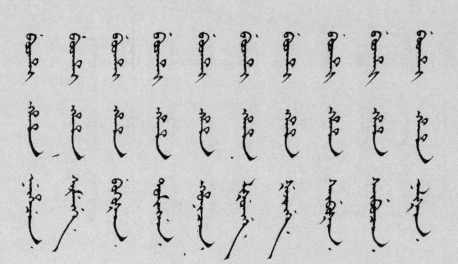

ᠪᠣᡧᠣᡴᡡ ᡤᡝᠪᡠ ᠨᡳᠣᠯᡳᠨ
ᠪᠣᡧᠣᡴᡡ ᡤᡝᠪᡠ ᡴᡝᠰᡳᠩᡤᡝ
ᠪᠣᡧᠣᡴᡡ ᡤᡝᠪᡠ ᠪᠣᠪᡠᠯᡳᠨ
ᠪᠣᡧᠣᡴᡡ ᡤᡝᠪᡠ ᡶᡠᠯᡳᠩᡤᠠ
ᠪᠣᡧᠣᡴᡡ ᡤᡝᠪᡠ ᠪᠣᠨᡳᠩᡤᡝ
ᠪᠣᡧᠣᡴᡡ ᡤᡝᠪᡠ ᠰᡝᠩᡤᡝ
ᠪᠣᡧᠣᡴᡡ ᡤᡝᠪᡠ ᠰᡳᠩᡤᡝ
ᠪᠣᡧᠣᡴᡡ ᡤᡝᠪᡠ ᠵᠠᠪᡩᡠᠨ
ᠪᠣᡧᠣᡴᡡ ᡤᡝᠪᡠ ᠵᠠᠪᡧᠠᠨ
ᠪᠣᡧᠣᡴᡡ ᡤᡝᠪᡠ ᠨᡳᠩᠴᡳᠨ

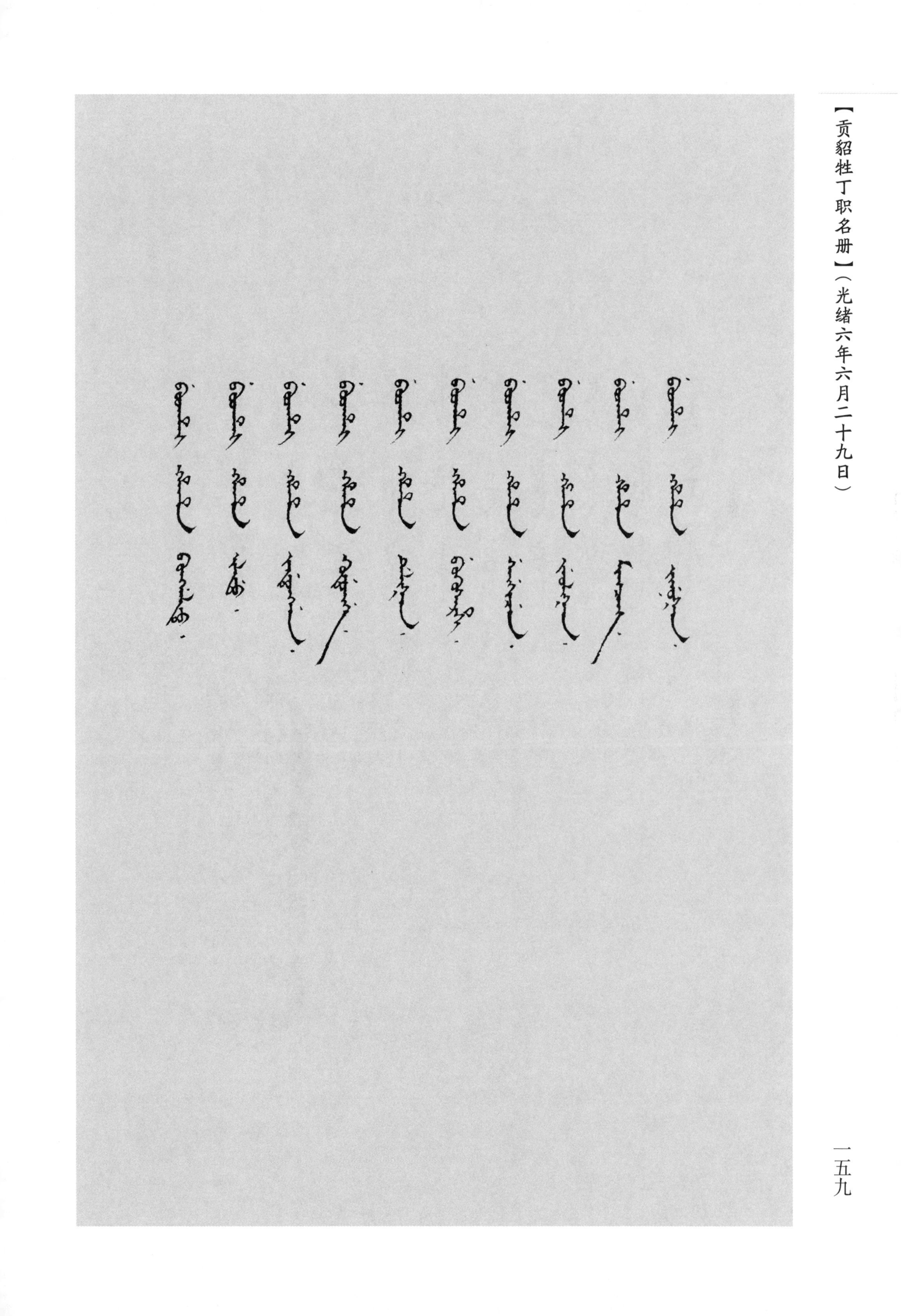

[illegible]
[illegible]
[illegible]
[illegible]
[illegible]
[illegible]
[illegible]
[illegible]
[illegible]
[illegible]

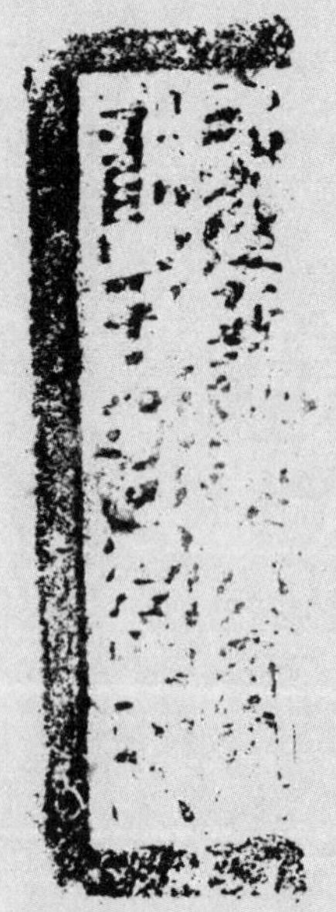

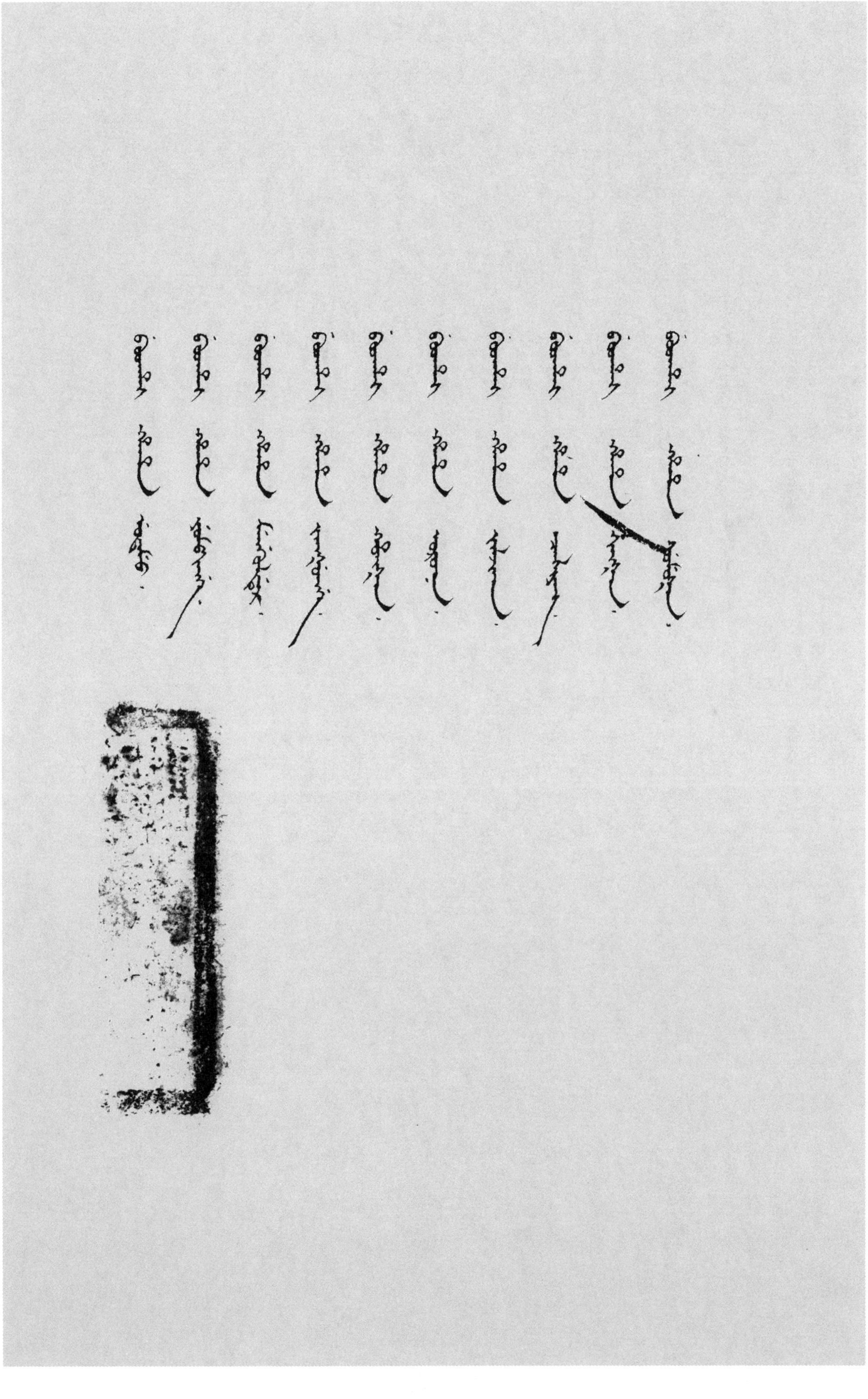

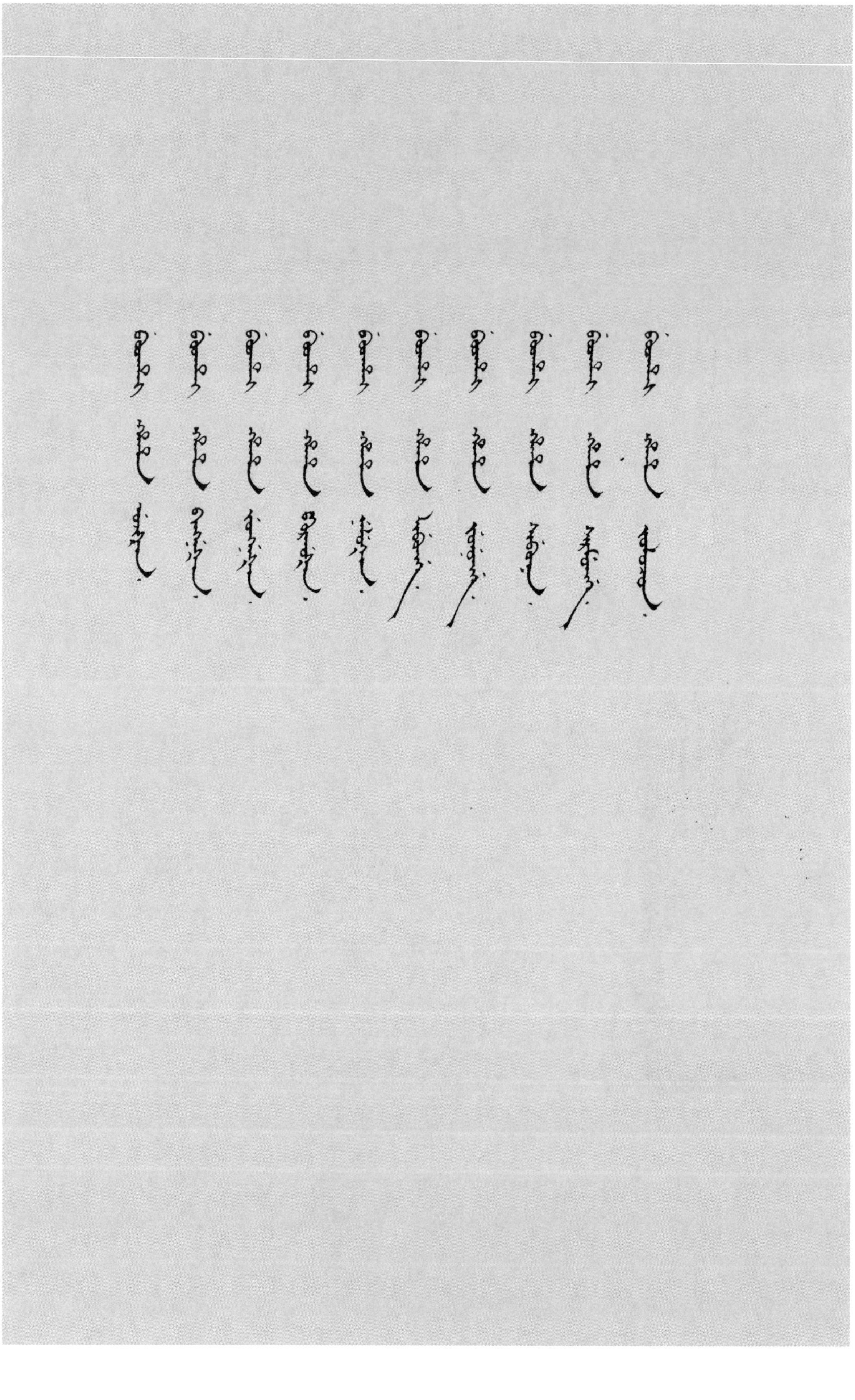

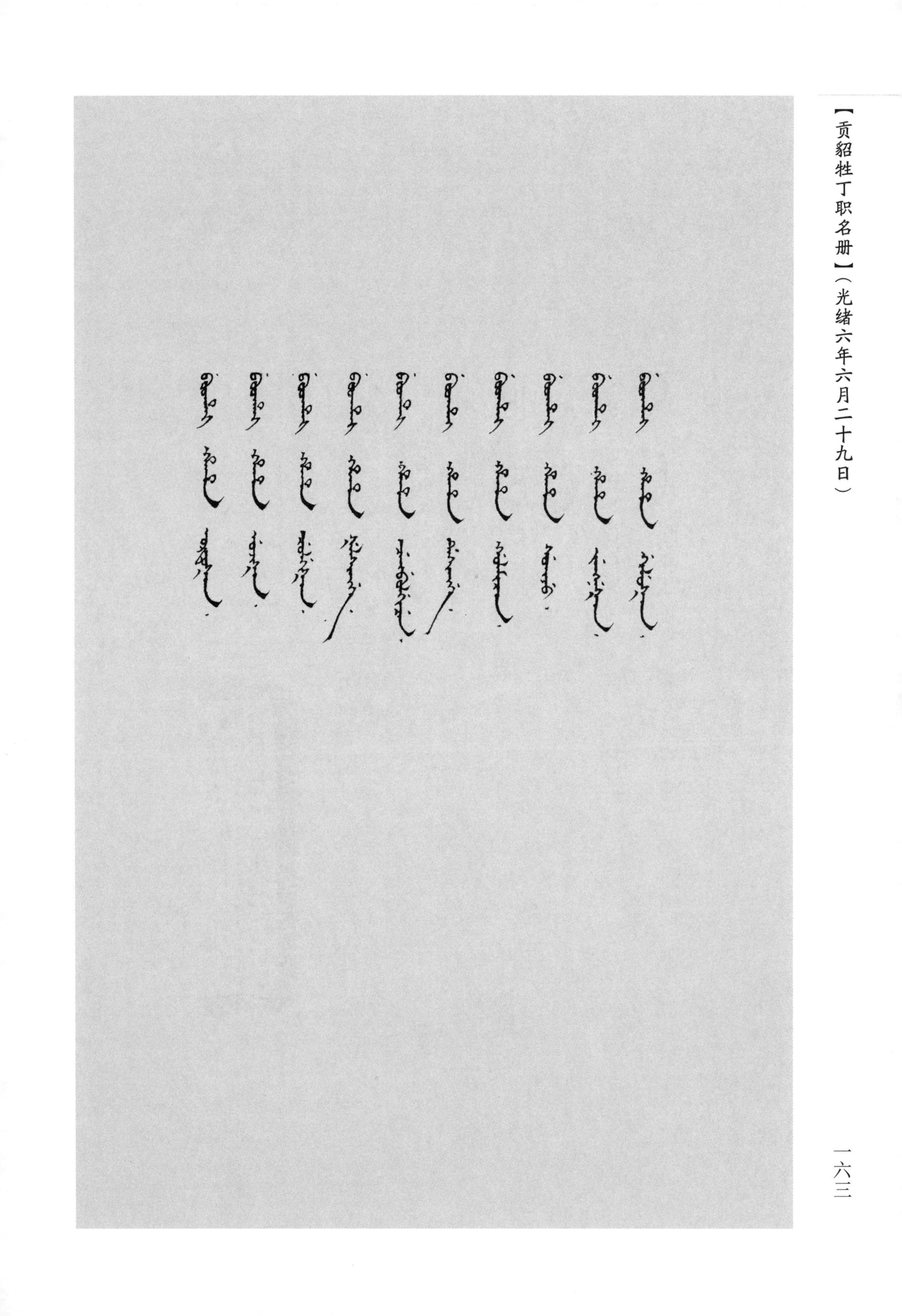

[illegible]

[illegible]

[illegible]

[illegible]

[illegible]

[illegible]

[illegible]

[illegible]

[illegible]

[illegible]

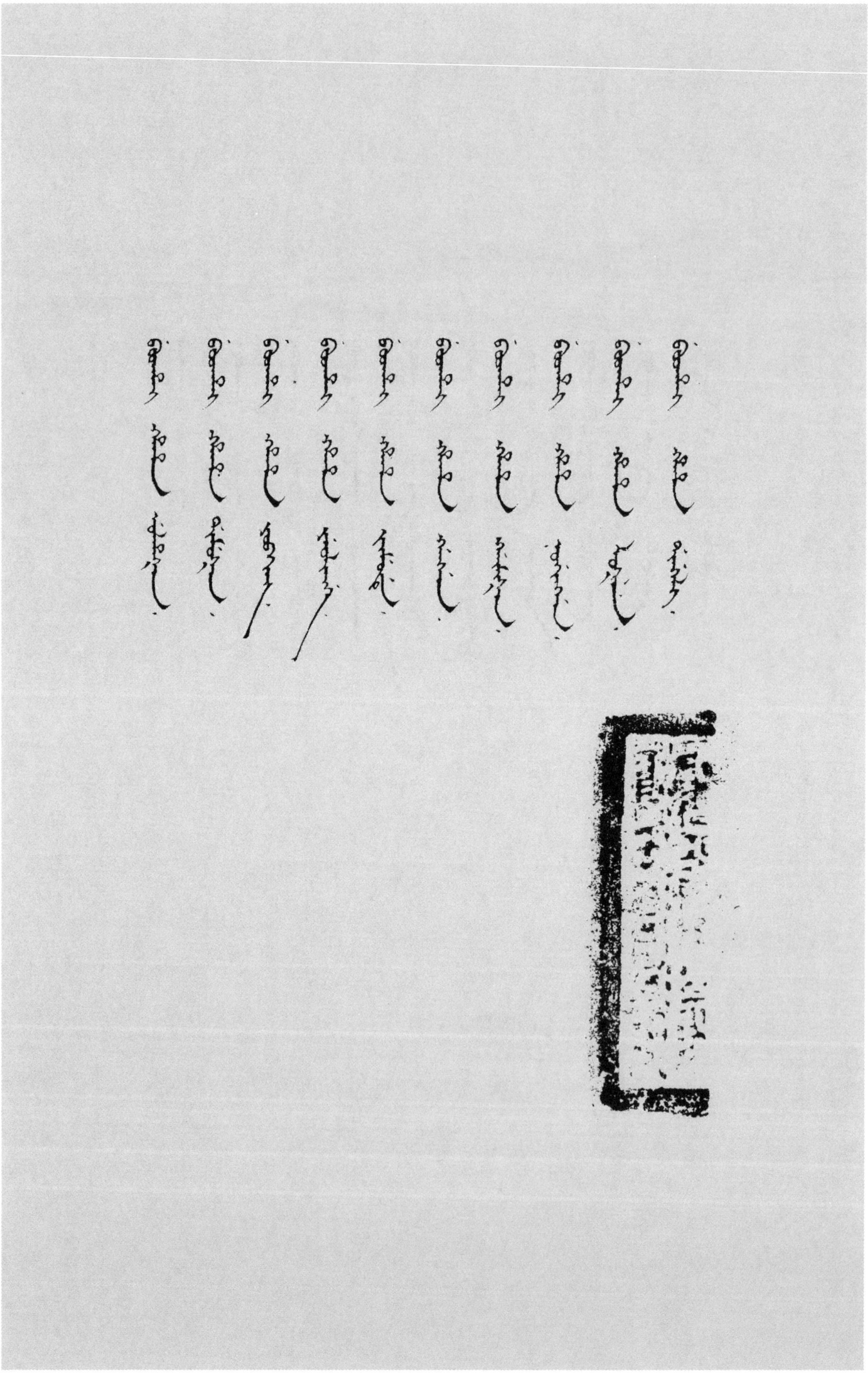

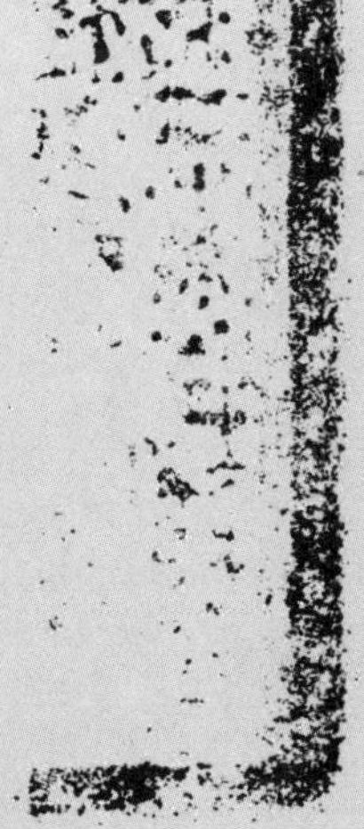

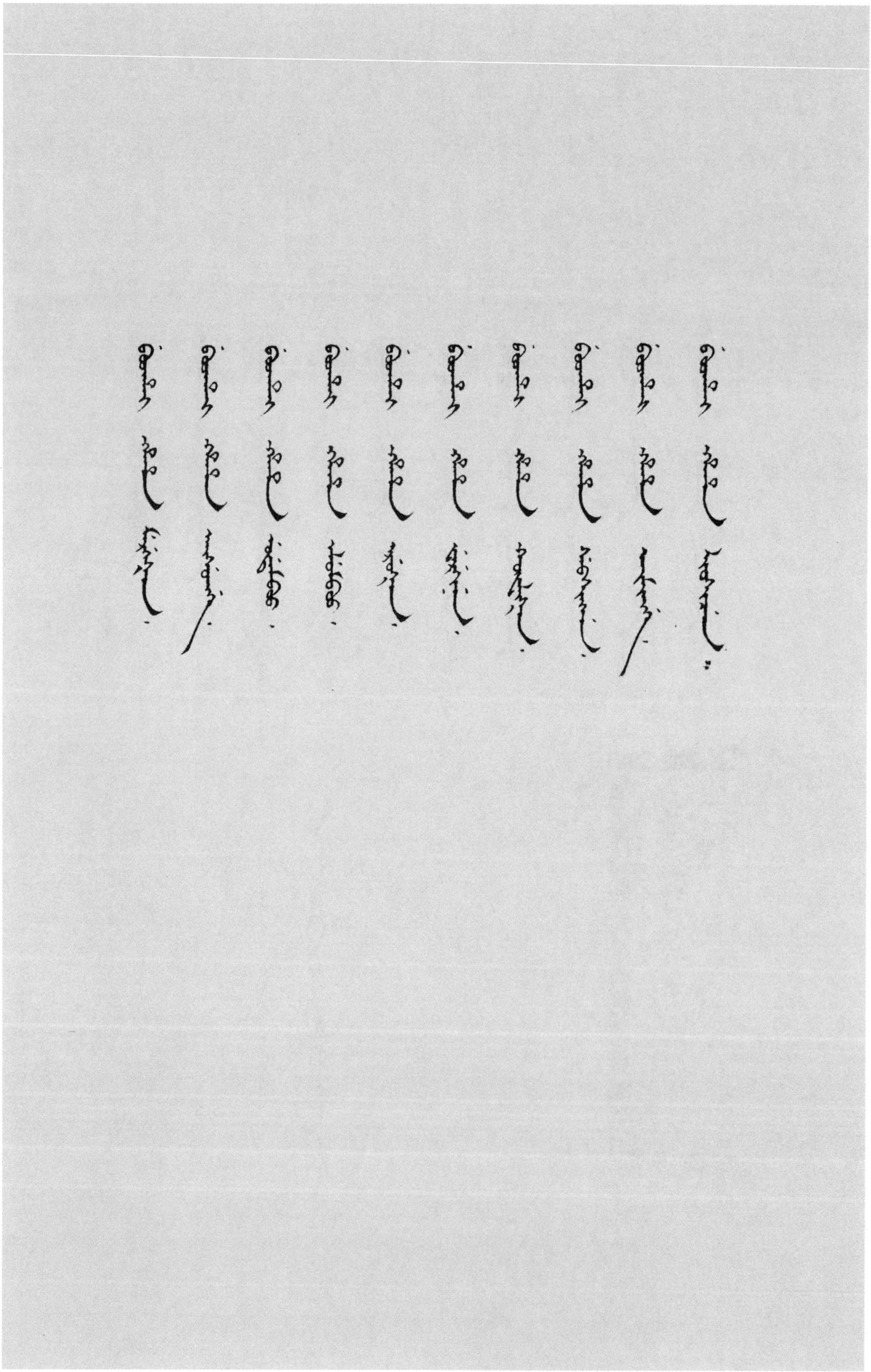

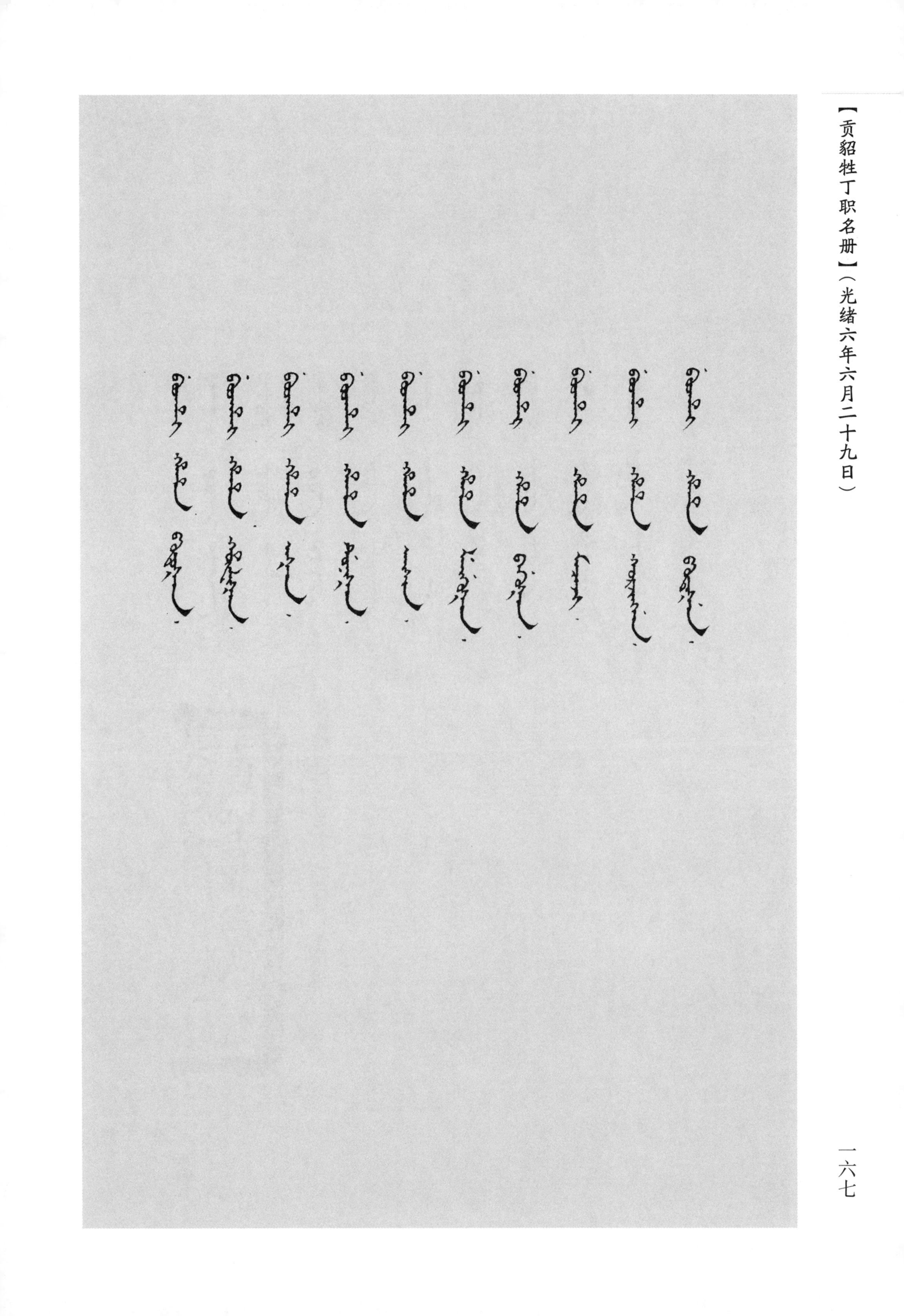

[illegible]

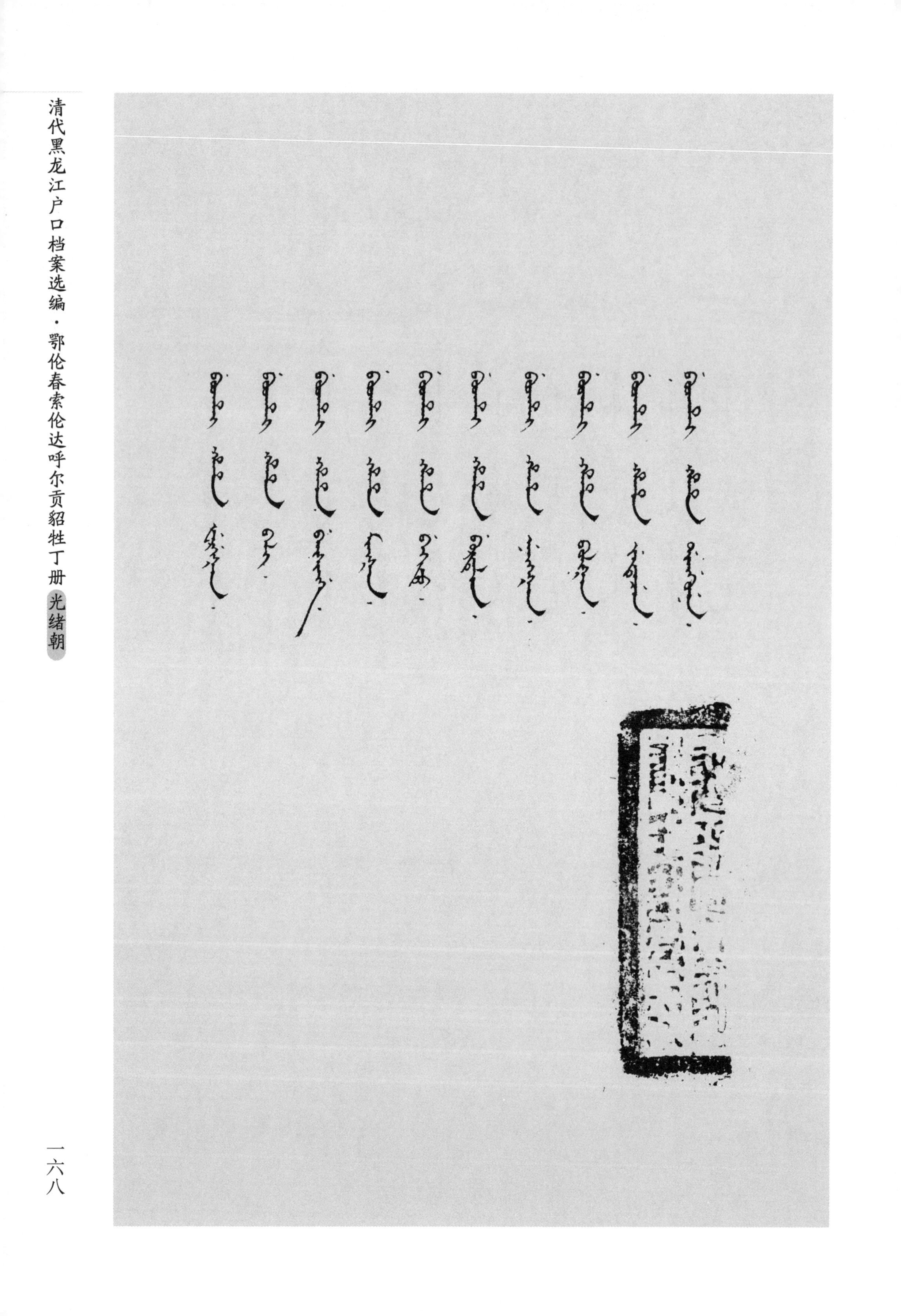

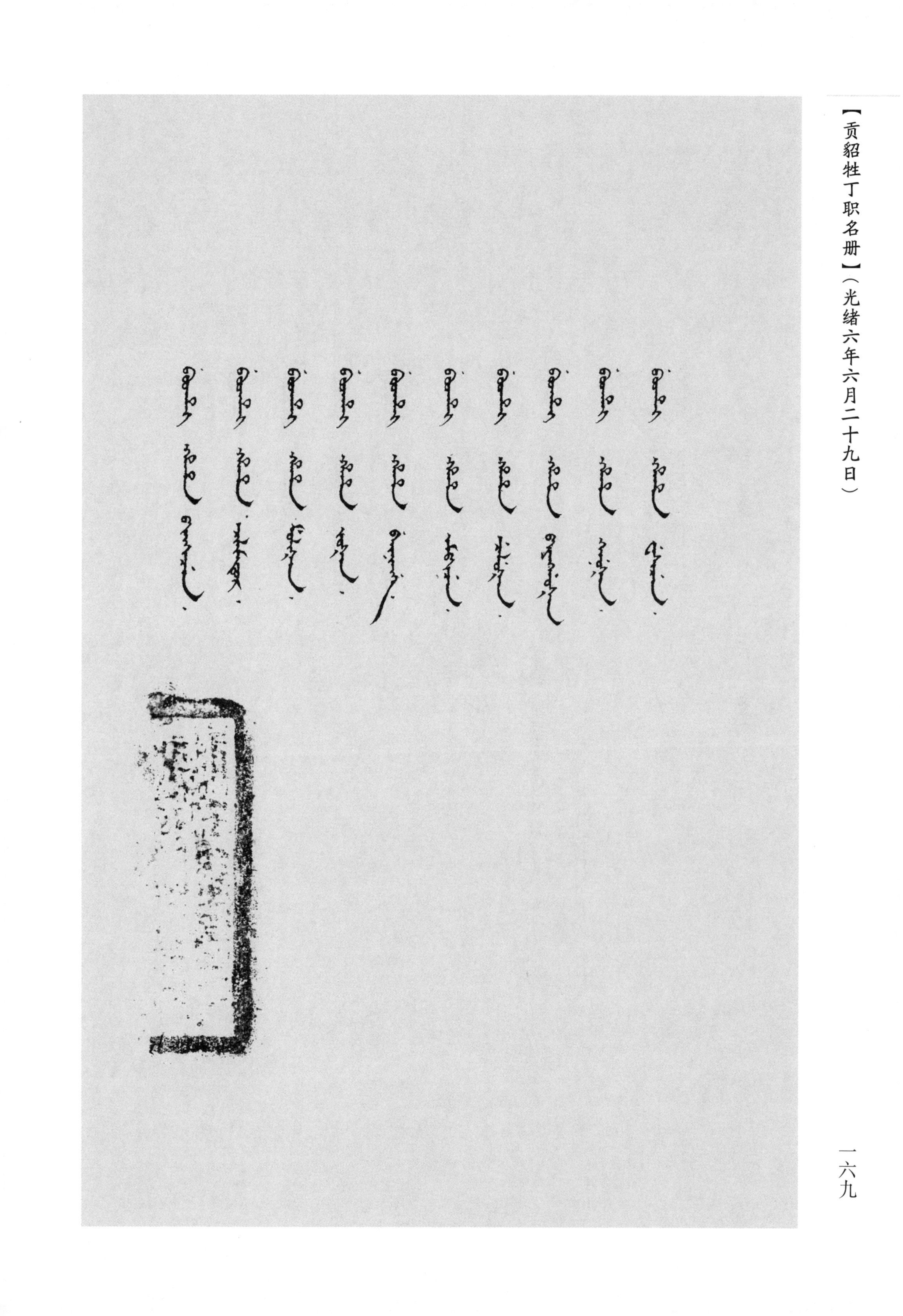

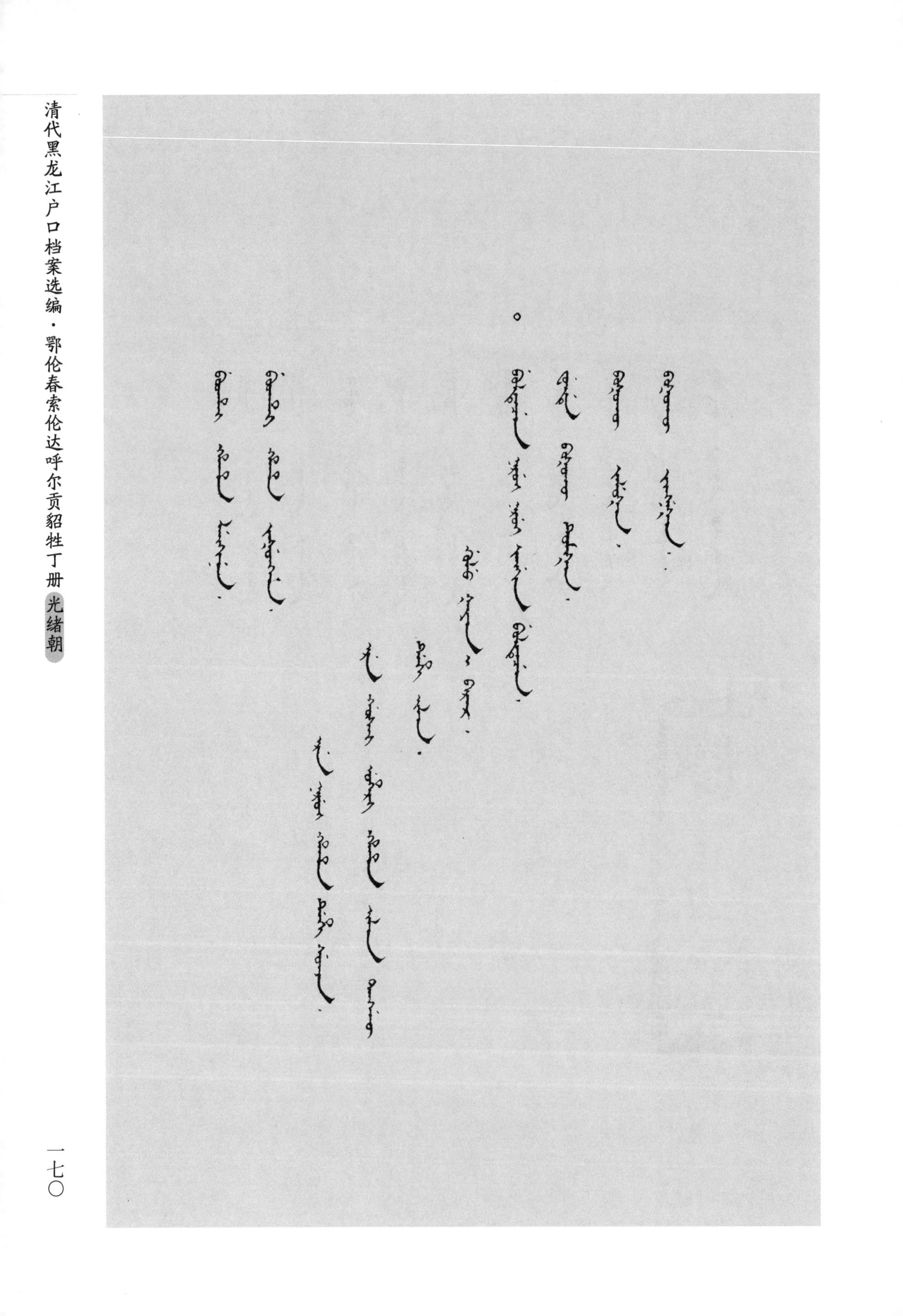

[illegible]

[illegible]

[illegible]

[illegible]

[illegible]

[illegible]

[illegible]

[illegible]

[illegible]

[illegible]

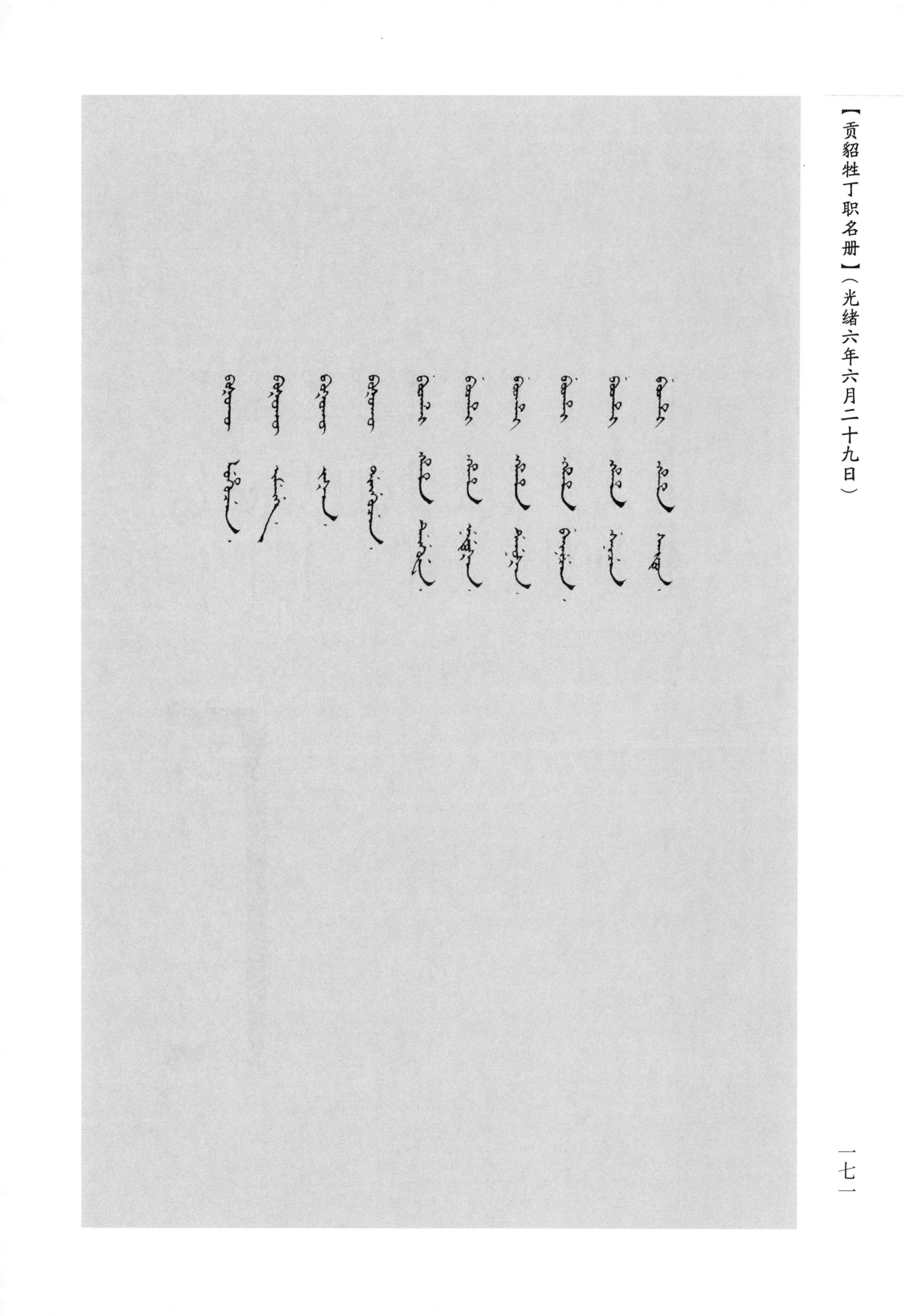

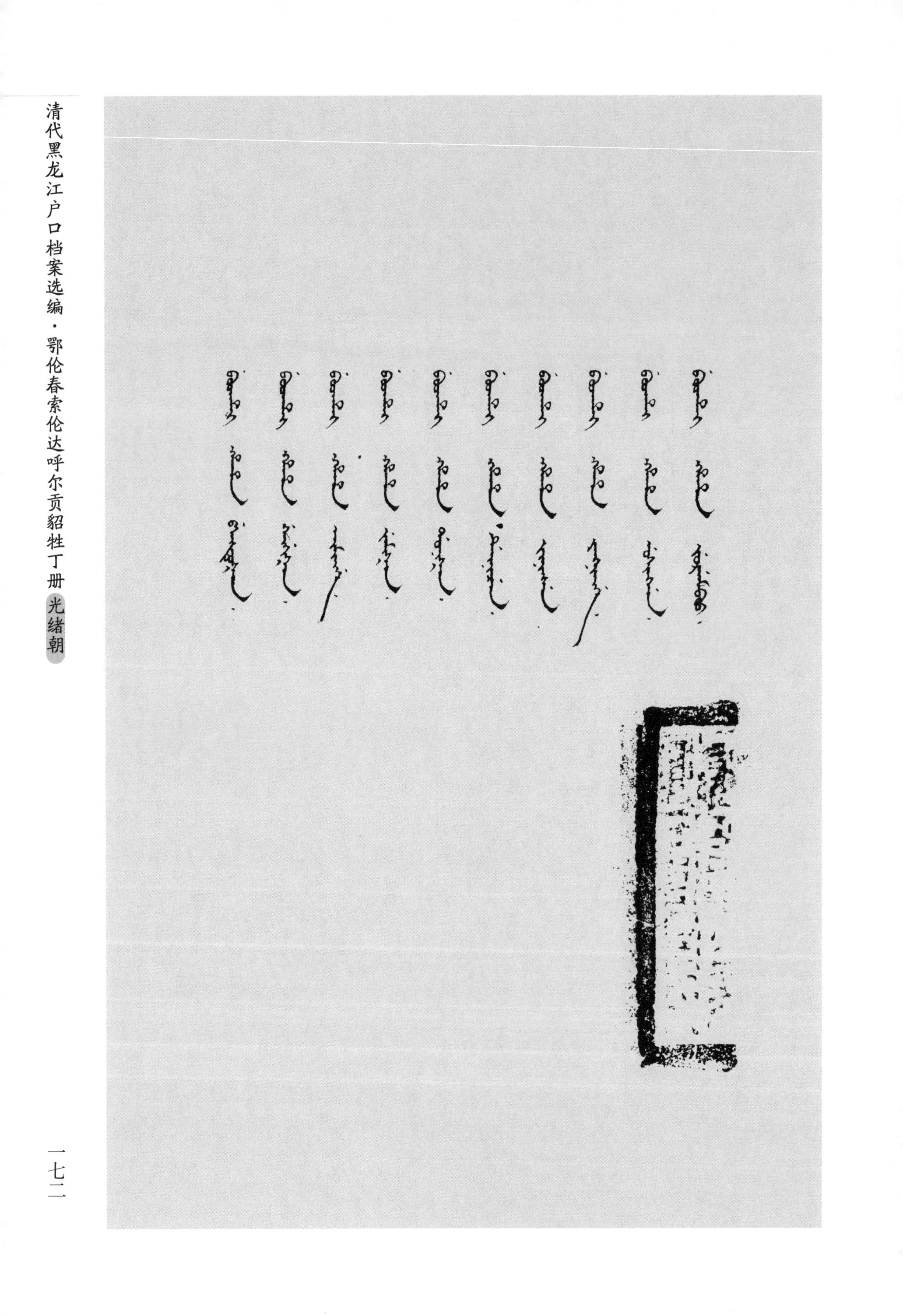

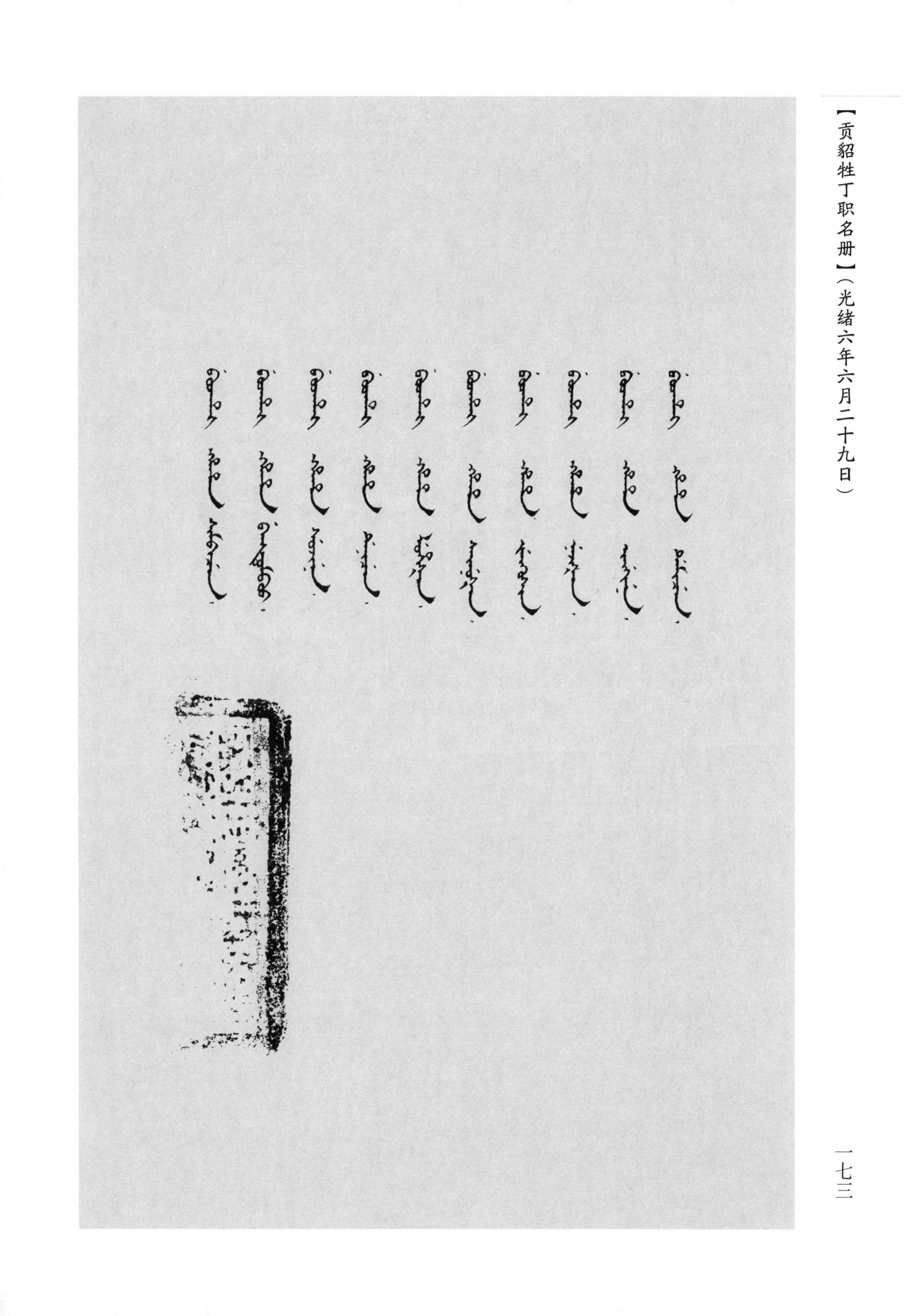

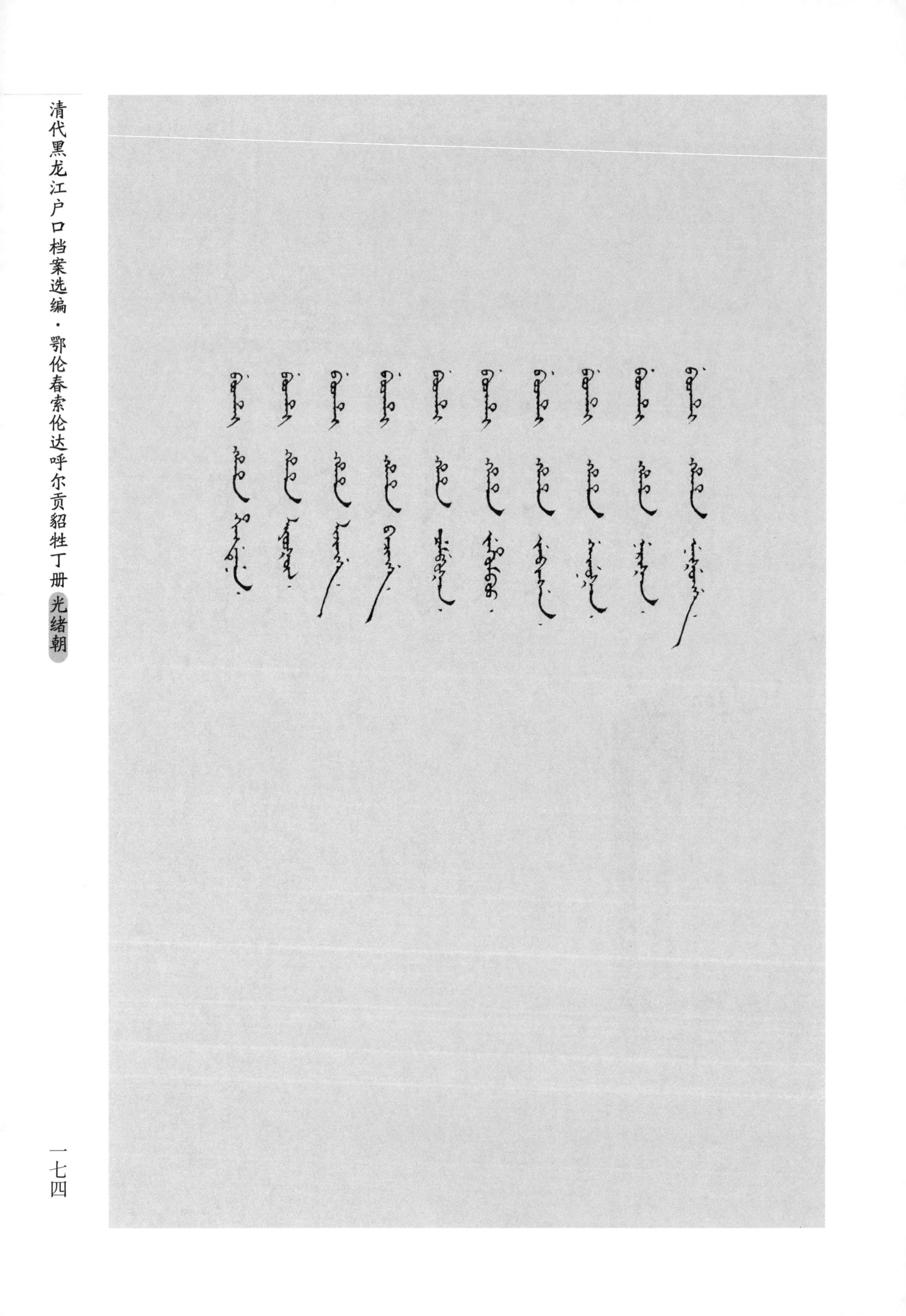

[illegible]
[illegible]
[illegible]
[illegible]
[illegible]
[illegible]
[illegible]
[illegible]
[illegible]
[illegible]

ᠪᠠᡳᡨᠠᠩᡤᠠ ᠪᠣᠣ ᠰᡝᠯᡝᠩᡤᡝ

ᠪᠠᡳᡨᠠᠩᡤᠠ ᠪᠣᠣ ᠨᡳᠩᡤᡝ

ᠪᠠᡳᡨᠠᠩᡤᠠ ᠪᠣᠣ ᡳᠯᡝᠩᡤᡝ

○ ᡥᡡᠸᠠᠩᡩᡳ ᡳᠨᡝᠩᡤᡳ ᡳᠨᡝᠩᡤᡳ ᠪᡳᠯᡝ ᡥᡡᠸᠠᠩᡩᡳ

ᠪᠣᡧᠣᡴᡡ ᠰᠣᠨᡳᠩᡤᠠ

ᠪᠣᡧᠣᡴᡡ ᠨᡳᠩᡤᠣᠨ

ᠪᠣᡧᠣᡴᡡ ᠰᡳᠮᡳᠨ

ᠪᠣᡧᠣᡴᡡ ᠰᡳᠪᡳᡥᡡ

ᡨᡝ ᡳᠨᡝᠩᡤᡳ ᠪᠣᠣ ᠪᡳᠰᡳᡵᡝ ᠰᡳᠮᡝ

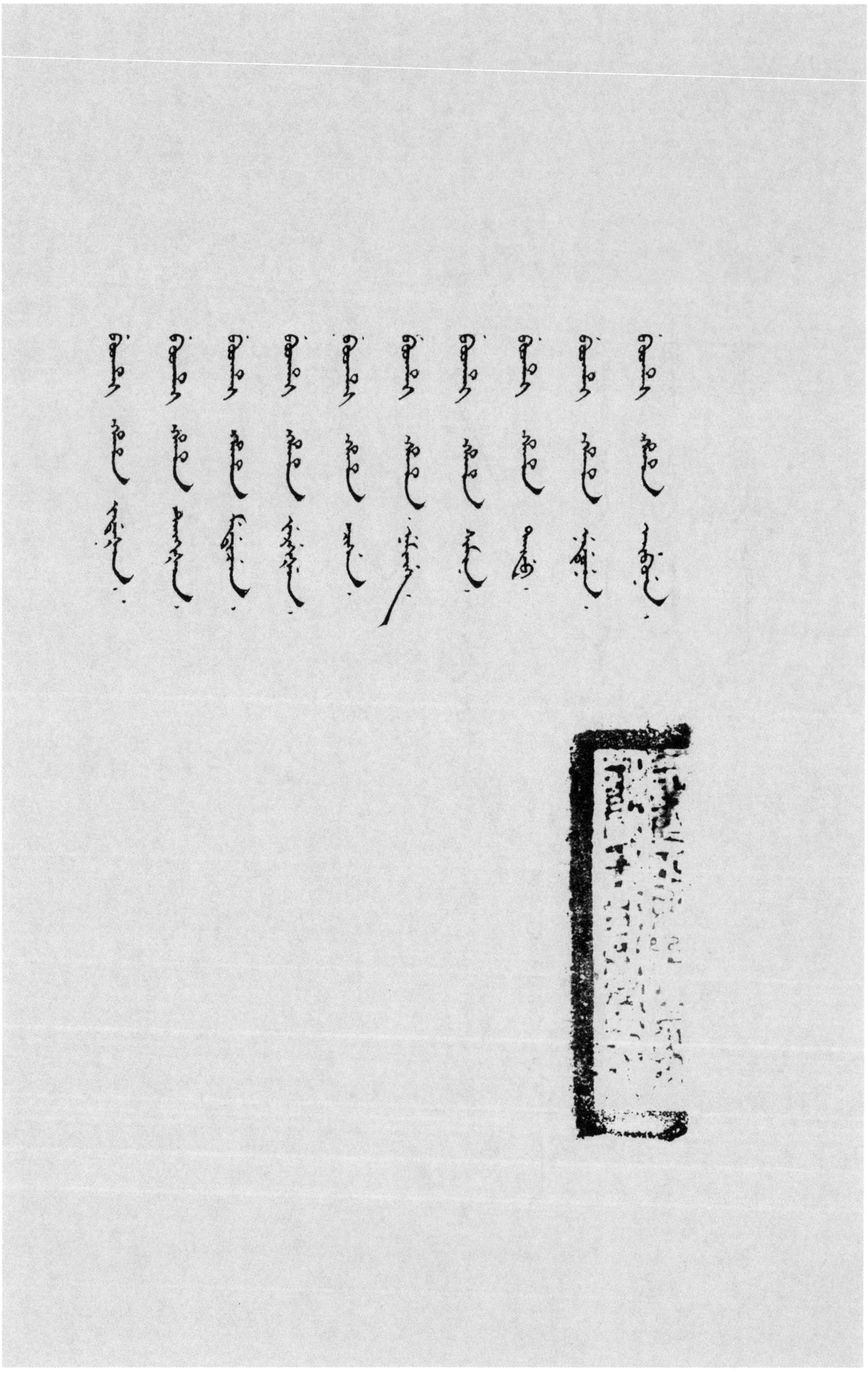

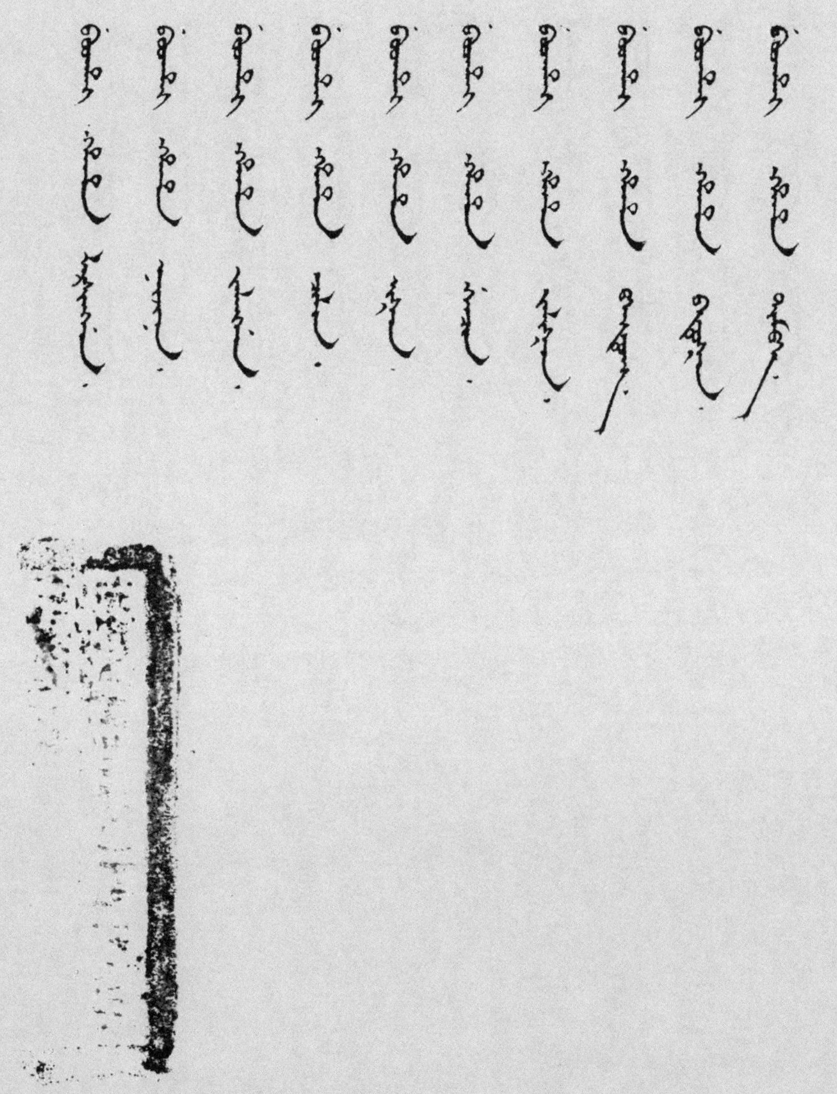

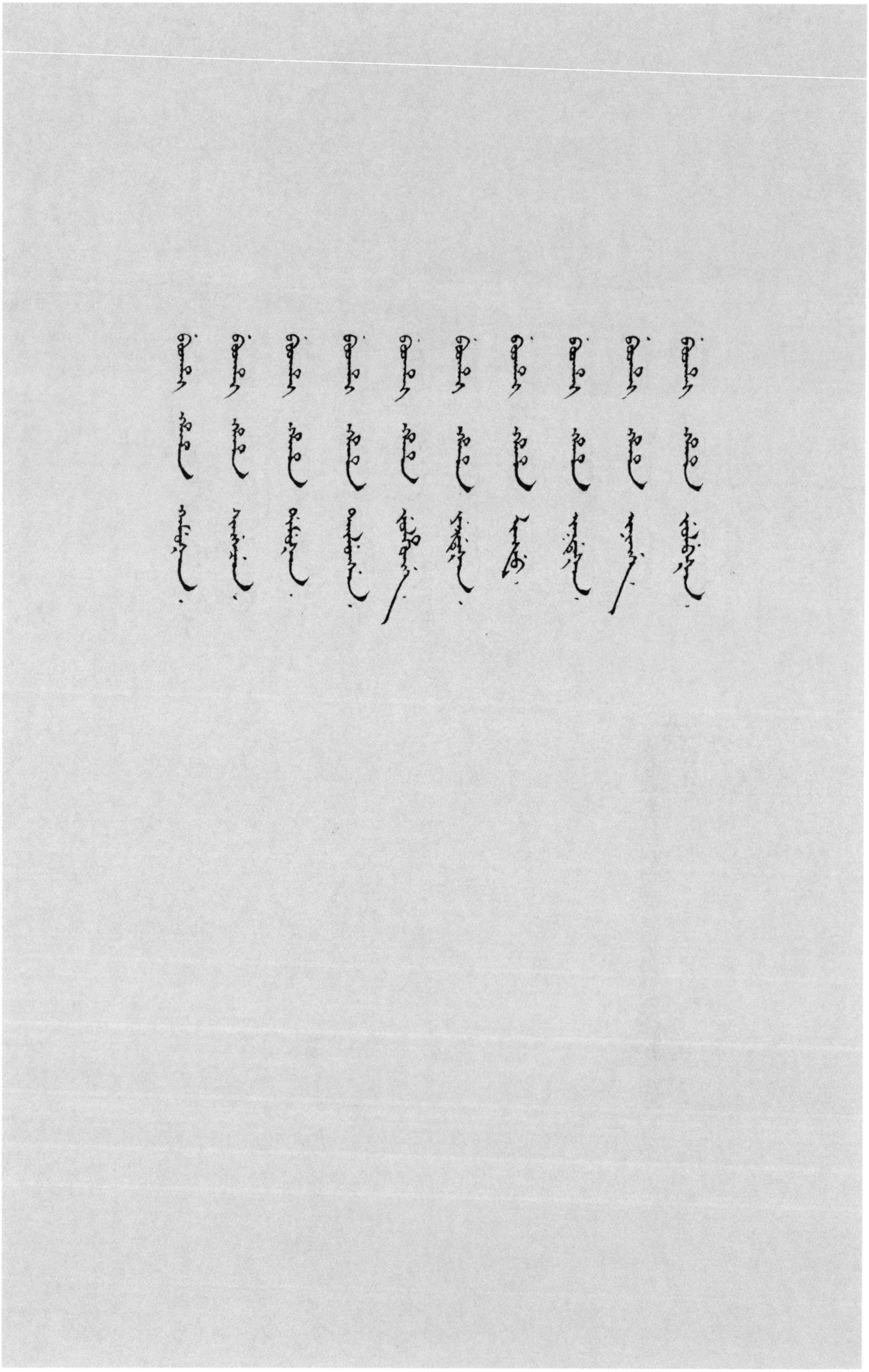

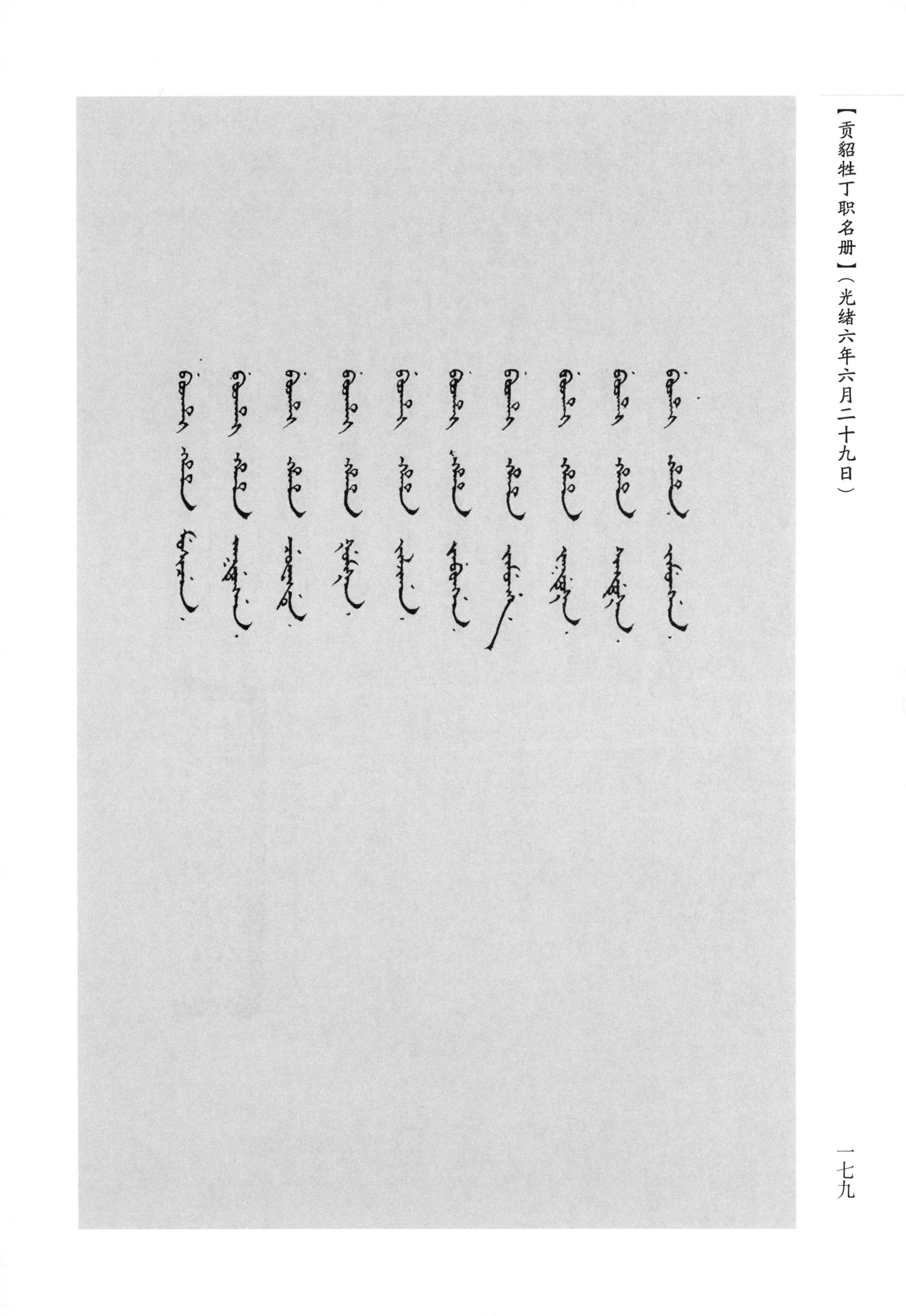

[illegible]
[illegible]
[illegible]
[illegible]
[illegible]
[illegible]
[illegible]
[illegible]
[illegible]
[illegible]

[illegible]
[illegible]
[illegible]
[illegible]
[illegible]
[illegible]
[illegible]
[illegible]
[illegible]
[illegible]

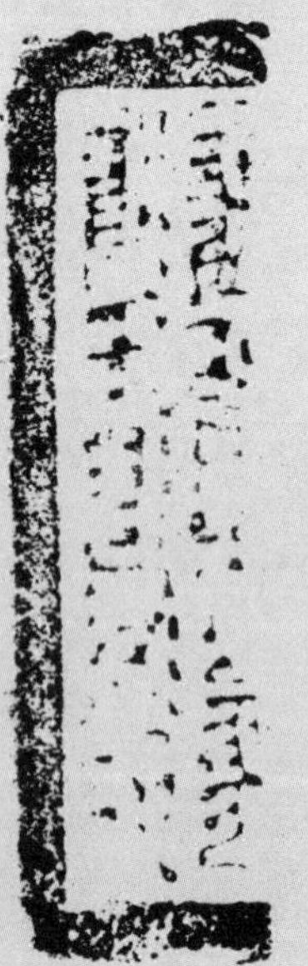

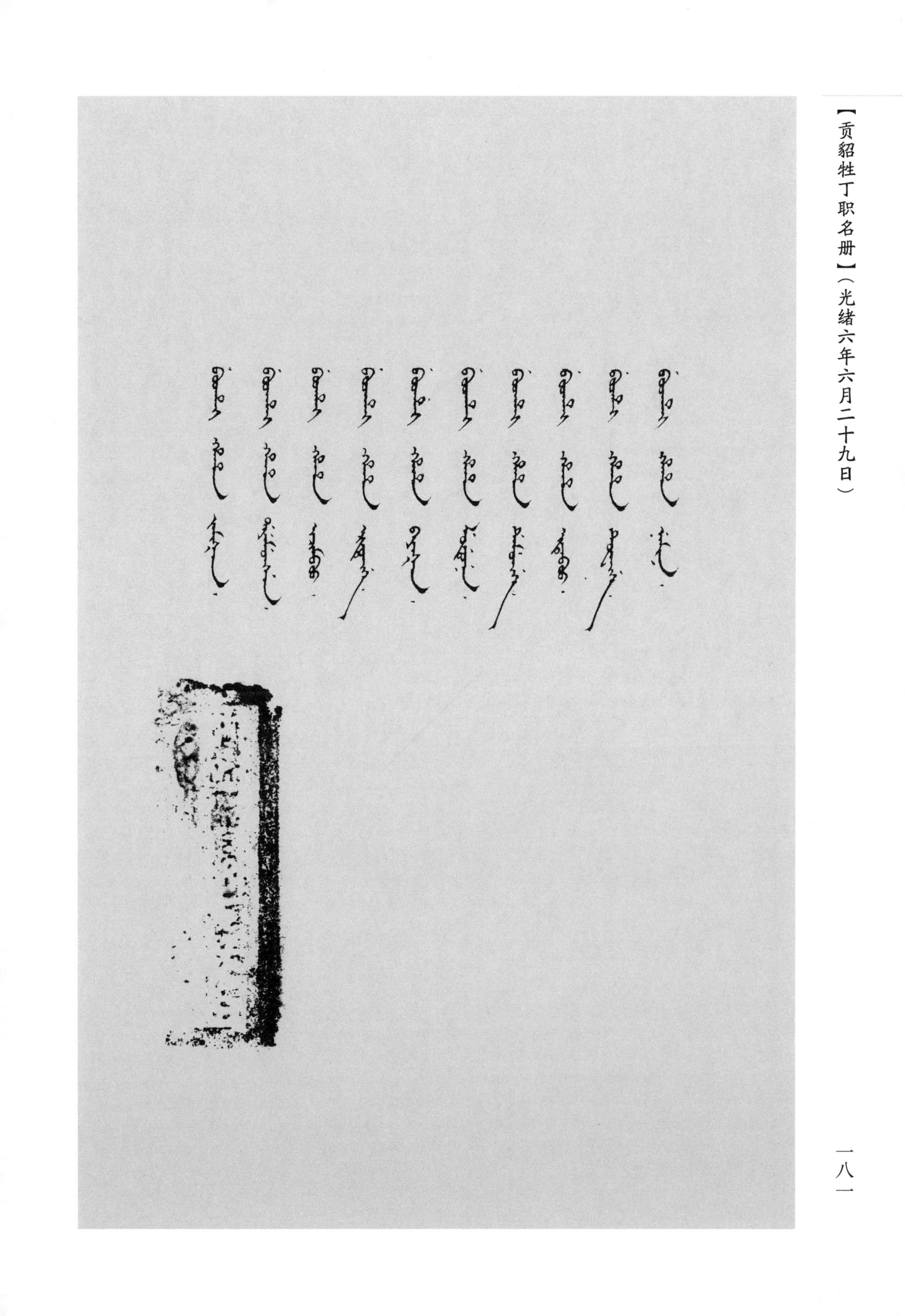

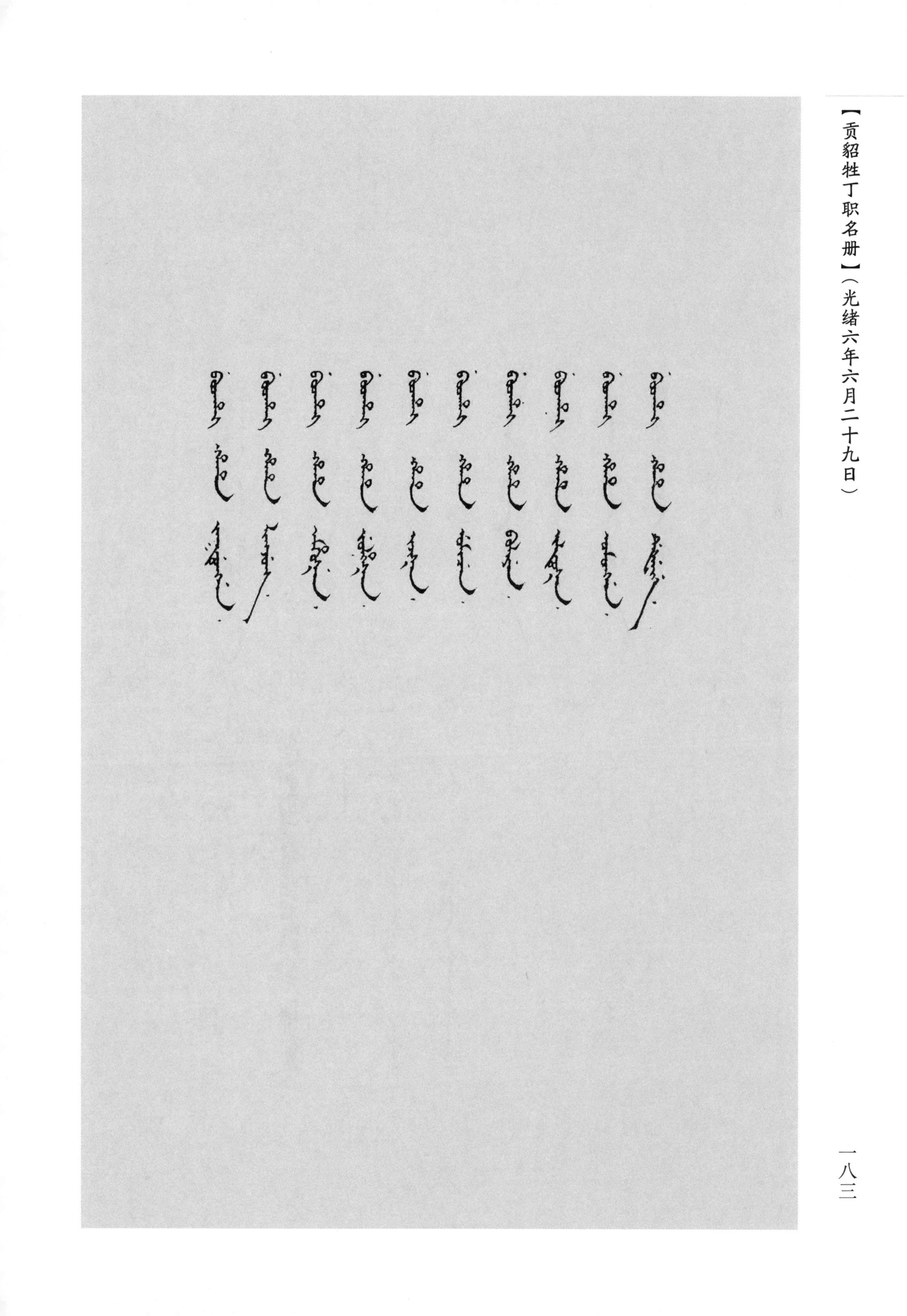

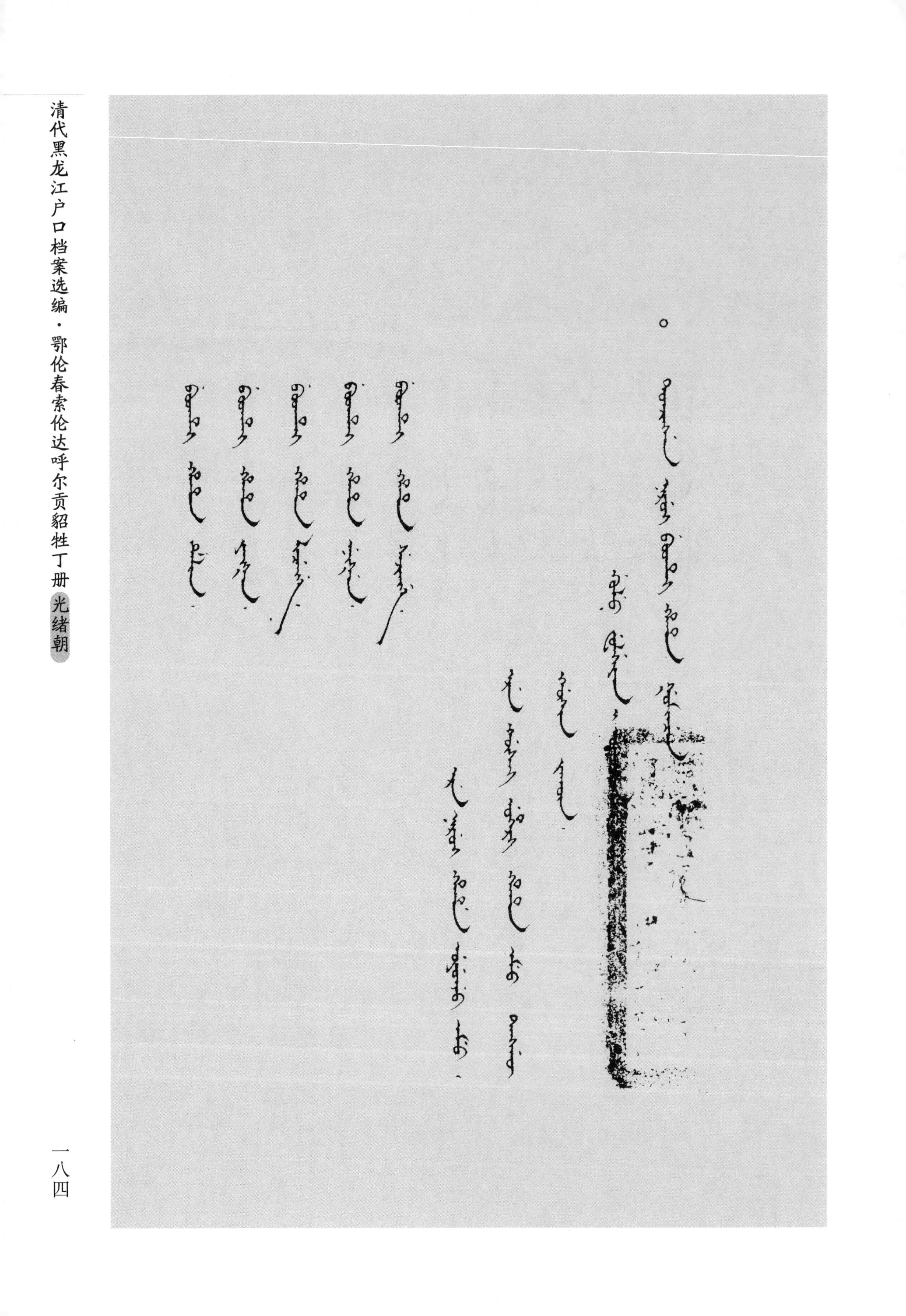

[illegible]

[illegible]

[illegible]

[illegible]

[illegible]

[illegible]

[illegible]

[illegible]

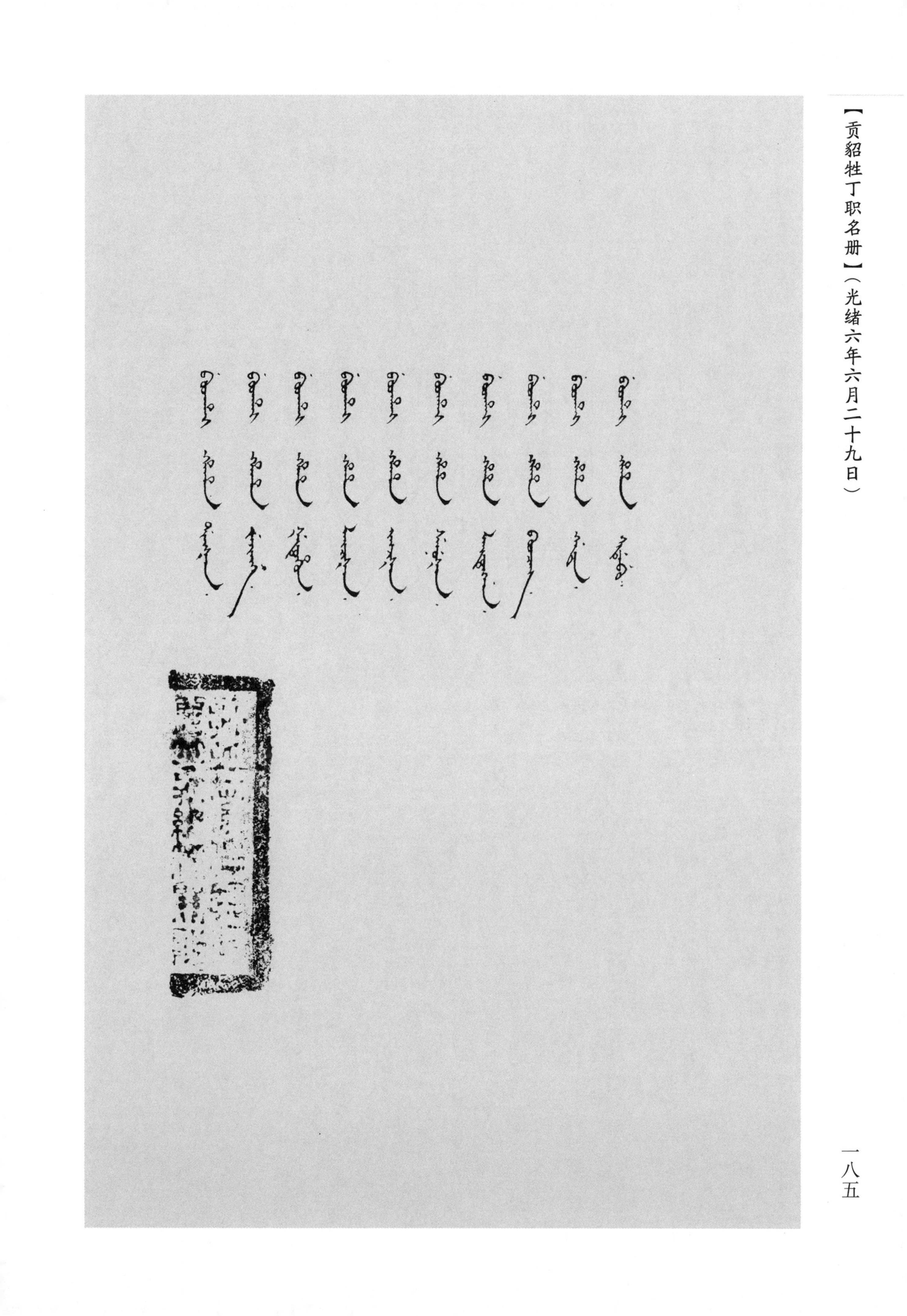

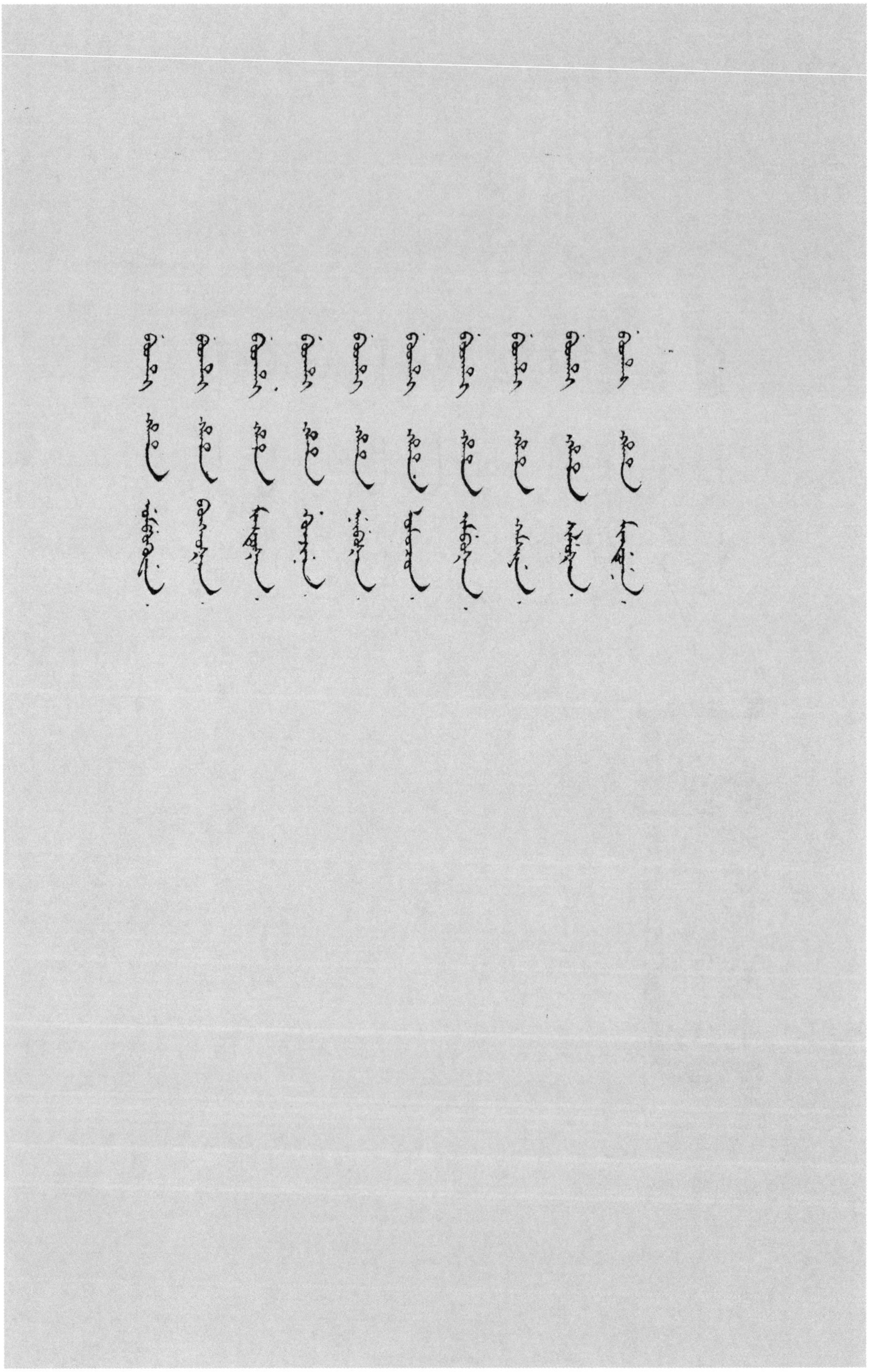

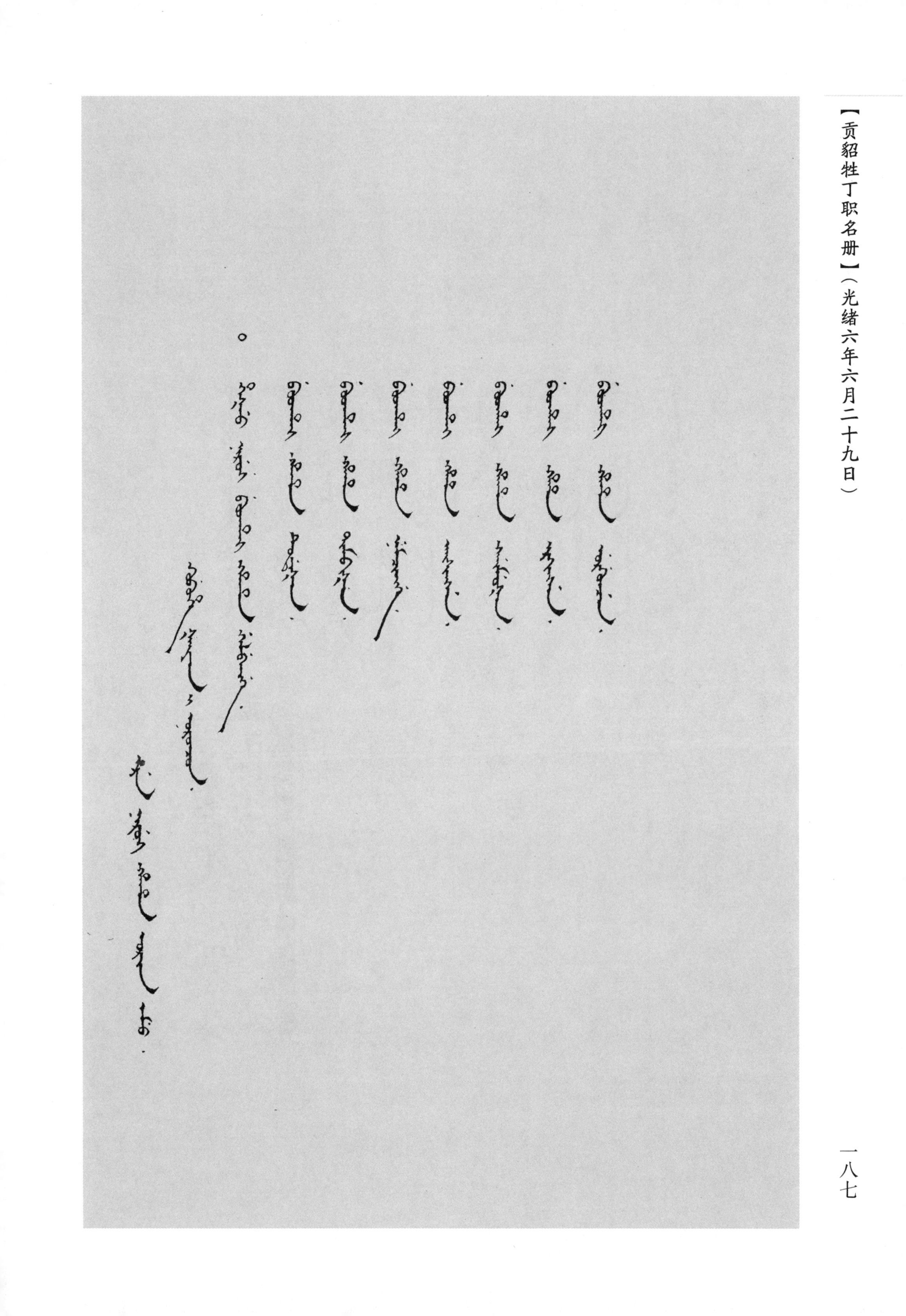

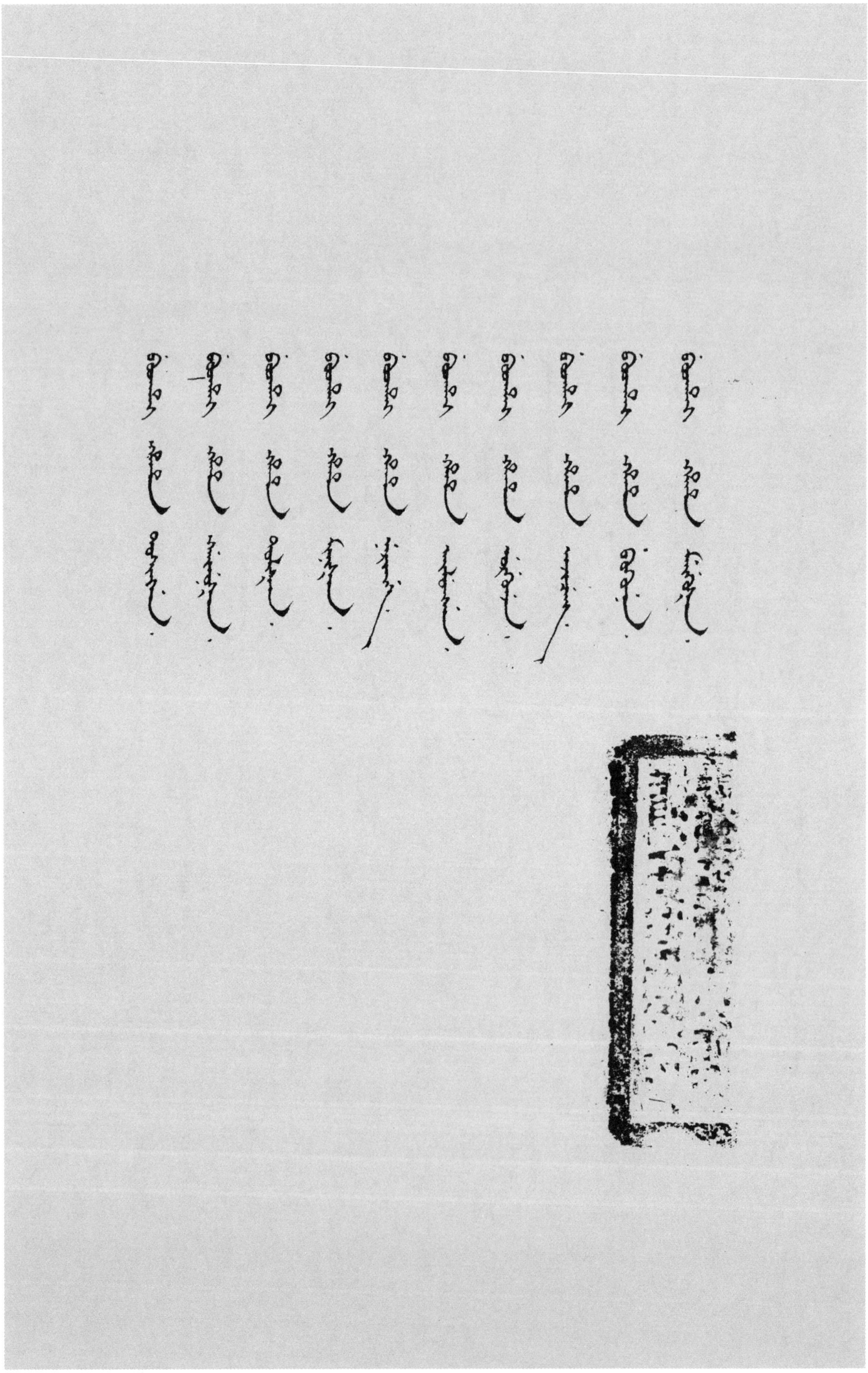

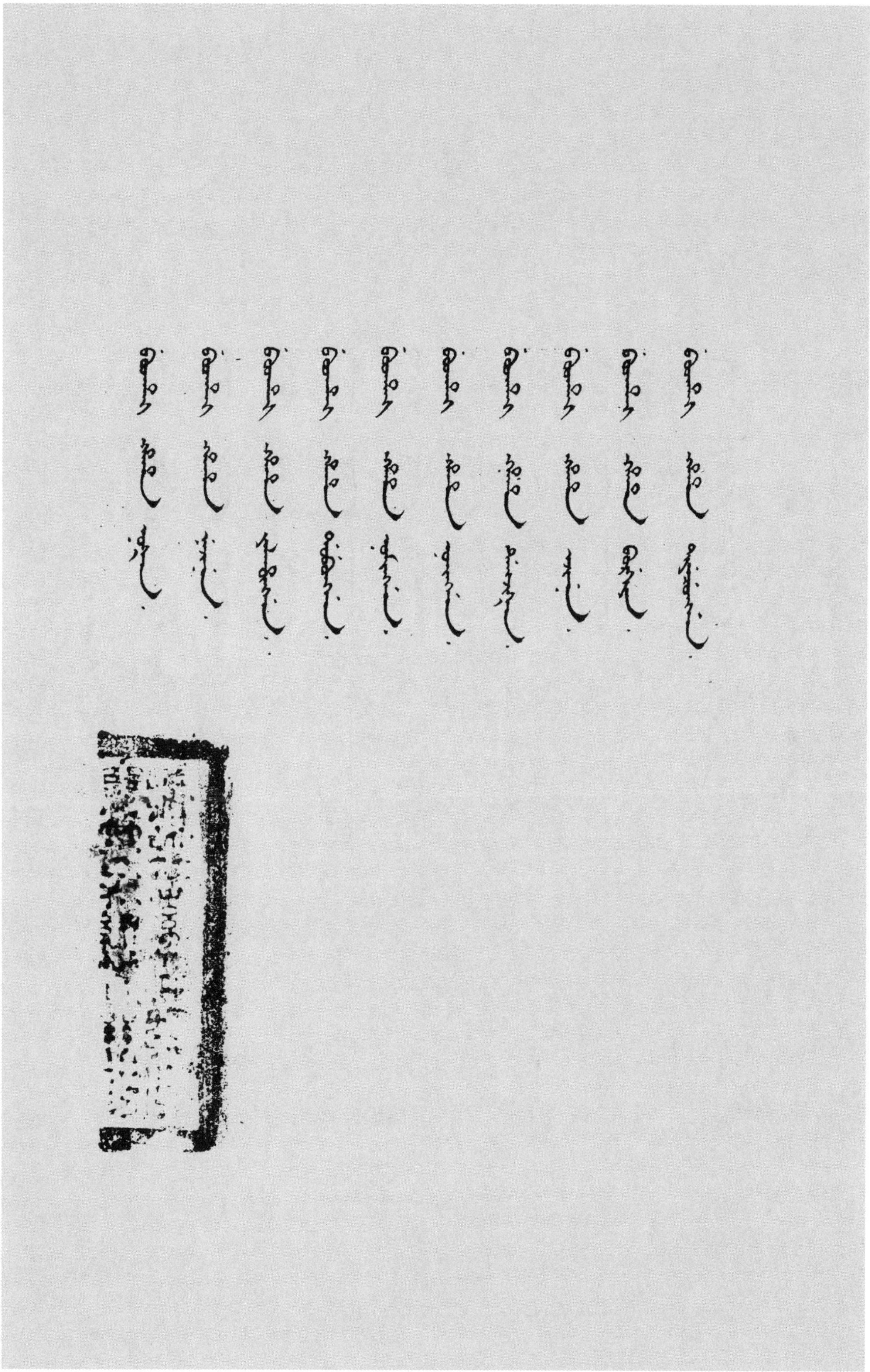

[illegible]
[illegible]
[illegible]
[illegible]
[illegible]
[illegible]
[illegible]
[illegible]
[illegible]
[illegible]

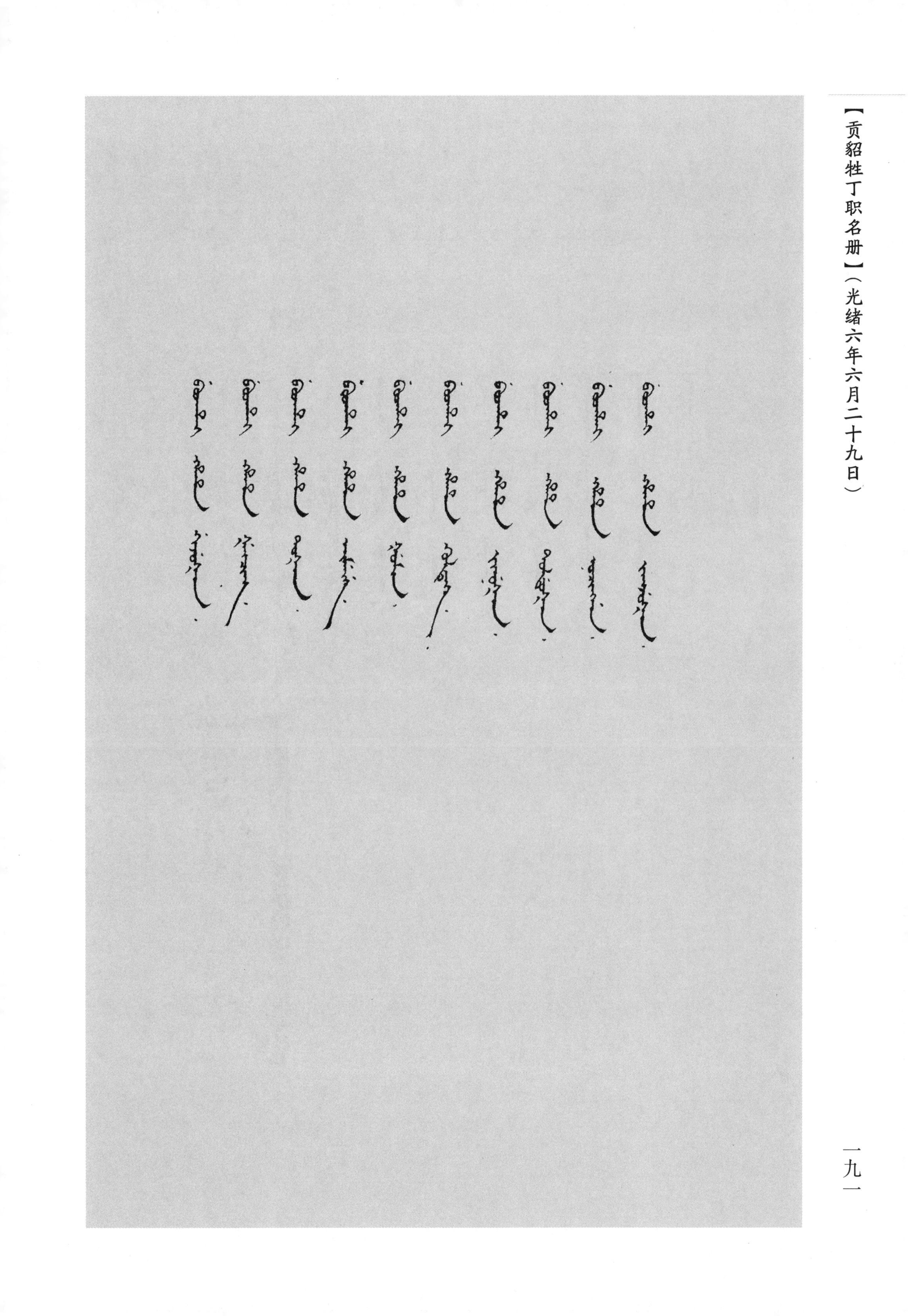

[illegible]
[illegible]
[illegible]
[illegible]
[illegible]
[illegible]
[illegible]
[illegible]
[illegible]
[illegible]

[illegible]

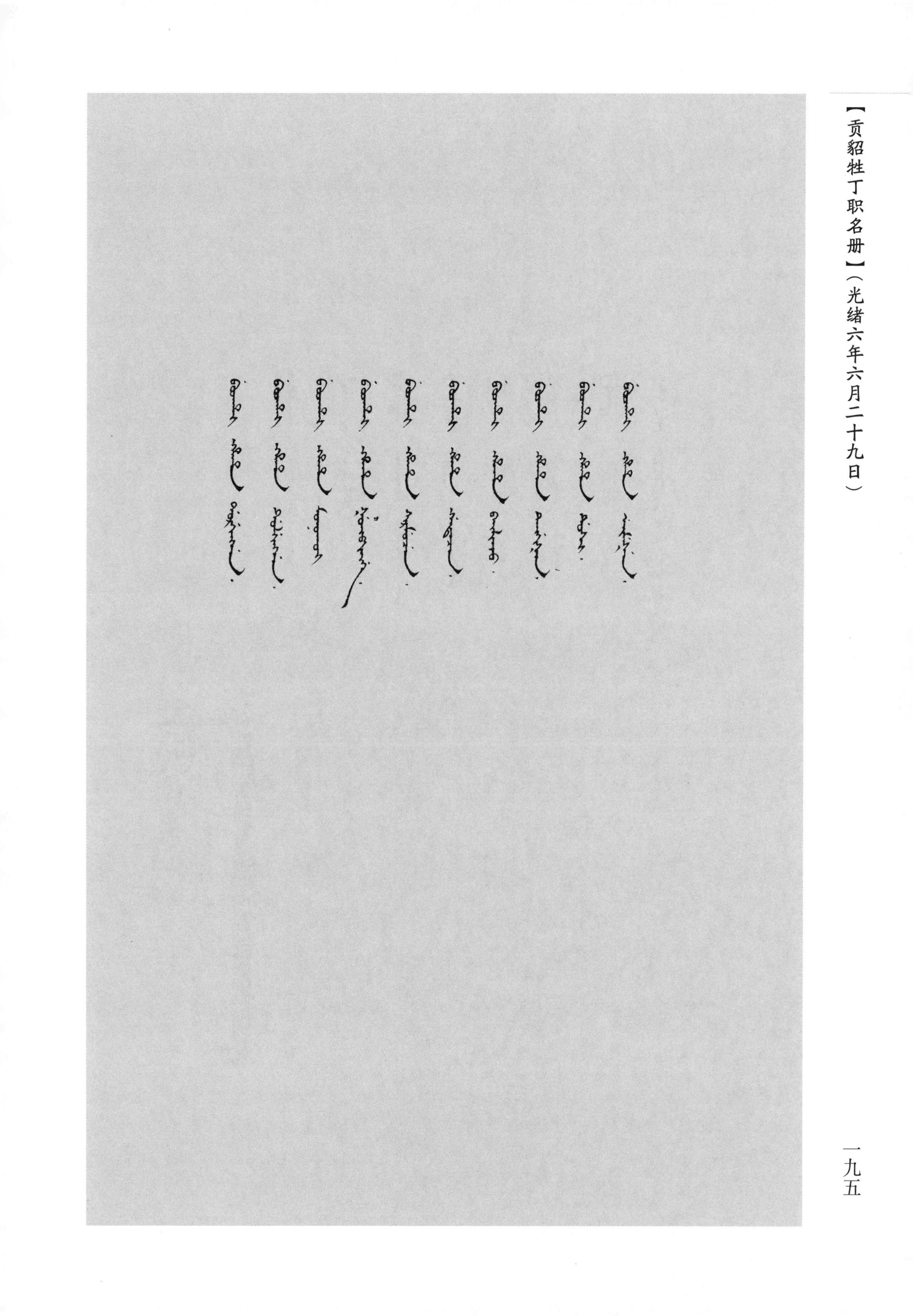

[illegible]

[illegible]

[illegible]

[illegible]

[illegible]

[illegible]

[illegible]

[illegible]

[illegible]

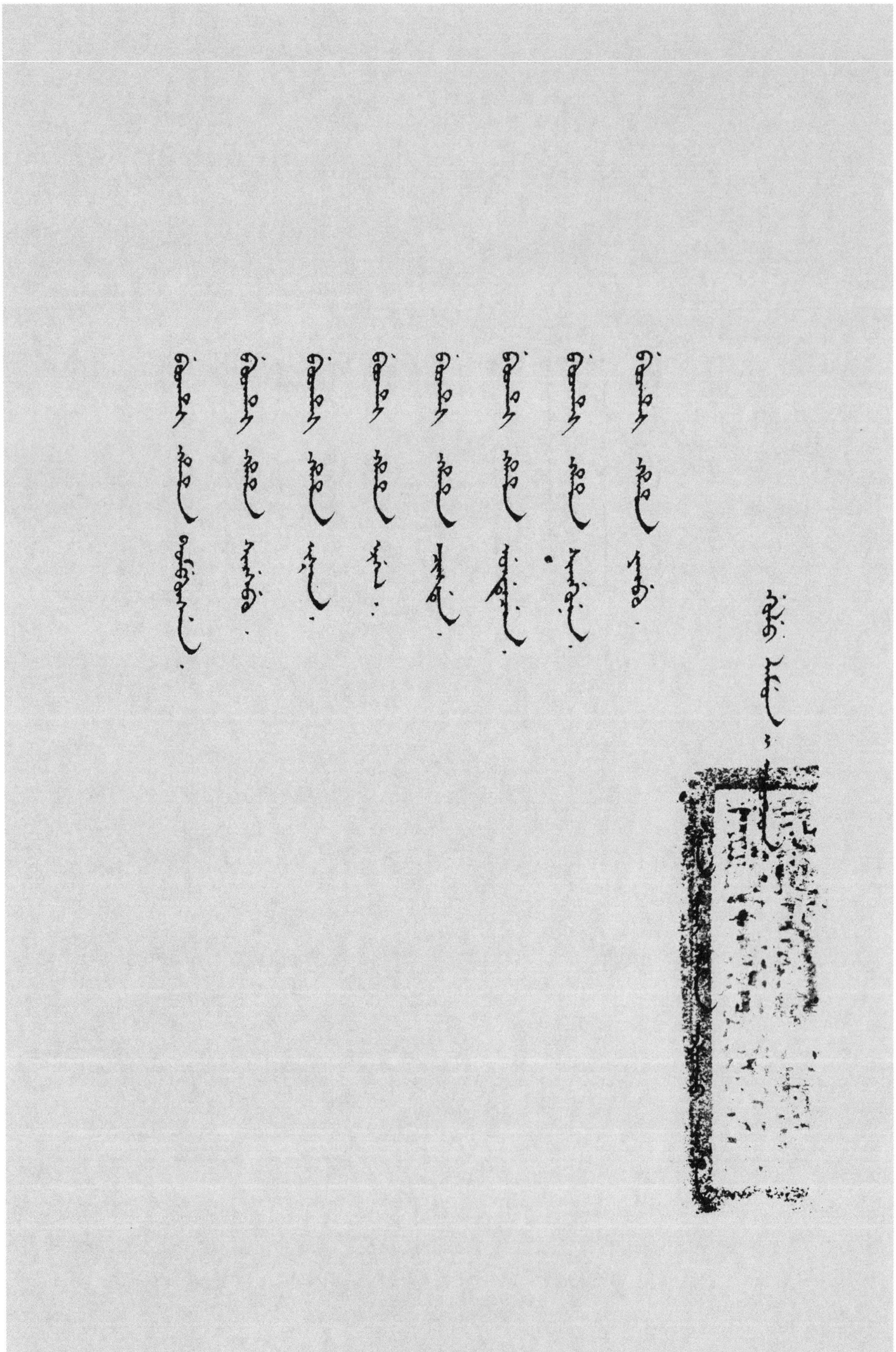

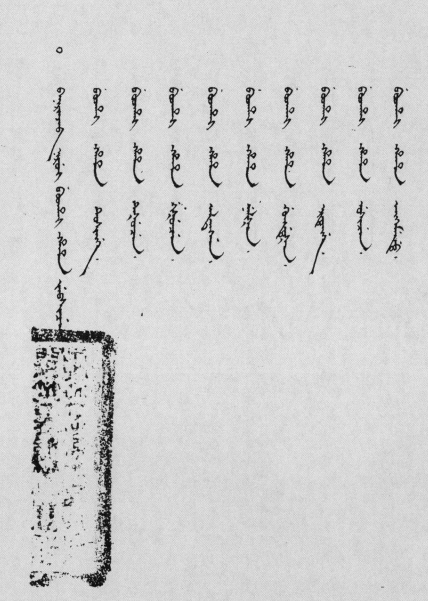

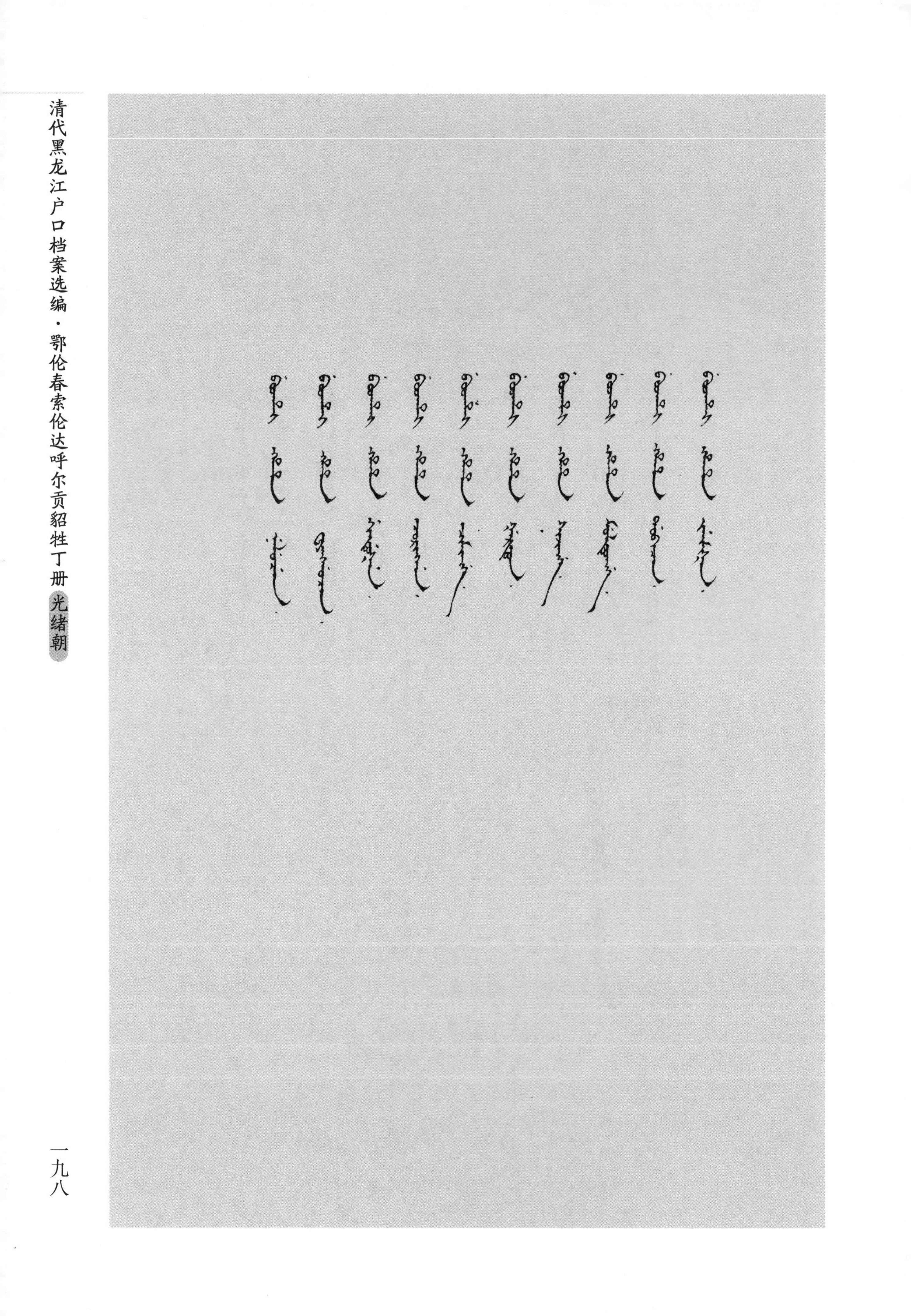

[illegible]

[illegible]

[illegible]

[illegible]

[illegible]

[illegible]

[illegible]

[illegible]

[illegible]

[illegible]

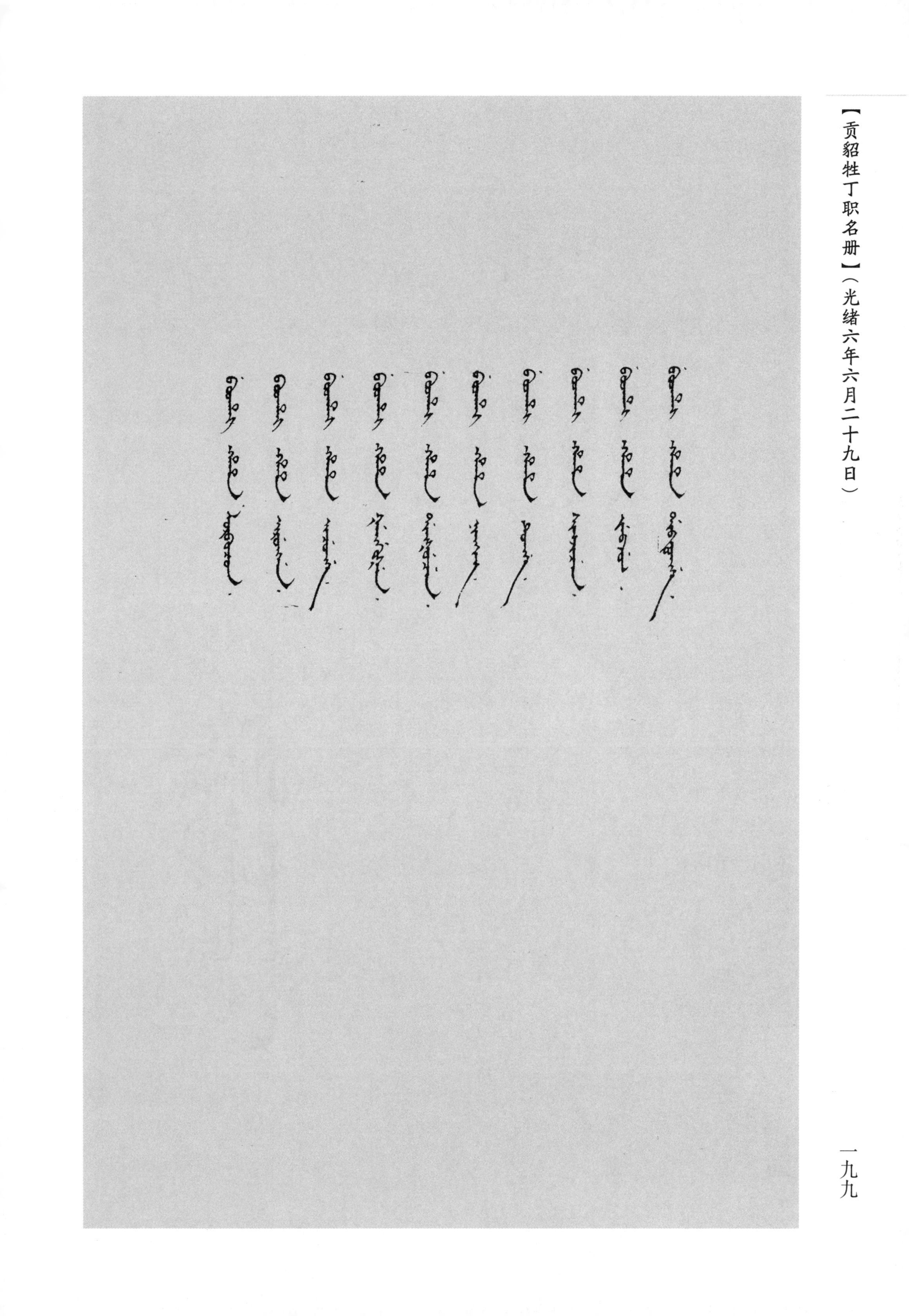

[illegible]
[illegible]
[illegible]
[illegible]
[illegible]
[illegible]
[illegible]
[illegible]
[illegible]

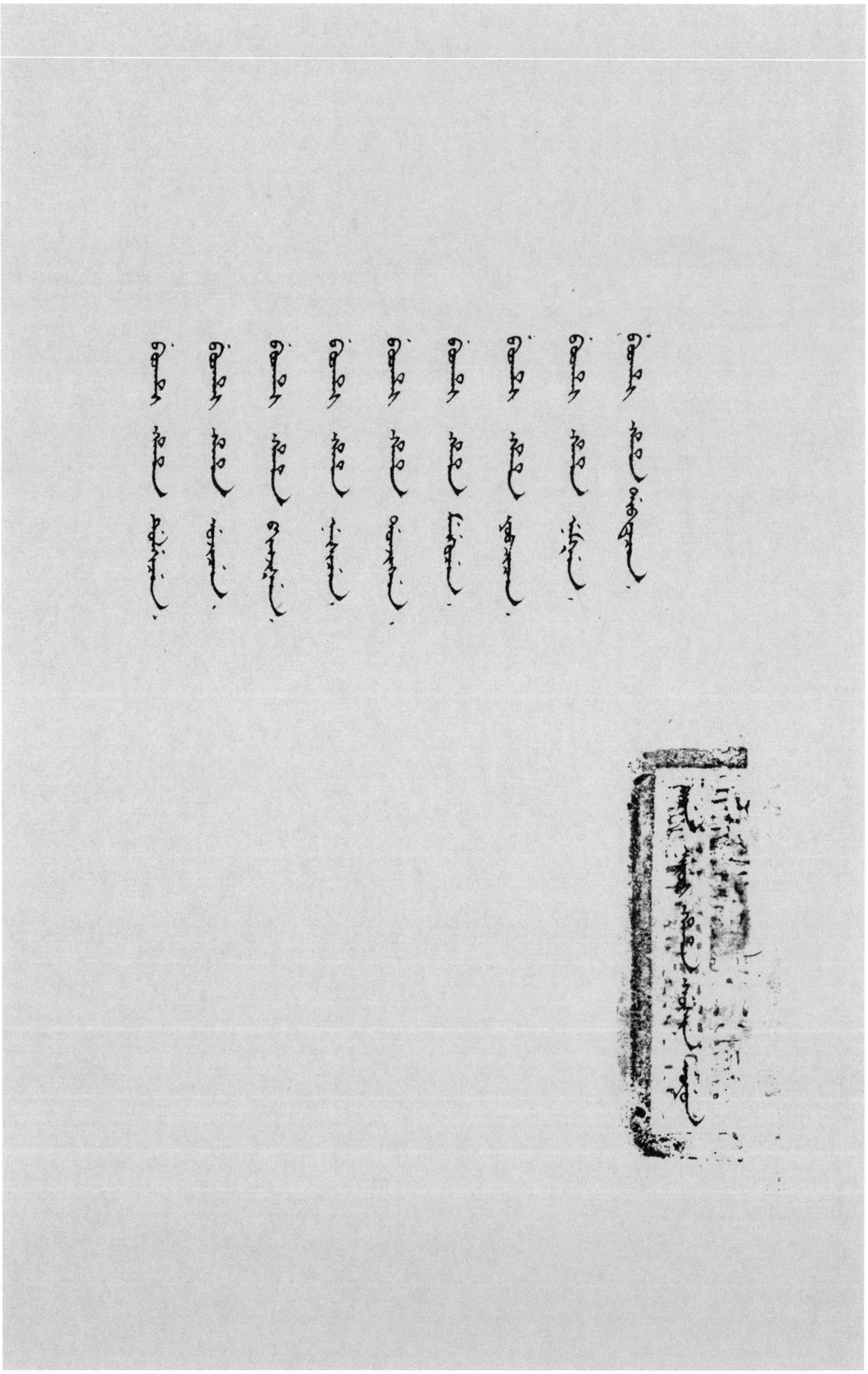

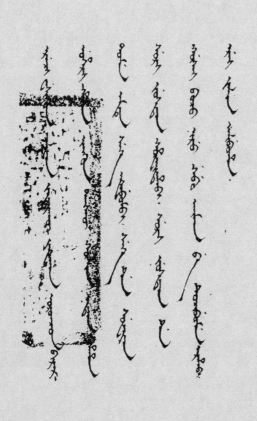

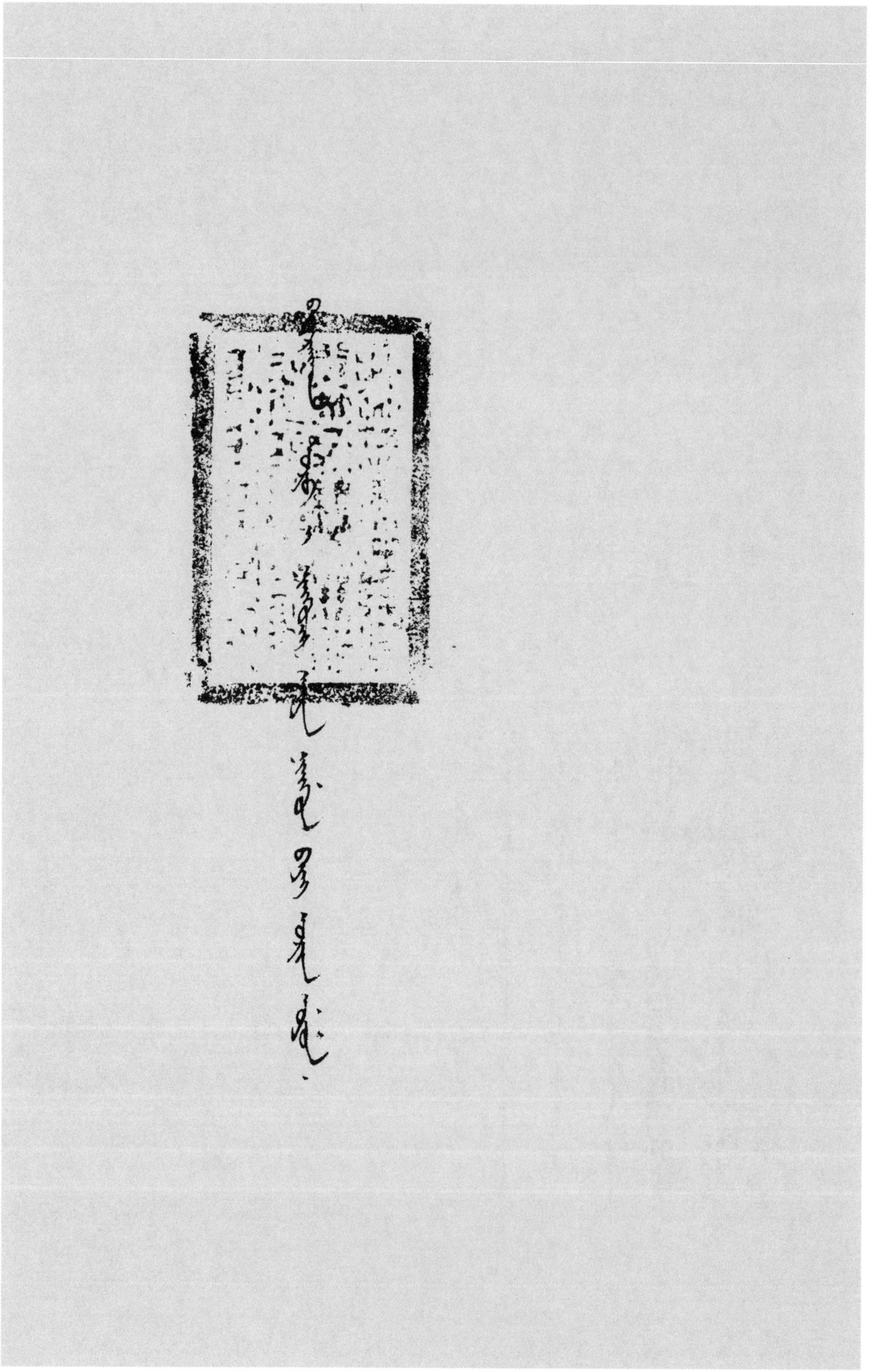

管理布特哈索伦达呼尔等处地方副都统衔总管诺穆德勒赫尔等为呈报食饷摩凌阿鄂伦春贡貂牲丁旗佐职名册致黑龙江将军（光绪十一年六月十九日）

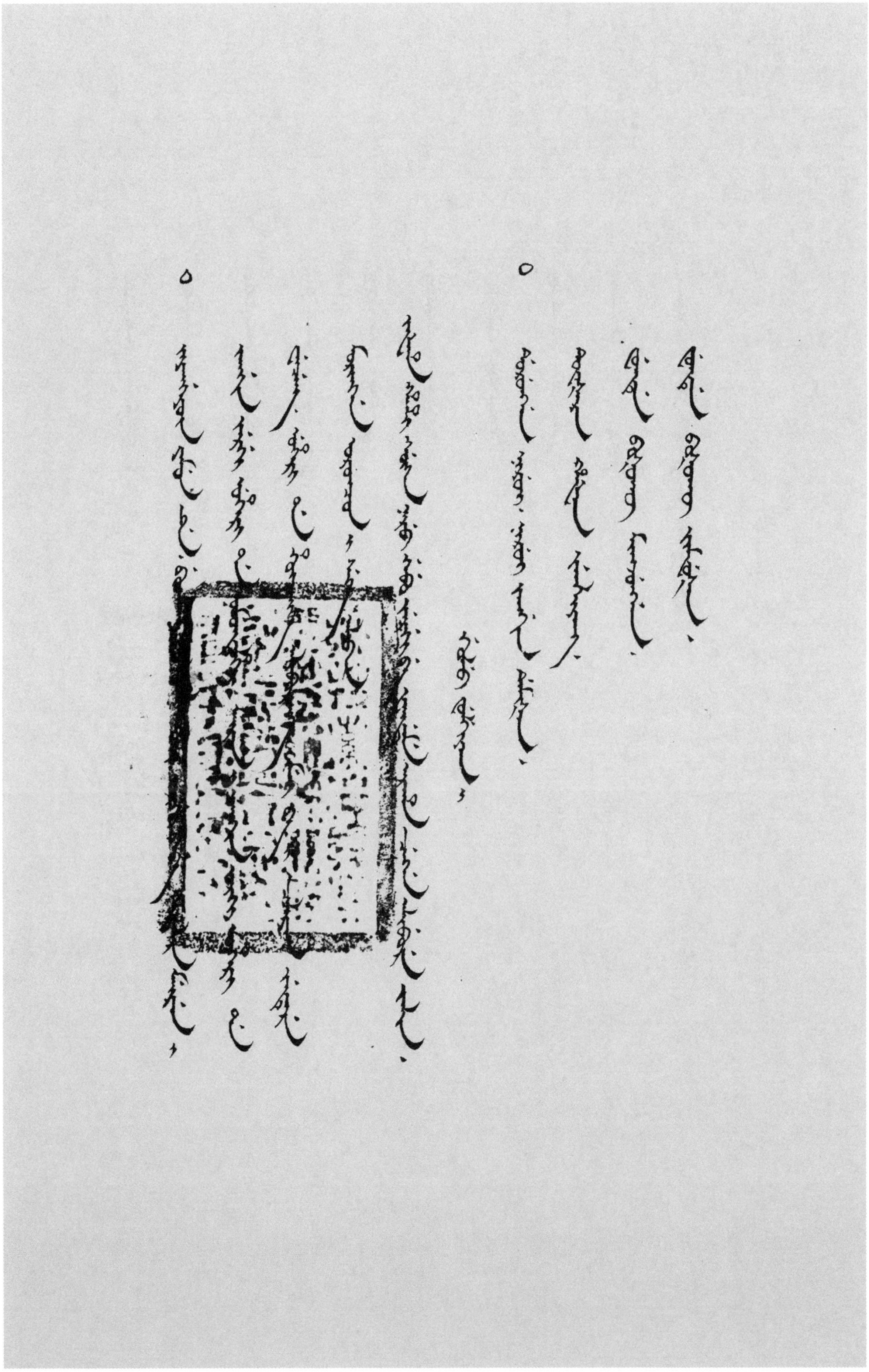

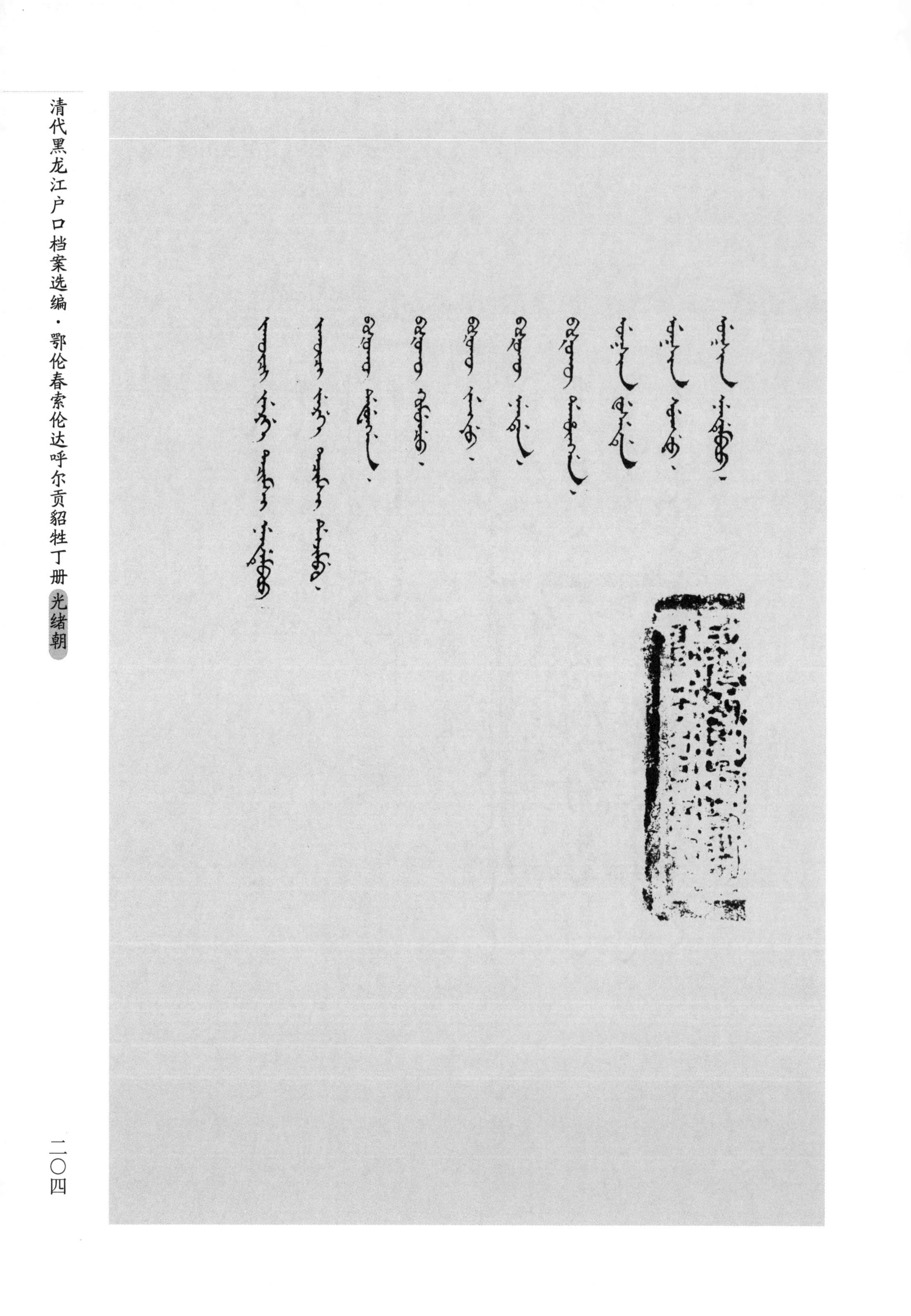

[illegible]

[illegible]

[illegible]

[illegible]

[illegible]

[illegible]

[illegible]

[illegible]

管理布特哈索伦达呼尔等处地方副都统衔总管诺穆德勒赫尔等为呈报食饷摩凌阿鄂伦春贡貂牲丁旗佐职名册致黑龙江将军（光绪十一年六月十九日）

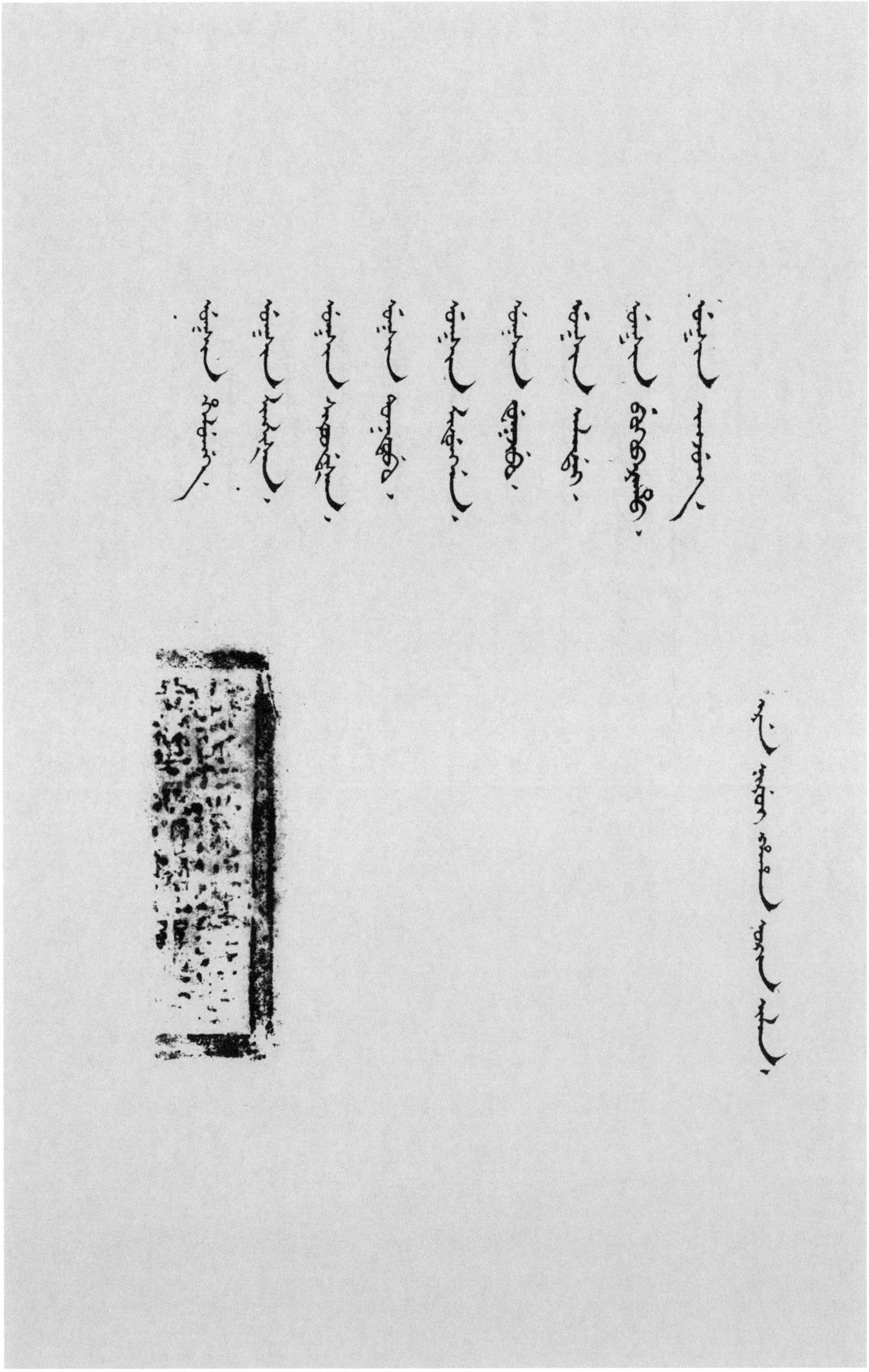

○

[illegible] [illegible] [illegible] ᠪᠣᡧᠣᡴᡡ [illegible]

[illegible] [illegible] [illegible] [illegible]

[illegible] [illegible] [illegible] [illegible]

ᠪᠣᡧᠣᡴᡡ [illegible]

ᠪᠣᡧᠣᡴᡡ [illegible]

ᠪᠣᡧᠣᡴᡡ [illegible]

ᠪᠣᡧᠣᡴᡡ [illegible]

ᠪᠣᡧᠣᡴᡡ [illegible]

[illegible] [illegible]

管理布特哈索伦达呼尔等处地方副都统衔总管诺穆德勒赫尔等为呈报食饷摩凌阿鄂伦春贡貂牲丁旗佐职名册致黑龙江将军（光绪十一年六月十九日）

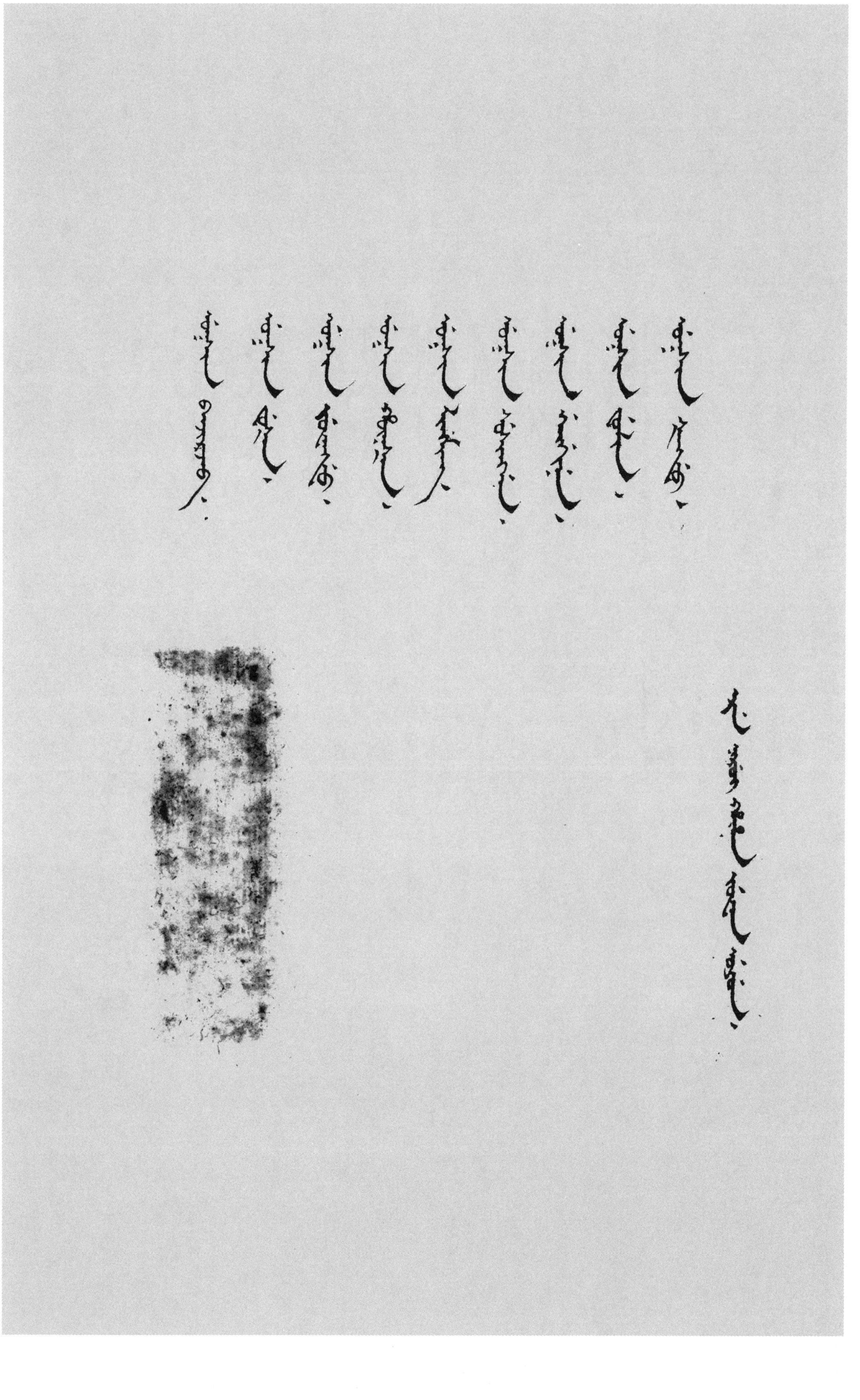

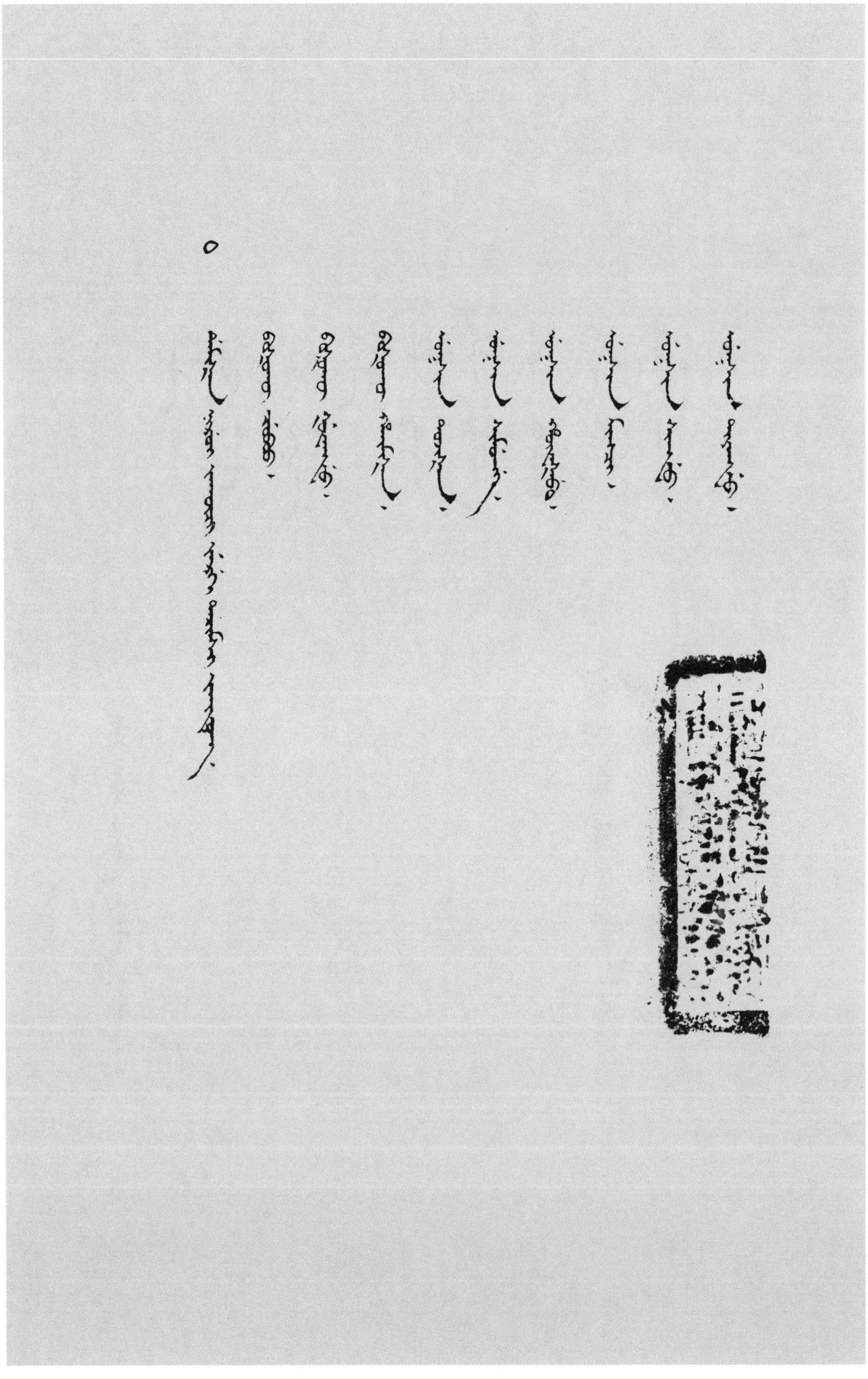

管理布特哈索伦达呼尔等处地方副都统衔总管诺穆德勒赫尔等为呈报食饷摩凌阿鄂伦春贡貂牲丁旗佐职名册致黑龙江将军（光绪十一年六月十九日）

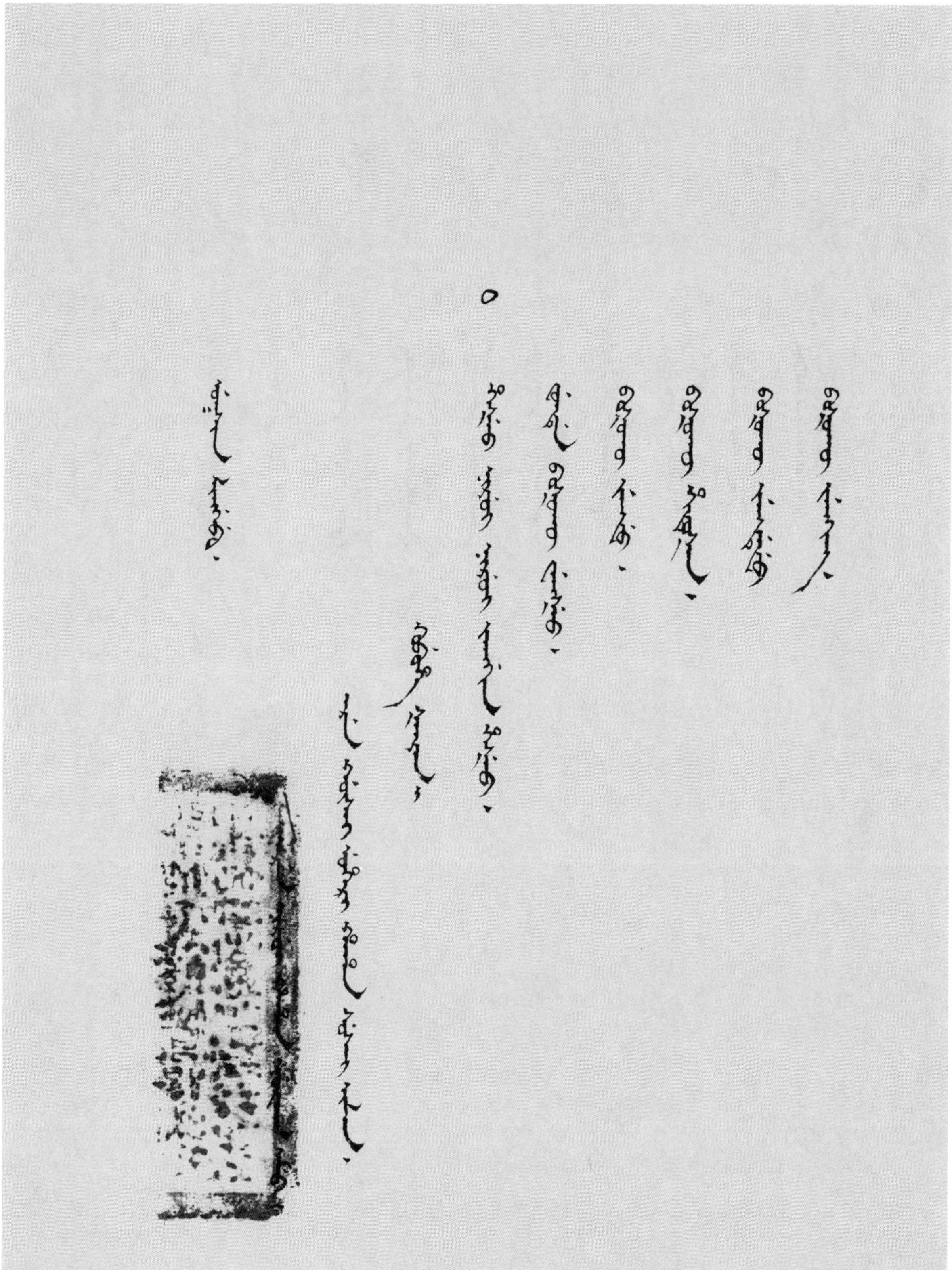

[illegible]

[illegible]

[illegible]

[illegible]

[illegible]

[illegible]

[illegible]

[illegible]

管理布特哈索伦达呼尔等处地方副都统衔总管诺穆德勒赫尔等为呈报食饷摩凌阿鄂伦春贡貂牲丁旗佐职名册致黑龙江将军（光绪十一年六月十九日）

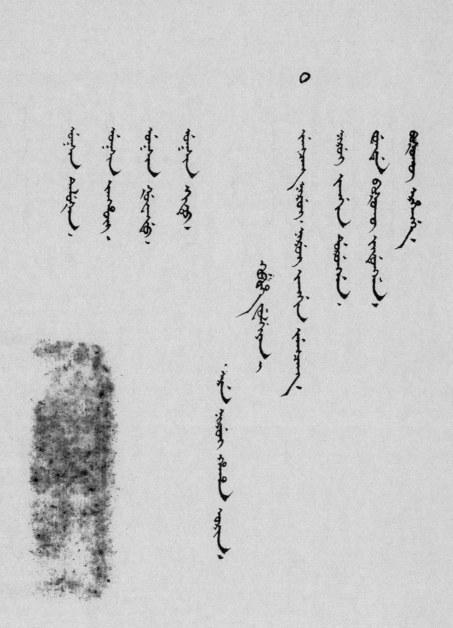

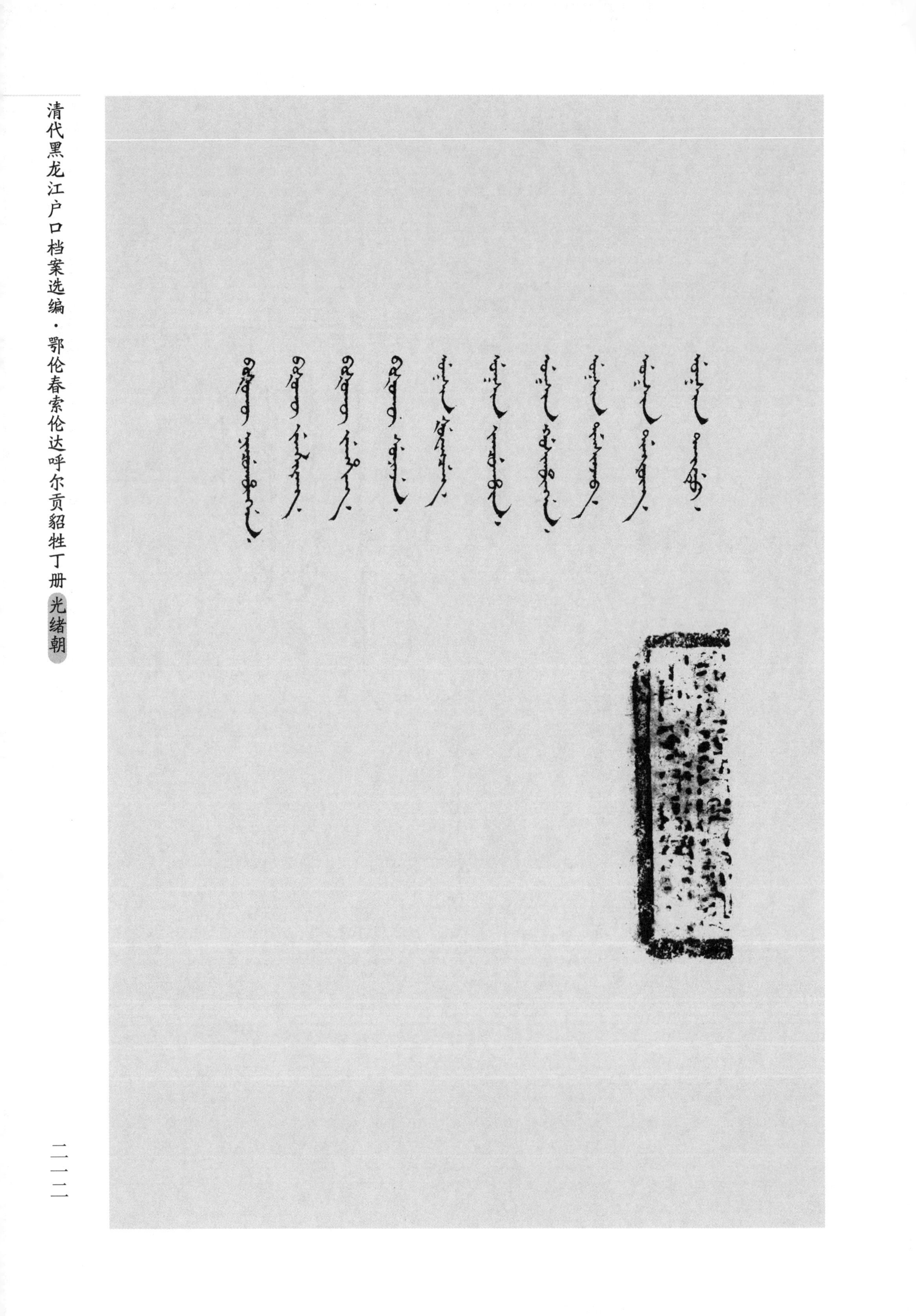

管理布特哈索伦达呼尔等处地方副都统衔总管诺穆德勒赫尔等为呈报食饷摩凌阿鄂伦春贡貂牲丁旗佐职名册致黑龙江将军（光绪十一年六月十九日）

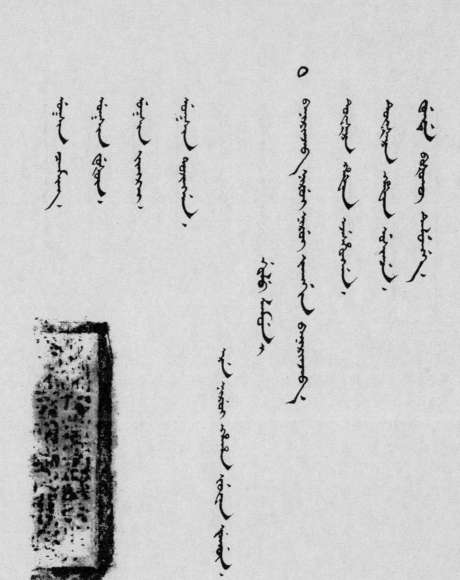

[illegible]

[illegible]

ᠪᠣᡧᠣᡴᡡ [illegible]

ᠪᠣᡧᠣᡴᡡ [illegible]

ᠪᠣᡧᠣᡴᡡ [illegible]

ᠪᠣᡧᠣᡴᡡ [illegible]

[illegible]

管理布特哈索伦达呼尔等处地方副都统衔总管诺穆德勒赫尔等为呈报食饷摩凌阿鄂伦春贡貂牲丁旗佐职名册致黑龙江将军（光绪十一年六月十九日）

二一五

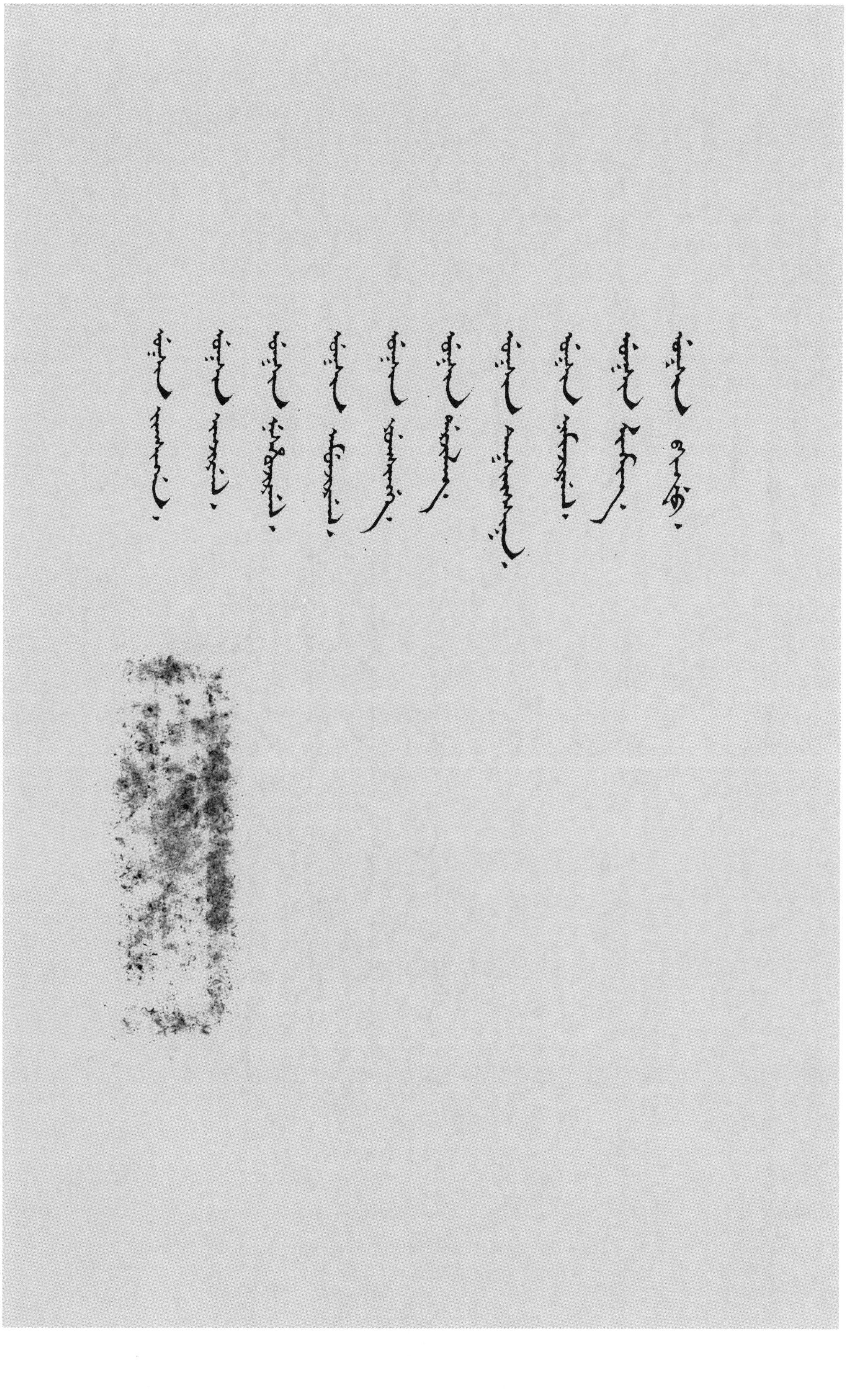

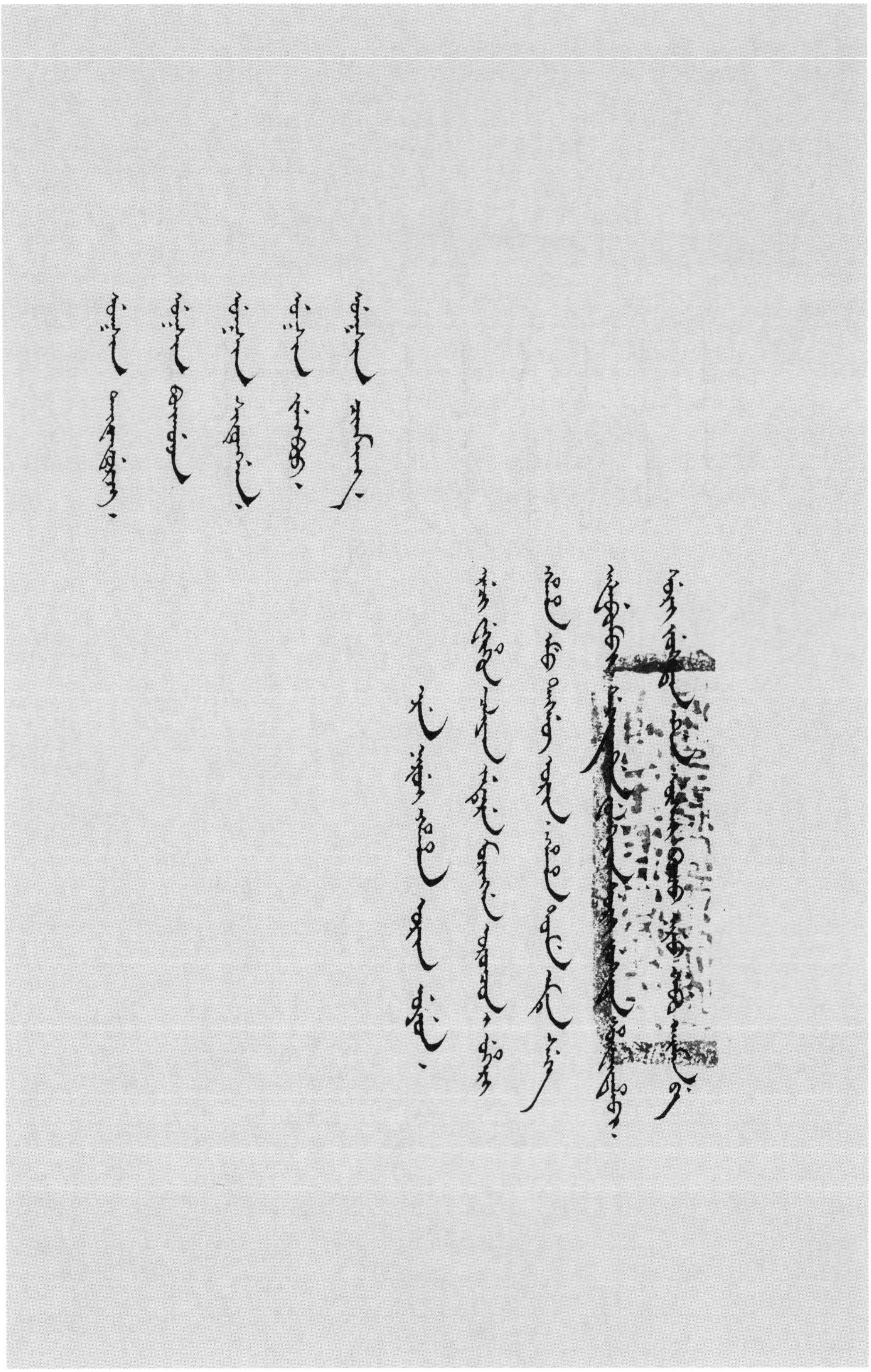

管理布特哈索伦达呼尔等处地方副都统衔总管诺穆德勒赫尔等为呈报食饷摩凌阿鄂伦春贡貂牲丁旗佐职名册致黑龙江将军（光绪十一年六月十九日）

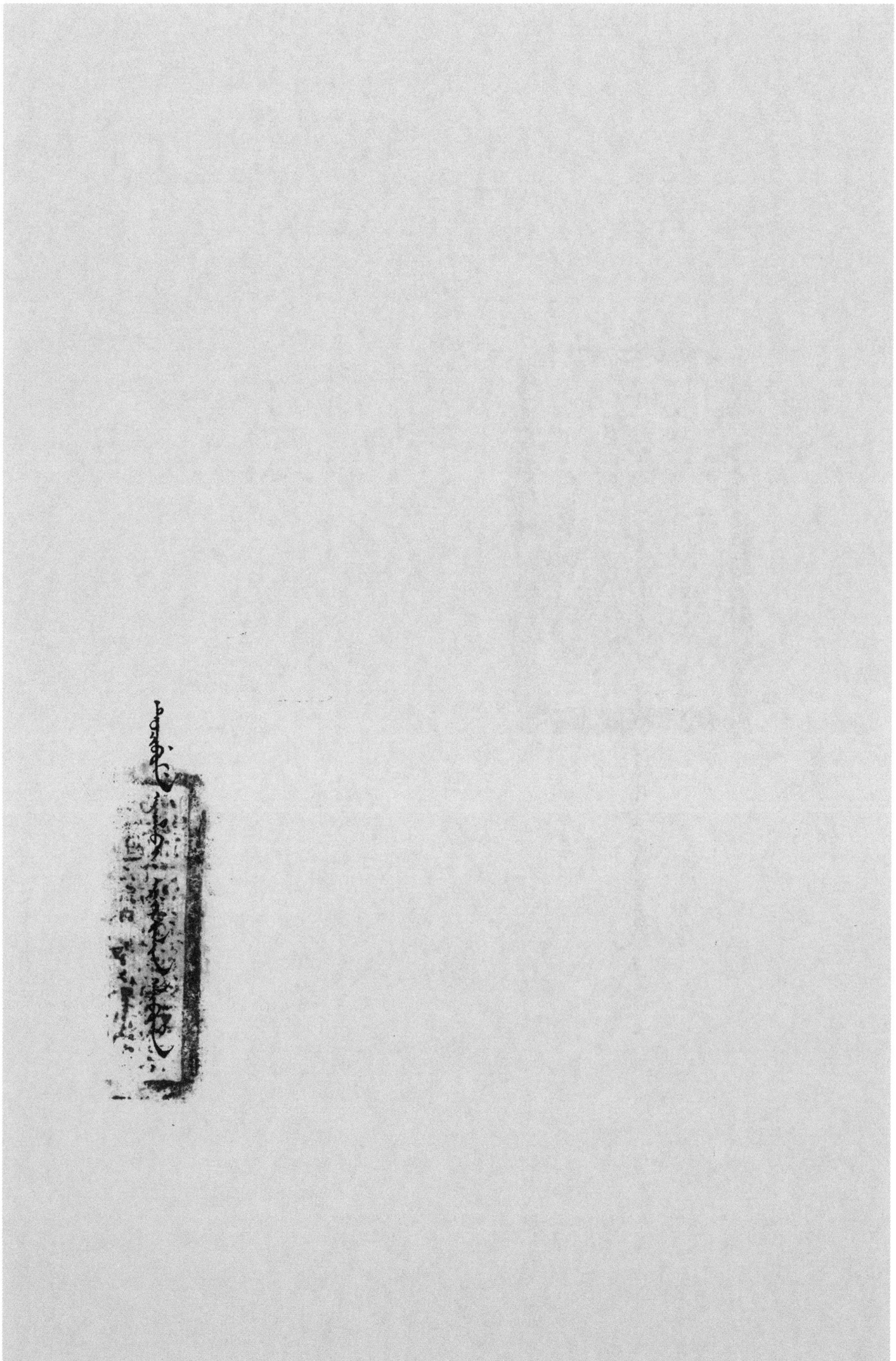

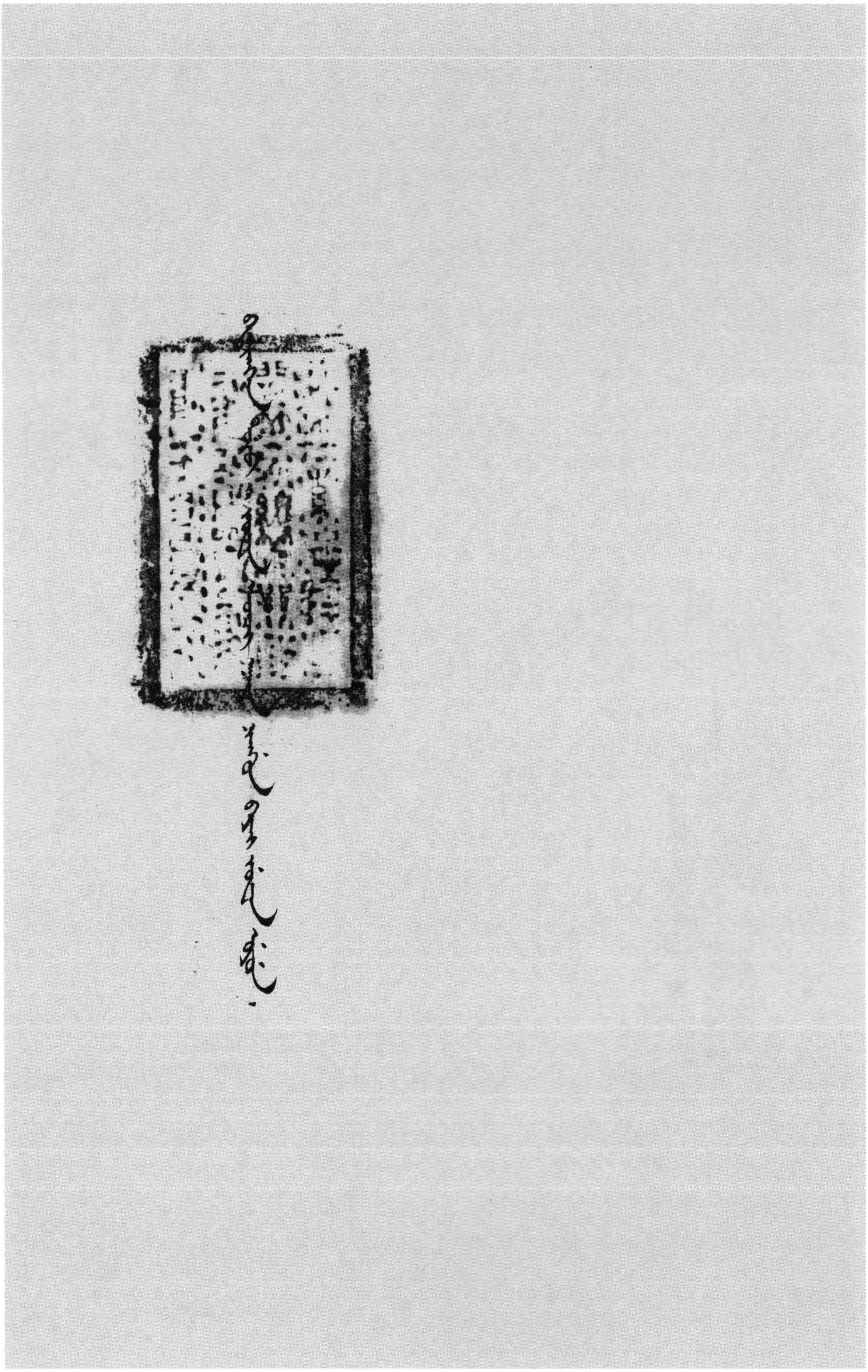